Mosaik bei
GOLDMANN

Buch

Der Mann an ihrer Seite ist kinderlieb, witzig und treu, aber ... Dieses »Aber« sorgt dafür, dass Millionen attraktive und intelligente erwachsene Frauen lieber auf den Traumprinzen warten. Und warten. Und warten. Warum eigentlich?

Anhand von Gesprächen mit Singlefrauen, Datingexperten, Heiratsvermittlern, Beziehungsberatern, Psychologen, Soziologen und sogar einigen Männern sowie im Selbstversuch geht die Autorin Lori Gottlieb der Frage auf den Grund, warum so viele Frauen im 21. Jahrhundert einfach keinen Partner für eine langfristige Beziehung finden. Dabei stellt sie schnell fest, dass den meisten, oft ohne dass sie es selbst merken, ihre Vorstellung von romantischer Liebe ein Bein stellt. Doch den perfekten Partner gibt es nicht, irgendwann holt die Realität jede noch so romantische Beziehung ein. Aber Lori Gottlieb kommt auch zu einem ermutigenden Schluss: Den Richtigen zu finden ist gar nicht so schwierig. Wenn man die eigene Perspektive überdenkt, wird der Weg frei für den passenden Partner, mit dem man sein Leben teilen kann. Das bedeutet nicht, dass man faule Kompromisse eingehen oder sich »unter Wert« verkaufen muss. Doch wer die rosarote Brille erst einmal von der Nase genommen hat, stellt schnell fest: Der Mann, den man an seiner Seite hat, ist genau der, mit dem man wirklich glücklich werden kann.

Autorin

Lori Gottlieb, Jahrgang 1968, ist Journalistin, Kolumnistin und Buchautorin. Ihre Artikel erschienen unter anderem in *The New York Times, Time Magazine, Elle* und *Glamour*. In amerikanischen Radio- und Fernsehshows ist sie regelmäßig als Beziehungsexpertin zu Gast, und ihr erstes Buch »Magere Zeiten« wurde von der American Library Association als »Best Book 2001« ausgezeichnet. Lori Gottlieb lebt mit ihrem Sohn in Los Angeles.

LORI GOTTLIEB

Nimm ihn!

Einen Richtigeren findest du nicht

Aus dem Amerikanischen
von Regina Schneider

Mosaik bei
GOLDMANN

Alle Ratschläge in diesem Buch wurden von der Autorin und vom Verlag sorgfältig erwogen und geprüft. Eine Garantie kann dennoch nicht übernommen werden. Eine Haftung der Autorin beziehungsweise des Verlags und seiner Beauftragten für Personen-, Sach- und Vermögensschäden ist daher ausgeschlossen.

FSC
Mix
Produktgruppe aus vorbildlich bewirtschafteten Wäldern und anderen kontrollierten Herkünften
Zert.-Nr. SGS-COC-001940
www.fsc.org
© 1996 Forest Stewardship Council

Verlagsgruppe Random House FSC-DEU-0100
Das FSC-zertifizierte Papier *Classic 95* für dieses Buch liefert Stora Enso, Finnland.

1. Auflage
Deutsche Erstausgabe Juli 2010
Wilhelm Goldmann Verlag, München,
in der Verlagsgruppe Random House GmbH

Originaltitel: Marry Him. The Case for Settling for Mr. Good Enough
Originalverlag: Dutton, a member of Penguin Group (USA) Inc.
Published in arrangement with Dutton,
a member of Penguin Group (USA) Inc.

Umschlaggestaltung: Uno Werbeagentur, München
Umschlagillustration: Getty Images/ST Leng
Redaktion: Wiebke Rossa
Satz: Barbara Rabus
Druck und Bindung: GGP Media GmbH, Pößneck
CB · Herstellung: IH
Printed in Germany
ISBN 978-3-442-17134-7

www.mosaik-goldmann.de

Für meinen Ehemann,
wer immer du bist

*Man merkt, dass man verliebt ist,
wenn man nicht einschlafen kann,
weil die Wirklichkeit noch besser ist
als alle Träume.*

DR. SEUSS

Inhalt

TEIL III
Die Kunst der klugen Entscheidungen

TEIL IV
Was wirklich zählt

TEIL V
Alles in allem

Die Ereignisse und Fakten in diesem Buch sind wahr. Sie basieren auf meinen eigenen Erfahrungen und Recherchen. Namen und persönliche Einzelheiten einiger meiner Freunde sowie anderer genannter Personen wurden auf ihren Wunsch oder aus Rücksicht auf ihre Privatsphäre geändert.

Prolog

Im Kaufhaus »Ehemann«

Ein neues Kaufhaus hat eröffnet. Das Kaufhaus »Ehemann«! Am Eingang prangt ein Schild:

Das Betreten des Kaufhauses ist nur EINMAL gestattet. Es gibt sechs Stockwerke, und der Wert der Produkte steigt mit jedem Stockwerk. Die Käuferin kann sich auf einem Stockwerk einen beliebigen Artikel aussuchen oder sich ins nächsthöhere Stockwerk begeben. Es ist nicht möglich zurückzugehen, außer um das Gebäude zu verlassen.

Eine Frau betritt also das Kaufhaus. Im ersten Stock liest sie auf einem Schild:

***Stock 1* – Männer mit gutem Job.**
»Super«, denkt sie, »aber ich will mehr.« Also geht sie hinauf in den zweiten Stock. Dort liest sie:

***Stock 2* – Kinderliebe Männer mit gutem Job.**
Sie ist begeistert, geht aber weiter in den dritten Stock. Dort liest sie:

***Stock 3* – Äußerst gut aussehende, kinderliebe Männer mit gutem Job.**
»Wahnsinn«, denkt sie, doch es drängt sie weiter.

Stock 4 – **Äußerst gut aussehende, kinderliebe Männer mit gutem Job, die gerne im Haushalt helfen.**
»Besser kann es nicht werden!«, ruft sie und hört sogleich eine innere Stimme: »Oder vielleicht doch?« Also geht sie weiter.

Stock 5 – **Äußerst gut aussehende, kinderliebe Männer mit gutem Job, die gerne im Haushalt helfen und Sinn für Humor haben.**
Eigentlich hat sie nun gefunden, wonach sie suchte, und will fast bleiben. Aber irgendetwas treibt sie weiter in den sechsten Stock. Dort liest sie:

Stock 6 – **Sie sind Besucherin 42 215 602 auf dieser Etage. Die Männer sind ausverkauft! Diese Etage gibt es nur, um zu beweisen, dass Frauen unmöglich zufriedenzustellen sind. Vielen Dank für Ihren Besuch im Kaufhaus »Ehemann«.**

BITTE BEACHTEN: Um dem Vorwurf der Geschlechtervorurteile zu entgehen, hat der Eigentümer des Kaufhauses direkt gegenüber ein weiteres Kaufhaus eröffnet, das Kaufhaus »Ehefrau«.

Stock 1 – **Sexfreudige Frauen**

Stock 2 – **Sexfreudige, nette Frauen**

Stock 3 – **Sexfreudige, nette, sportbegeisterte Frauen**

Stock 4, 5 und 6 – Diese Etagen wurden bislang nicht besucht.

Gut. Hier sind sie, die (männlichen) Qualitäten, die mir für meine Einkaufsliste im Kaufhaus »Ehemann« spontan und völlig unsortiert in den Sinn kommen:

- ✘ intelligent
- ✘ nett
- ✘ witzig
- ✘ neugierig
- ✘ kinderlieb
- ✘ finanziell gesichert
- ✘ emotional gefestigt
- ✘ sexy
- ✘ romantisch
- ✘ leidenschaftlich
- ✘ mitfühlend
- ✘ intuitiv
- ✘ großzügig
- ✘ von gleicher Konfession, aber nicht erzreligiös
- ✘ optimistisch, aber nicht naiv
- ✘ ehrgeizig, aber nicht verbissen
- ✘ vielseitig talentiert, aber bescheiden
- ✘ warmherzig, aber nicht anhänglich
- ✘ bodenständig, aber nicht langweilig
- ✘ gefühlvoll, aber nicht überdreht
- ✘ verwundbar, aber nicht weichlich
- ✘ eigen, aber nicht versponnen
- ✘ freigeistig, aber verantwortungsvoll
- ✘ charismatisch, aber authentisch
- ✘ sportbegeistert, aber nicht sportverrückt

- ✘ unvoreingenommen, aber mit klarem Standpunkt
- ✘ bestimmt, aber nicht rechthaberisch
- ✘ reif, aber nicht alt
- ✘ kreativ, aber kein Künstler
- ✘ offen für meine Träume und Ziele
- ✘ mit einem kindlichen Staunen über die Welt
- ✘ in meinem Alter (und aus meinem Kulturkreis)
- ✘ ein guter Zuhörer und Gesprächspartner
- ✘ nachgiebig und kompromissbereit
- ✘ intellektuell, weit gereist, welterfahren
- ✘ über 1,75 m, aber unter 1,85 m
- ✘ volles Haar (vorzugsweise wellig und dunkel – nicht blond)
- ✘ politisch auf der gleichen Welle
- ✘ kein Science-Fiction- oder Comic-Fan
- ✘ mit gutem Geschmack und Sinn für Ästhetik
- ✘ gesundheitsbewusst und körperlich fit
- ✘ gemeinschaftsbewusst
- ✘ tierlieb
- ✘ kompetent
- ✘ handwerklich begabt
- ✘ kann kochen
- ✘ ist gern im Freien aktiv (Klettern, Radfahren, Inlineskaten)
- ✘ mag meine Freunde (und ich seine)
- ✘ treu
- ✘ zuverlässig

- ✘ sozial kompetent
- ✘ mit Sinn für Literatur und Sprachwitz
- ✘ mathematisch und naturwissenschaftlich interessiert
- ✘ diskussionsfreudig (aber nicht streitlustig) in puncto Politik und Weltgeschehen
- ✘ modisch
- ✘ inspirierend
- ✘ kein Chaot
- ✘ ist total in mich verknallt

Eigentlich ist diese Liste gar nicht mehr aktuell. Sie entsprach dem Stand der Dinge, als ich mich daranmachte, dieses Buch zu schreiben. Davor hatte ich nie eine solche Liste verfasst, aber eine verheiratete Freundin brachte mich schließlich dazu. Ich hatte ihr erzählt, dass ich keine Wunschliste hätte, aber sie war überzeugt davon, dass es eine gäbe, und sei es nur in meinem Kopf.

»Ich kann nicht Punkt für Punkt aufzählen, wonach ich suche«, sagte ich. »Bisher habe ich mich immer einfach so verliebt.« Doch sie hatte recht. Ich brauchte gerade einmal drei Minuten und fertig war die detaillierte Beschreibung meines Traummannes. Auch wenn ich zuvor nie so eine Liste verfasst hatte, hatte ich doch eindeutig eine mentale Akte angelegt. Meine Freundin drängte mich zum nächsten Schritt: Reduziere die Liste auf ein Minimum, damit sie realistischer wird.

Ich probierte es. Ich strich einige weniger wichtige Punkte durch – er muss nicht unbedingt kochen können (das kann er ja noch lernen); und wenn er 1,70 m groß ist statt 1,75 m, kann ich auch damit leben. Auch wenn ich einige Punkte ausstrich, fiel es mir bei den meisten schwer, mich komplett davon zu lösen. Ich könnte eventuell ein paar Abstriche in Sachen »Witzigkeit« machen, aber wo zieht man die Grenze zwischen einem Typen, dessen Scherze für wildes Herzklopfen sorgen, und einem, der einen so faden Humor hat, dass man sich kaum ein Lächeln abringen kann? Wie viel Feuer und Leidenschaft müsste einer mitbringen, um als »leidenschaftlich« zu gelten?

Es gab so viele Variablen. Ich war einmal mit einem freischaffenden Künstler zusammen, danach wusste ich, dass mir ein finanziell abgesicherter Partner lieber wäre. Dann war ich mit einem Arzt zusammen, aber auf der kreativen Ebene fanden wir keinen Draht. Einen Künstler zu finden, der finanziell auf sicheren Füßen steht, oder einen Arzt, der kreativ veranlagt ist, war ja nicht ganz unmöglich – aber höchst unwahrscheinlich. Und das auch noch in Kombination mit all den anderen Eigenschaften, die ich mir vorstellte, von der »richtigen Chemie« ganz zu schweigen – urplötzlich war das Rätsel gelöst, warum ich noch Single war.

Vielleicht existierte der Mann meiner Träume eben nur auf dem Papier, und vielleicht, wie meine Freundin zu bedenken gab, waren einige dieser Eigenschaften für eine glückliche Ehe sowieso nicht wichtig.

Huch! Was, wenn sie recht hatte? Hatte ich bislang all die Männer übersehen, die großartige Ehemänner abgegeben hätten, nur weil ich einer Wunschliste nachhing, anstatt auf dem Teppich zu bleiben und nach einem bodenständigen Lebenspartner zu suchen?

Natürlich war ich nicht ganz naiv. Im Alter von dreißig wusste ich sehr wohl, dass niemand (einschließlich meiner eigenen Person) perfekt ist, und dass, wen auch immer ich heiraten würde, ein ebenso fehlerbehafteter Mensch wäre, wie jeder andere auch. Was ich suchte, war nicht Perfektion, sondern vielmehr eine tiefe und innige Verbindung. Ich wusste auch, dass der berauschende Reiz des ersten Liebesglücks keine immerwährende Liebe garantieren konnte. Aber ich glaubte, dass ohne einen feurigen, raketenhaften Start keine tragfähige Liebe zustande kommen kann. Was mich betraf, so sah ich keinen Anlass für ein zweites Date, wenn nicht gleich beim ersten eine starke gegenseitige Anziehung zu spüren war.

Insofern erwartete ich mir zumindest am Anfang einer Beziehung, förmlich geblendet zu werden (auch wenn das bedeutete, dass ich so sehr vom Objekt meiner Begierde gebannt war, dass ich meinen Job riskierte). Ich glaubte, dass ich »einfach wusste«, wenn DER RICHTIGE vor mir steht (auch wenn es oft passierte, dass ich ein Jahr später »einfach wusste«, dass ich die Trennung wollte). Ich erwartete, dass ich eine Art göttliche Verbindung spürte (auch wenn das bedeutete, ständig ein flaues Gefühl im Magen zu haben und den obsessiven Zwang zu verspüren, alle paar Minuten die Mailbox abzuhören). So fühlt es sich doch an, wenn man »sich verliebt«, oder nicht?

In der Zwischenzeit wurde der Ehemann-Wunschzettel in meinem Unterbewusstsein immer länger. Wie bei so vielen Frauen wuchsen auch bei mir die Ansprüche an einen Mann, je älter ich wurde. Während die Lebenserfahrung mich lehrte, was ich in einer Beziehung *nicht* wollte, bekam ich auch ein immer besseres Gespür dafür, *was* ich wollte. Ich dachte: »Okay, der letzte Typ war nicht so und so, das nächste Mal will ich aber dies und das« ... und dazu all die Dinge, die ich sowieso schon auf der Liste hatte. Im Grunde genommen wuchs mein sechsstöckiges

Kaufhaus für Ehemänner zum weltgrößten Wolkenkratzer an. Und damit war ich nicht allein.

Könnte das einer der Gründe dafür sein, warum 1975 fast neunzig Prozent der Frauen in den Vereinigten Staaten mit dreißig verheiratet waren, 2004 aber nur etwas über die Hälfte? Oder warum sich die Zahl der unverheirateten Frauen in der Altersgruppe 25 bis 44 zwischen 1970 und 2006 verdoppelt hat, wie einer Erhebung der statistischen Bundesbehörde der USA zeigt?

Der Sache wollte ich auf den Grund gehen.

Eine etwas andere Liebesgeschichte

Dieses Buch erzählt eine Liebesgeschichte. Nicht meine, um genau zu sein, aber es könnte Ihre sein.

Alles begann bei einem Abendessen mit meinem Lektor vom *Atlantic Magazine*. Ich war 39, Journalistin und alleinerziehende Mutter eines kleinen Sohnes, und ich war sauer wegen eines Dates, das ich am Abend zuvor mit einem lispelnden 45-jährigen Anwalt gehabt hatte, der mit offenem Mund kaute und drei Stunden ununterbrochen über seine Exfrau redete, ohne ein einziges Mal nach meinem Leben zu fragen. Die Lust auf weitere Dates war mir damit erst einmal gründlich vergangen. Ich hatte es so satt, mich mit wildfremden Männern über einem Teller Pasta krampfhaft unterhalten zu müssen, wo ich doch eigentlich nur einen Ehemann wollte, mit dem ich Samstagabend gemütlich zu Hause herumhängen konnte – so wie meine verheirateten Freundinnen. Wieso war mein Leben so anders verlaufen?

Zwei Jahre zuvor hatte ich für das *Atlantic Magazine* den Artikel »The XY Files« (»Akte XY«) geschrieben, in dem ich ganz offen von meiner Entscheidung erzählte, mit 37 ohne Partner ein Kind zu bekommen. Natürlich war das nicht mein Mädchentraum gewesen, aber von einer Ehe mit jemandem, der nicht der Richtige war, hatte ich als kleines Mädchen auch nicht geträumt – und bis jetzt hatte ich den noch nicht gefunden. Ich wollte ein Kind bekommen, solange das noch möglich war, und so meldete ich mich im Internet bei einer Datenbank für Samenspende an (anstatt bei einer weiteren Dating-Seite). Bald darauf war ich schwanger und noch immer voller Hoffnung, dass ich meinen Traummann finden würde. Erst ein Baby, dann der Traummann – so mein Plan. Ich fühlte mich damals stark, schrieb sogar, dass mir mein Leben irgendwie romantisch erschien.

Nun ... hahaha!

Jetzt, beim Abendessen mit meinem Lektor, konnte ich kaum aufhören, darüber zu lachen. Natürlich liebte ich mein Kind über alles. Aber mal Klartext: Sehr romantisch ging es nicht zu im Gottlieb-Haushalt. Genau wie meine verheirateten Freundinnen mit kleinen Kindern war ich chronisch übermüdet, übellaunig und heillos überfordert, aber im Unterschied zu meinen Freundinnen musste ich alles alleine durchstehen.

Sicher, sie beschwerten sich hin und wieder über ihre Ehemänner, und zu Anfang war ich auch noch stolz auf meine Entscheidung, es anders zu machen als sie – sprich, nichts zu tun zu haben mit nicht-idealen Ehen mit nicht-idealen Ehegatten. Aber es dauerte nicht lange und ich begriff, dass keine von ihnen auch nur eine Sekunde mit mir tauschen wollte. Trotz aller Beschwerden waren sie wirklich glücklich – und in vielerlei Hinsicht sogar glücklicher als je zuvor. Alles, was ihnen früher so wichtig schien, als sie noch ungebunden waren, spielte nun keine große Rolle mehr. Stattdessen schien die Entscheidung, ein gemeinsames Leben zu führen – so glanzlos, herausfordernd und banal es im Alltag auch sein mochte –, für sie die ultimative »wahre Liebe«. Warum hatte ich das fünf Jahre früher nicht so gesehen?

»Wenn ich damals gewusst hätte, was ich heute weiß«, erzählte ich meinem Lektor, »hätte ich meine Beziehungen anders geführt.« Aber woher hätte ich es wissen sollen?

Für viele Frauen ist das heute ein Dilemma, wie es eine Freundin von mir, 42, formuliert hat: »Wenn ich mit 39 aus Vernunftgründen geheiratet hätte«, sagte sie einmal, »hätte ich mir immer vorgestellt, dass es da draußen noch einen Besseren gibt. Heute weiß ich es besser. So oder so – ich bin auf die Nase gefallen.«

Ich war überrascht, dass meine Freundin, eine kluge und attraktive Frau, der Meinung war, sie hätte eine Vernunftehe eingehen sollen. Aber ich hatte sie falsch verstanden, wie sie mir erklärte. Sie hätte nicht irgendeinen genommen, nur um eine leidliche Beziehung mit ihm zu führen. Was ihr vorschwebte, war ein erfülltes Leben mit einem netten Mann an ihrer Seite, der aber vielleicht nicht alle Punkte ihrer Wunschliste erfüllte. In ihren Dreißigern, so erzählte sie mir, hätte sie alles, außer der Beziehung mit ihrem Traummann, als »Verzicht« angesehen. Aber heute mit über vierzig, sei sie zu dem Schluss gekommen, dass sie »Verzicht« mit »Kompromiss« verwechselt habe.

Ich war zu demselben Schluss gekommen und fing an, mir Gedanken zu machen: Was ist der Unterschied zwischen »verzichten« und »Kompromisse schließen«? Und was die Ehe angeht, womit können wir leben, und worauf können wir verzichten? Wie lange wollen wir nach einem Besseren suchen – nach einem, den wir vielleicht niemals finden, der womöglich nicht existiert, oder der gar nicht mehr zu haben ist, sollte es ihn tatsächlich geben –, statt mit dem Mann glücklich zu sein, der direkt vor uns steht?

An jenem Abend diskutierte ich diese Fragen mit meinem Lektor – aber weder er noch ich hatten eine Antwort darauf. Am Ende machte er den Vorschlag, ich solle einen Artikel darüber schreiben.

In den folgenden Wochen sprach ich mit Freunden und Bekannten über ihre Beziehungen und entdeckte etwas, was mich sehr überraschte. Wie glücklich sie heute waren, hatte nichts damit zu tun, ob sie sich einst bis über beide Ohren verliebt in die Ehe gestürzt hatten oder nicht. Es schien mehr oder weniger zu funktionieren. Anders die Single-Frauen, mit denen ich sprach. Sie schienen mit ihrem Single-Dasein unglücklich, schossen aber nach wie vor Männer in den Wind, nur weil sie ihnen »zu sportbesessen« oder »zu klein« waren; sie hatten nach wie vor die Hoffnung, einen Besseren zu finden, und waren davon überzeugt, in einer Ehe mit einem kleinen Mann, der keine Bücher las, auf Dauer unzufrieden zu sein. Doch jene Frauen, die sich darauf eingelassen hatten, waren genau das nicht.

Mein Artikel mit dem Titel »Marry Him!« (»Nimm ihn«) erschien in der Valentinstagsausgabe des *Atlantic Magazine*, woraufhin ich Berge von E-Mails bekam – von Männern und Frauen, von Verheirateten und Singles, von Lesern im Alter zwischen 18 und 78. Manche hatten die Fragen in ihrem Ehe- oder Beziehungsalltag erfolgreich gelöst und waren dankbar für ihren »realistischen« Traummann. Andere trauerten großartigen Männern nach, mit denen sie einmal Schluss gemacht hatten aus Gründen, die ihnen heute nichtig schienen. Manche erklärten, sie seien nach einem zündenden Start in die Ehe hart auf dem Boden der

Realität aufgeschlagen, nachdem sie feststellen mussten, dass sie doch nicht zusammenpassten. Wieder andere – darunter Priester, Partnervermittler und Paartherapeuten – fanden, dass echte Erfüllung in der Liebe nur dann zu finden ist, wenn man seine Ansprüche auf ein gesundes Maß herunterschraubt.

Was sollte ich jetzt damit anfangen? Als partnersuchender Single hielt ich mich genau an das, wozu ich in meinem Artikel geraten hatte. Ich versuchte, offener zu sein und realistischer und mich auf die Dinge zu konzentrieren, die für eine dauerhafte Ehe und nicht für eine flüchtige Romanze wichtig sein würden. Aber irgendwie funktionierte das nicht. Nach wie vor fühlte ich mich hingezogen zu Männern, die »mein Typ« waren, und wenn ich Dates hatte mit Männern, die dem nicht entsprachen, dann wollte sich das »gewisse Etwas« einfach nicht einstellen. Dass gleich Schmetterlinge flattern würden, erwartete ich ja schon gar nicht mehr, aber irgendetwas sollte schon da sein, oder? Aber wie viel »Etwas« sollte es sein?

Ich will eine andere 8

Eines Tages bekam ich eine E-Mail von einer Frau, die schrieb, dass sie nicht nach einer perfekten 10 suche – eine 8 wäre super. Dabei war sie bereits mit einem Mann zusammen, der eine 8 war. Aber es gäbe ein Problem, sagte sie: »Was, wenn ich eine ganz andere 8 will?«

Genau das war auch mein Problem – und das so vieler anderer Frauen. Wir waren uns einig, dass wir nach Mister »Gut genug«

suchen wollten (der existierte) anstatt nach dem Märchenprinzen (der nicht existierte). Aber wie das in der Praxis funktionieren sollte, das wussten wir nicht. Viele hatten mir geschrieben, dass sie sich aufgrund meines Artikels verlobt hätten. Doch nun befürchtete ich, dass ich in fünf Jahren eine Flut von E-Mails bekommen würde, in denen stand, dass sie sich aufgrund meines Artikels wieder scheiden ließen, da die Realität sie eingeholt habe (von der keiner wusste, wie sie wirklich aussah). Wie viele Kompromisse sind gesund? Woher weiß man, ob man nur zu wählerisch ist oder wirklich nicht zusammenpasst? Wenn eine Beziehung mit Mister »Gut genug« bedeutet, Leidenschaft und Verbundenheit zu teilen und gleichzeitig seine Ansprüche realistisch zu halten – wie bringt man das ins Gleichgewicht?

Um das herauszufinden, beschloss ich, als Versuchskaninchen zu fungieren. Ich würde losgehen und Antworten finden – und sie dann in meinem echten Leben umsetzen.

Ich sprach mit Eheforschern, Verhaltensökonomen, Soziologen, Psychologen, Anthropologen, Neurobiologen, Paartherapeuten, Intellektuellen, Partnervermittlern, Scheidungsanwälten, Dating-Coaches und sogar mit Müttern. Außerdem lauschte ich den Geschichten von Singles und Verheirateten, die ihre Erfahrungen mit mir teilten. Natürlich erwartete ich nicht, dass jemand *die* Antwort auf meine Fragen hatte, aber ich hoffte, dass es mir mit etwas Anleitung und Einsicht gelingen würde, dem richtigen Partner endlich näher zu kommen. Vielleicht könnte ich auch anderen dabei helfen. Mein Buch ist kein Ratgeber, auch keine Anleitung zur erfolgreichen Partnersuche. Sie finden darin kein Schema F oder irgendwelche »Regeln«, die es zu befolgen gilt. Stattdessen beleuchtet es, warum unser Liebesleben oft nicht so läuft wie geplant und welche Rolle wir selbst dabei spielen. Welche Konsequenzen sie daraus zieht, muss jede Leserin für sich selbst entscheiden.

Doch eins vorweg: Was der eine oder andere Experte zu sagen hat, wollen Sie vielleicht nicht hören. Auch mir ging das anfangs so. Ich habe mich verzweifelt gegen die Tatsachen gewehrt. Letztendlich aber habe ich erkannt, dass Wissen Macht bedeutet; und diese Erkenntnis hat mich und mein Beziehungsleben grundlegend verändert. Denn am Ende wusste ich: Einen Mann zu finden, mit dem ich gut auskomme, ist die wahre Liebesgeschichte.

TEIL I

Wie konnte es nur so weit kommen?

1.

Die Untiefen der Partnersuche

Eines Abends rief mich meine Freundin Julia an, um mir zu erzählen, dass sie sich gerade von ihrem Freund Greg getrennt hatte.

»Er hat mich einfach nicht inspiriert«, sagte sie.

Julia und Greg hatten sich zwei Jahre zuvor als Arbeitskollegen in einem gemeinnützigen Unternehmen kennengelernt. Beide waren damals 29. Sie fand ihn süß und überaus gescheit. Er war ein eher unmodischer Typ, trug ständig irgendwelche spießigen Cordhosen – aber es gefiel ihr, dass er so »echt« war, so »unprätentiös«, so »unmaterialistisch«. Und sie fühlte sich wohl bei ihm, wie nie bei einem Mann zuvor. Noch nie hatte sie einen so treuherzigen Freund wie Greg gehabt. Egal was sie gerade machte oder plante, Greg war für sie da; egal was sie gerade bedrückte, sie konnte mit allem zu ihm kommen; und wann immer sie an sich zweifelte, gab er ihr das Gefühl, die allerschönste Frau der Welt zu sein. Man sollte meinen, dass sie ihn dafür mit jedem Tag nur noch mehr liebte, und so war es auch – am Anfang jedenfalls. Doch nun, als Greg anfing, vom Heiraten zu sprechen, schlug das Ganze plötzlich um.

»Greg gab mir stets das Gefühl, die wunderbarste Frau der Welt zu sein«, sagte sie. »Doch genau das hat mich ins Grübeln gebracht – wenn ich schon so toll bin, dachte ich, dann habe ich vielleicht einen Besseren verdient.«

Und mit einem »Besseren« meinte sie wohl einen mit »mehr Charisma«. In geselliger Runde wirkte Greg oft schüchtern und etwas unsicher, während Julia sehr selbstbewusst und aufgeschlossen war. Greg kam im Gegensatz zu Julia aus eher bescheidenen Verhältnissen, weshalb das oft hochgestochene Geplänkel unter Julias Freunden nicht unbedingt seine Sache war.

Mittlerweile hatte Julia dank Gregs ermutigender Unterstützung die Karriereleiter erklommen – und verdiente mehr als er. Nicht viel mehr, aber immerhin so viel, dass es ihr etwas ausmachte.

»Ich will weiterarbeiten«, sagte sie. »Aber irgendwie habe ich mir meine Ehe doch anders vorgestellt.«

»Wie denn?«, wollte ich wissen, doch sie seufzte nur verlegen.

»Ganz ehrlich?«, sagte sie. »Ein Mann mit mehr Pep wäre mir lieber.«

Ich erinnerte sie daran, dass Greg reizender war als alle anderen Männer, die sie vor ihm gehabt hatte, reizender als ihr letzter Freund, ein ambitionierter Anwalt, der nicht selten »vergaß«, sie anzurufen. Greg war liebevoll und verlässlich. In seinem Job ging er auf. Auch im Bett klappte es bei den beiden. Sie hatten ähnliche Interessen, schon allein weil sie auf dem gleichen Gebiet arbeiteten, und sie hatten auch sonst eine Menge Spaß zusammen.

»Aber er hat mich einfach nicht inspiriert«, sagte Julia noch einmal. »Er ist eben nur ein netter, ganz normaler Typ. Ich dachte ständig ›Das soll es jetzt gewesen sein? Das soll der Mann sein, auf den ich mein ganzes Leben lang gewartet habe?‹ Ich fürchte, dass er mir auf Dauer zu langweilig wird. Dass er mir nicht genügt, dass ich mehr will.«

»Mehr was?«, fragte ich.

In der Leitung blieb es eine ganze Weile still.

»Mehr von dem, was ich mir vorgestellt habe«, sagte Julia. »Er ist einfach nicht der Richtige zum Heiraten.«

Wieder ein netter Typ also, der dafür nicht infrage kam. Oder doch? Wie muss ein Mann zum Heiraten denn heutzutage sein?

Keine Langweiler bitte!

Bald nach meinem Gespräch mit Julia war ich in einer Bar in Los Angeles mit fünf jungen Single-Frauen zwischen zwanzig und dreißig verabredet, die ich zu diesem Thema befragen wollte: Warum ist es heutzutage so schwer, den Mann fürs Leben zu finden? Die einmütige Antwort: Männer, ja gerne, aber es geht auch ohne. Warum also Abstriche machen?

»Lieber bleibe ich Single, als mich mit etwas abzufinden«, sagte Olivia, 27, Webdesignerin. »Mit Anfang zwanzig habe ich etliche Typen ausprobiert. Aber das war alles nichts. Und wenn ich mir vorstelle, mit so einem für immer Tisch und Bett zu teilen, nur weil ich die Schnapsidee hatte, ihn zu heiraten – nein, wirklich nicht.«

Die anderen nickten.

»Ich weiß ja nicht, wie es bei dir ist«, fuhr Olivia halb im Spaß fort, »aber bei mir müsste die Liebe schon arg groß sein, um mir jeden Morgen im Bad die Zähne zu putzen, während er vor meiner Nase auf dem Klo hockt.«

Aber Badezimmertüren kann man zumachen, warf ich ein, während Möglichkeiten, tolle Männer kennenzulernen, nicht für immer offenstehen. Ich fragte die fünf, was genau sie unter «sich mit etwas abfinden« verstehen würden. Hieß es, einen wirklich nervigen Mann einfach auszuhalten oder hier und da Kompromisse zu machen, um dafür in den Genuss von anderen Eigenschaften zu kommen, die vielleicht wichtiger sind? Und was wären diese wichtigeren Eigenschaften?

»Selbst wenn er nett, intelligent und gut aussehend wäre, mit einem, der langweilig ist, könnte ich nie zusammen sein«, sagte Nora, Sendeleiterin beim Radio.

»Stimmt«, meinte Claire, eine Doktorandin. »Es gibt Männer, die durchaus intelligent sind, bei denen man dann aber echt geschockt ist, wenn man merkt, dass sie bei aller Intelligenz einfach nicht interessant sind. Sie müssen auf eine interessante Weise intelligent sein. Sie müssen *aufgeschlossen* sein.«

»Aufgeschlossen, aber nicht bierernst«, sagte Nina, Marketingleiterin. »Sie dürfen auch ruhig ein paar Ecken und Kanten haben.«

»Aber nicht zu viele«, sagte Nora. »Schon noch normal. Nur eben nicht langweilig.«

Was genau sie mit »langweilig« meinten, wollte ich wissen.

»Sie müssen Sinn für Humor haben«, sagte Nina. »Aber sie dürfen nicht einfach nur dasitzen und über meine Witze lachen. Langweiler sind nicht lustig, Langweiler denken, dass *du* lustig bist.«

»Oder das Gegenteil«, meinte Claire. »Sie denken, dass eine Frau, die über ihre Witze lacht, Sinn für Humor hat. So was glauben nur Langweiler.«

»Oder Narzissten!«, sagte Lauren, Spendensammlerin im politischen Bereich.

»Kein Wunder, Narzissten *sind* langweilig!«, bemerkte Olivia, und alle brachen in schallendes Gelächter aus.

Ich gab den Frauen (alle nicht hinreißend schön, aber durchaus attraktiv; nicht wahnsinnig faszinierend, aber interessant) zu bedenken, dass sie an einem gewissen Punkt möglicherweise allein und einsam enden würden, wenn sie bei jeder Verabredung nach Mister Perfekt suchten, anstatt sich einfach ein nettes Leben mit irgendeinem normalen Mann einzurichten.

»Einsam? Das bin ich jetzt auch, aber ein einsames Leben ist besser als ein langweiliges«, sagte Lauren, die ihren Job hin und wieder langweilig findet, ihn aber nie für ihre wahre Leidenschaft, das Malen, aufgeben würde. Das wäre ihr viel zu riskant.

»Aha, du machst also bei der Wahl deines Jobs Kompromisse, nicht aber bei der Wahl deines Partners?«, fragte ich. »Du verbringst also lieber acht Stunden am Tag mit einer mittelprächtigen Karriere, als den Job für deine wahre Liebe, das Malen, aufzugeben?«

Lauren überlegte kurz.

»Nun, das ist etwas anderes«, sagte sie. »Was meine Karriere betrifft, denke ich praktisch. Aber praktisch denken, wenn es um die Liebe geht? Man kann nicht praktisch denken, wenn es um Gefühle geht. Das scheint mir ... unromantisch.«

Just in dem Moment kam ein niedlicher Typ um die dreißig vorbei und musterte die Frauen interessiert. Sie aber würdigten ihn keines Blickes. Warum?

»Zu klein«, sagte Olivia, die selbst nur knapp 1,60 m maß.

»Und noch dazu mit so einer Brille?«, fügte Claire hinzu, die selbst ein sehr auffälliges Gestell auf der Nase hatte.

Ob dieser etwas zu klein geratene Typ mit einer Brille von vorgestern bei diesen Frauen wohl eine Chance auf ein Date hätte, wenn er viele der Eigenschaften mitbringen würde, die sie so wichtig fanden: intelligent, witzig, mit Ecken und Kanten, nett, erfolgreich – und, ganz wichtig, nicht langweilig. Wie stark wog der erste Eindruck?

»So einen hatte ich schon mal«, sagte Nora. »Törnt mich nicht an. Es muss von Anfang an knistern. Ich muss mich körperlich angezogen fühlen, alles andere wäre erzwungen, und das kann nicht funktionieren.«

Mit welcher Leichtfertigkeit die fünf Mittzwanzigerinnen den süßen Kerl einfach links liegen ließen, überraschte mich dennoch. Schließlich waren wir hier nicht mehr auf dem College, wo jeder aus dem Vollen schöpfen konnte. Das hier war das richtige Leben, das Erwachsenenleben, wo es auf dem Markt der verfügbaren Single-Männer immer enger wurde, wo es keine spontan ablaufenden Mechanismen gab, um Gleichgesinnte zu finden, so wie das früher zu Schul- oder Studienzeiten der Fall gewesen war.

Doch dann erinnerte ich mich an die Zeit zurück, als ich selbst in den Zwanzigern war, als die Chancen auf Männer schier endlos schienen – auch wenn sie das nicht waren.

Verzweifelt, aber wählerisch

Was so ein Jahrzehnt doch ausmacht! Wenige Tage später war ich in der gleichen Bar erneut verabredet. Diesmal mit fünf Single-Frauen Ende dreißig, Anfang vierzig. Ich stellte ihnen die gleiche Frage: Warum ist es so schwierig, einen tollen Mann zu finden? Ich erzählte ihnen von meinem Gespräch mit den jungen Frauen zwischen zwanzig und dreißig und was sie mir über Langweiligkeit und Einsamkeit erzählt hatten.

»Frag sie noch einmal in zehn Jahren«, sagte Julie, 39, attraktiv und Kinderärztin. »Wenn sie sich dann immer noch an die Hoffnung vom Traumprinzen klammern, werden sie ganz bestimmt gelangweilt *und* einsam sein. Im Urlaub hängen sie dann mit ihren verheirateten Freundinnen samt Nachwuchs herum, was umso deprimierender ist, weil sie selbst keine eigene Familie haben.«

Ich könne es diesen jungen Frauen nachempfinden, sagte ich, die sehr gerne eine Beziehung hätten, gleichzeitig aber eine sehr konkrete Vorstellung davon hatten, wie der Partner dafür zu sein hatte. Nach meiner Erfahrung verkehre sich die Partnersuche mit zunehmendem Alter jedoch in ein gefährliches Paradox: Man sucht immer verzweifelter, wird dabei aber immer wählerischer. Sie wussten sofort, was ich meinte.

»Ganz recht!«, sagte Liz, 37, Drehbuchautorin. »Am liebsten würde ich jede Einzelne von ihnen schütteln, damit sie kapieren, dass der Typ an ihrer Seite, der auf allen Partys so nervig und laut lacht, es vielleicht unappetitlich findet, wie sie Karotten isst, das für ihn aber kein Grund ist, mit ihr Schluss zu machen.«

Spontan fielen allen irgendwelche Gründe ein, die früher, als sie noch jünger waren, ausgereicht hatten, um eine Beziehung zu beenden:

- ✘ »Er war sehr liebevoll, aber nicht romantisch genug. Zum Valentinstag hat er mir mal einige meiner Lieblingslieder auf Kassette zusammengestellt und mich stundenlang massiert. Aber den ganzen Tag lang, jedes Mal, wenn der Blumenlieferant vorbeikam und meinen Kolleginnen Blumen brachte, habe ich gedacht, wo bleiben denn meine? Ich will einen Blumenkavalier.«

- »Ja, Blumen hat er mir ab und zu schon geschenkt, aber immer nur die billigen – was mir das Gefühl gegeben hat, ich sei ihm nicht mehr wert.«
- »Er war mir nicht aufregend genug. Ich hatte das Gefühl, schon ewig verheiratet zu sein, was auf eine Art ganz nett war, aber eigentlich dachte ich, wir seien noch in der ersten aufregenden Liebesphase.«
- »Er hatte richtig lange Nasenhaare. Das hat mich angewidert, aber ich brachte es nicht fertig zu fragen, ob er sie stutzen könne, also habe ich ihn irgendwann einfach abserviert.«
- »Er weinte! Einmal hätte ich mir ja noch gefallen lassen. Aber noch ein zweites Mal? Da war ich weg. Ein zartes Seelchen, das ist nichts für mich.«
- »Er war viel zu berechenbar. Ich fing an, mich mit Männern zu verabreden, die mich zappeln ließen und bei denen ich nie wusste, woran ich bin. Schrecklich. Heute würde ich alles für einen berechenbaren Mann geben.«
- »Mir war seine Stimme peinlich. Wenn wir bei mir waren und er hin und wieder ans Telefon ging, dachten die Leute, ich sei dran. Ansonsten aber war er sehr männlich. Und ein klasse Typ.«
- »Er war der geborene Optimist. Die ganze Zeit supergut drauf, sogar schon am frühen Morgen, wenn der Wecker losging und ich nur genervt war. Nichts konnte seine Laune trüben. Aber ich wollte nicht immer nur ›die Sonnenseiten‹ sehen. Da bändelte ich mit einem Mann an, der eher zynisch war. Doch irgendwann war ich dann nur noch mies drauf. Also versuchte

ich, meinen Optimisten zurückzubekommen, aber dem war ich nun zu pessimistisch!«

- »Er hatte eine Halbglatze, bis auf so einen Haarkranz um den Kopf. Echt abtörnend, aber ich versuchte es zu ignorieren, da ich ihn wirklich sehr mochte. Meine Freundinnen fanden, er habe ›ein schönes Gesicht, einen schönen Körper und außerdem verlieren die meisten Männer sowieso irgendwann die Haare‹. Aber doch nicht mit 35. Ich fühlte mich immer zu Männern hingezogen mit dichtem, vollem Haar, durch das man so schön streichen kann. Heute kann ich von Glück sagen, wenn die Männer, die ich kennenlerne, überhaupt noch Haare haben.«

- »Er hat mich erdrückt mit seiner Liebe. Wie so ein kleiner Hundewelpe hat er mich ständig angeschmachtet. Das war mir viel zu unmännlich.«

- »Er war mir nicht kultiviert genug. Er konnte keinen Wein aus der Weinkarte wählen, er hatte *Casablanca* nie gesehen. Ich habe mich gefragt, wie man 32 werden kann, ohne diesen Film je gesehen zu haben?«

- »Das Gefühl wollte sich bei mir einfach nicht einstellen. Heute frage ich mich, was für ein »Gefühl« das denn genau hätte sein sollen? Denn eigentlich war ich mit ihm sehr viel lieber zusammen als mit allen anderen vor oder nach ihm, bei denen es heftig gefunkt hatte.«

Während ich den Frauen zuhörte, dachte ich darüber nach, warum auch ich die eine oder andere Chance auf einen Mann hatte sausen lassen, als ich noch jünger war – und das nicht selten unbesehen. Eine solche verpasste Chance namens Tom ist mir noch besonders im Gedächtnis. Tom war ein Kunde meiner Friseurin, die mir erzählt hatte, wie gut aussehend und charmant er sei, von Beruf Chemiker, ein erfolgreicher noch dazu. Sie wollte uns gerne verkuppeln. Doch ich, damals 29, lehnte ab. Denn als sie mir sagte, Tom habe rote Haare, war ich mir sicher, dass ich darauf sowieso nicht stehen würde. Rote Haare, das ging gar nicht.

Dann war da noch dieser nette, intelligente und witzige Anwalt, mit dem ich angebändelt hatte, bis ich irgendwann das Interesse an ihm verlor, weil er das Wort »affengeil« so überstrapazierte. Ich versuchte, darüber hinwegzuhören, doch es störte mich jedes Mal. (Dass ich selbst ständig »so was von« und »ähm ja« sagte, scheint ihn dagegen nicht gestört zu haben).

Außerdem gab es noch diesen echt heißen Software-Entwickler, den ich mit Anfang dreißig auf einer Party kennengelernt hatte. Er gab mir seine Geschäftsnummer mit der Bemerkung, ich könne ihn dort jederzeit anrufen (»Da bin ich *immer* erreichbar«). Ein Workaholic? Nein danke. Also habe ich ihn nie angerufen. Ich kam nie auf die Idee, dass er vielleicht nur deshalb die ganze Zeit im Büro war, weil er gerade seine eigene Firma aufbaute. Aber es kümmerte mich auch nicht besonders, da ich stets davon ausging, dass die nächste Gelegenheit sowieso bald kommen würde – der nächste Typ auf einer nächsten Party oder die nächste Internet-Bekanntschaft. Selbst als ich mit Anfang dreißig merkte, dass die Männer, die noch zu haben waren, sowie die Gelegenheiten, sie kennenzulernen, langsam schwanden, ging ich nur feste Beziehungen ein mit Männern, die meine ziemliche rigorosen und im Rückblick recht oberflächlichen Kriterien erfüllten – getreu nach dem Motto »Ich habe doch nicht die ganze Zeit gewartet und nach dem Richtigen gesucht, nur um mich jetzt mit dem Nächstbesten zufriedenzugeben.« Aber wäre ich tatsächlich mit dem rothaarigen Chemiker, dem »affengeilen« Anwalt oder dem arbeitswütigen Software-Entwickler glücklich geworden?

Ich werde es nie erfahren.

Genau wie ich waren die Frauen, mit denen ich in der Bar beisammensaß, fast beschämt darüber, wie schnell sie in der Vergangenheit Männer aussortiert hatten. Aber sie hatten einfach alle nicht zu unserer Vorstellung vom Mann fürs Leben gepasst.

Ich fragte die Frauen, ob sie heute noch immer aus den gleichen Gründen Schluss machen würden wie damals. »Wenn ich heute einen Typen kennenlernen würde, der noch nie *Casablanca* gesehen hat«, sagte Kathy, 38, Sachbearbeiterin, »würde ich ihn deswegen wohl nicht gleich stehen lassen, aber irgendwo in meinem Hinterkopf würde ich mich schon wundern. Komplett ausblenden könnte ich es wahrscheinlich nicht, da es auf ein gewisses kulturelles Desinteresse schließen lässt. Alles in allem aber würde ich heute aus anderen Gründen Schluss machen.«

Welche genau? Ich hakte nach. Von vornherein ausscheiden würden Männer mit einem Suchtproblem, jähzornige oder unwirsche Männer, Männer ohne festen Job, Männer, denen es an Warmherzigkeit mangelt, die unflexibel, verantwortungslos oder unaufrichtig sind, die keine guten Väter wären oder die so eingefahren sind, dass sie ihr eigener Großvater sein könnten. Alles andere, so die Frauen, wäre verhandelbar – eine Einsicht, die aber recht spät kommt: Denn ihrer Erfahrung nach bringen die Männer, mit denen sie heute ausgehen, sehr viel häufiger eine dieser unliebsamen Eigenschaften mit, als die Männer, mit denen sie sich vor zehn Jahren getroffen haben.

»Im Grunde suche ich heute noch immer nach dem gleichen Männertyp wie mit 25, nur lege ich heute viel mehr Wert darauf, dass er Familiensinn hat, dass er eine Familie ernähren kann – an so etwas habe ich damals keinen Gedanken verschwendet«, sagte Berta, 37, Pharmavertreterin.

Amy, 43 und Innenarchitektin, stimmte ihr zu. Bis sie 39 war, so sagte sie, habe sie ständig wechselnde Beziehungen gehabt, und dann »merkte ich plötzlich, dass kein Mann unter fünfzig mehr Interesse an mir zeigte.«

Aber könnten sie die Bekanntschaften, denen sie damals den Laufpass gegeben haben, nicht einfach wieder aufwärmen, wo sie ihnen heute doch so attraktiv erschienen?

»Alle verheiratet!«, kam die einhellige Antwort.

Wen kümmert es, ob er Casablanca *kennt?*

Das brachte mich auf die nächste Frage: Was für Frauen hatten diese Männer geheiratet? Eine Woche später war ich mit einigen von ihnen verabredet. Auf den ersten Blick schienen sie nicht anders als die Frauen, die ihren Männern den Laufpass gegeben hatten: Sie waren etwa im gleichen Alter, ähnelten sich in Aussehen und Bildung – diese verheirateten Frauen hätten die Ebenbilder der Single-Frauen sein können, mit einem kleinen Unterschied: Unter romantischer Liebe verstanden sie etwas ganz anderes. Nancy (sie hatte den »berechenbaren« Mann geheiratet), formulierte es folgendermaßen:

»Ich glaube, der Unterschied zwischen verheirateten und unverheirateten Frauen ist der, dass Frauen, die nicht heiraten, ihr Leben lang hoffen, eines Tages Brad Pitt zu kriegen. Dass sie so am Ende aber unverheiratet bleiben könnten, auf die Idee kommen sie nicht. Irgendwann ist das Gejammer groß, weil sie keine Männer mehr kennenlernen. Aber das stimmt nicht. Das ist nichts anderes, als würden sie jammern, sie seien zu fett, obwohl sie genau wissen, dass es nicht stimmt. Wenn man jung ist, lernt man ständig irgendwelche Typen kennen, weshalb man irgendwo tief im Innern glaubt, dass der Richtige schon irgendwann dabei sein wird. Man kommt gar nicht auf die Idee, dass der Richtige nicht aussehen muss wie Brad Pitt, dass er nicht das dicke Geld verdienen oder man bei seinem Anblick jedes Mal weiche Knie bekommen muss. Ich jedenfalls habe das irgendwann kapiert. Aber auch erst mit 35.«

Mit 35 lernte sie ihren Mister Berechenbar kennen.

»Es gibt so viele Frauen, die sagen, sie wären lieber solo als irgendwo Abstriche zu machen. Aber wenn sie solo sind, fühlen sie sich auch nicht wohl – und klammern sich wie eh und je an die immer gleiche unrealistische Vorstellung«, sagte Nancy. »Sie rechnen ganz fest damit, dass sie eines Tages ihrem Seelenpartner begegnen und sich die ganze Warterei endlich gelohnt hat. Wenn es dann nicht passiert, sind sie völlig verstört. Doch dann ist es möglicherweise zu spät.«

Zu spät für ein Leben, wie sie es heute mit ihrem »berechenbaren« Ehemann hatte.

»Ja, bei ihm ist alles berechenbar«, räumte sie ein. »Aber das ist mir allemal lieber als ein Mann, der vielleicht aufregender ist, mich aber ständig im Unklaren lässt. Liebe war es zuerst nicht, aber das ist es jetzt. Ich habe einen großartigen Ehemann und zwei wunderbare Kinder. Eine bessere Familie hätte ich mir nicht wünschen können. Aufregend ist es mit meinem Mann auch, nur auf eine weniger offensichtliche Weise.«

Sara, 42, hatte den Mann mit der Halbglatze geheiratet (der jetzt mit 43 völlig kahl ist). Sie erzählte mir, wie froh sie heute sei, dass sie mit 34 an einem Punkt angekommen war, wo sie sich nicht mehr an Nichtigkeiten aufhängte, etwa ob und wie viel Haare der Mann auf dem Kopf hat.

»Ein oder zwei Jahre früher wäre es mir nicht im Traum eingefallen, mit einem Glatzkopf auszugehen«, sagte sie.

Heute sei sie froh, ihre Meinung geändert zu haben, fuhr sie fort, denn andernfalls hätte sie sich um die Chance gebracht, sich in ihren heutigen Mann zu verlieben.

»Ich kenne keinen einzigen Mann, der heute noch zu haben wäre und so begehrenswert ist wie meiner, und auch keinen, der in meinem Alter noch gerne mit mir ausgehen würde«, sagte sie. »Wenn ich heute Single wäre, wäre mein eigener Mann wohl kaum an mir interessiert. Er würde mich gar nicht bemerken. Wieso sollte ein netter, erfolgreicher, witziger 43-Jähriger eine 42-Jährige hofieren, wenn er locker eine ebenso interessante 35-Jährige haben könnte, die viel hübscher und noch dazu im gebärfähigen Alter ist?«

Mit dieser Denkweise könnten sich viele Frauen auf den Schlips getreten fühlen, warf ich ein. Doch sie zuckte bloß mit den Schultern.

»Ich will es mal so sagen«, meinte sie. »Für mich war der Zeitpunkt, meinen Mann zu treffen, goldrichtig. Hätte ich ihn damals nicht genommen, wäre er heute mit einer anderen verheiratet, und ich würde immer noch herumhocken und mich fragen, wo die wenigen tollen Männer bloß zu finden sind.«

Die wenigen tollen Männer

Genau das fragte auch ich mich: Wo waren die tollen Männer? Ich machte mich auf die Suche und schickte eine Massen-E-Mail los, um Single-Männer zwischen 25 und vierzig zu finden, die ich zu diesem Thema befragen wollte. Was zurückkam, las sich dann nicht selten so: »Ich kenne keine Single-Männer, aber brauchen Sie auch Single-Frauen? Davon kenne ich jede Menge.«

Drei Wochen später hatte ich dann doch eine Mindestzahl von Single-Männern beisammen – aber nur, weil ich meine Definition von »Single« erweitert und auch Männer eingeschlossen hatte, die nicht verheiratet, aber in festen Beziehungen waren. Ich traf die Männer in der gleichen Bar wie zuvor die Frauen, und sie schienen ebenso verdutzt über meine Frage: Warum finden Frauen es so schwierig, einen tollen Mann zu finden?

David, ein 29-jähriger, sehr witziger Professor, meinte, es gäbe durchaus tolle Männer, das Problem sei nur, dass die Frauen sie nicht als solche erkannten. »Eine Frau hat mit mir Schluss gemacht, weil ihr mein Kleidungsstil nicht gefiel«, erklärte er. »Sie hat sich in einen Typen verliebt, der sich schick anzieht, sie aber nie anruft.«

Sein Freund Dan, 32, lachte – er hatte ähnliche Erfahrungen gemacht. »Frauen wollen nie den, den sie haben können«, sagte er. »Wenn sie den perfekten Mann mit dreißig noch nicht gefunden haben, suchen sie weiter. Sie lernen einfach nichts dazu. Auch wenn sie fünf Jahre älter und noch immer solo sind, sie werden immer wählerischer. Auch mit knapp vierzig haben sie den perfekten Mann noch immer nicht gefunden. Dann fangen sie an, es zu bedauern, dass sie Männer wie uns haben stehen lassen, aber wir sind dann auch nicht mehr an ihnen interessiert.«

Genau das sei auch das Problem seiner Exfreundinnen, meinte Kurt, 38 und verlobt. »Aber der perfekte Mann, sofern es ihn überhaupt gibt, nimmt auch nicht jede Dreißigjährige. Die muss schon in der Oberliga spielen, und das tut vielleicht nur eine von hundert. Nur denkt jede Dreißigjährige, dass sie zu diesem einen Prozent gehört. Auf einer Skala von 1 bis 10 wollen alle Frauen eine 10 sein, aber nicht *alle* sind eine.«

Das erinnerte mich an einen Satz, den meine Freundin Julie einmal gesagt hatte: »Unsere Kultur pflanzt uns ein, bei der Partnersuche zu verfahren wie beim Einkaufen im Supermarkt – nur weist uns dort niemand auf die Mängel des Käufers hin.«

Steve, 35, mit einer Anwältin liiert, sagte: »Ich denke, die übersteigerte Selbstwahrnehmung einiger Frauen rührt daher, dass sie uns früher in der Schule tatsächlich überlegen waren. Sie meinen daher, das ginge immer so weiter. Auch mit über zwanzig denken sie das noch, weil sie noch immer heiß begehrt sind. Als Typ gibt man jede Menge Geld aus, um die Frau zu hofieren, man investiert in die Beziehung, und am Ende sagt sie dir: ›Weißt du, du bist zwar ein toller Typ, aber irgendwie doch nicht der Richtige für mich.‹«

»Mit über dreißig dann«, fuhr er fort, »ist es genau umgekehrt. Nun sind es die Frauen, die in eine Beziehung investieren, weil sie sich eine Ehe erhoffen. Doch jetzt sind die Männer begehrt und sagen plötzlich: ›Weißt du, du bist toll, aber nicht die Frau, die ich heiraten will.‹ Die Frauen sind dann wie vor den Kopf geschlagen, weil die Männer ihnen gewöhnlich zu Füßen lagen. Aber jetzt haben sich die Machtverhältnisse umgekehrt.«

Die verheirateten Männer

Eric, 38, Schriftsteller und ein guter Freund von mir, pflegt bis heute einen freundschaftlichen Umgang mit seinen drei Exfreundinnen, die ihm allesamt den Laufpass gaben, bevor er seine heutige Frau kennenlernte. Irgendwann, so sagte er, wolle er ein Buch schreiben über die Frauen und ihre ewigen Kritteleien an den Männern.

»Zwei Arbeitstitel habe ich bereits«, erklärte er. »Der erste lautet *Meine Frau ist nicht perfekt (aber das war mir von vornherein egal)*, der zweite lautet *Keine Ahnung, warum sie Schluss gemacht hat (aber ich bin heute verheiratet, und sie ist noch immer Single)*.

Frauen, so sagt er, rufen nicht selten zehn Freundinnen an und bereden bis ins kleinste Detail, ob der Mann ihrer ellenlangen Wunschliste entspricht oder eben nicht, um dann für die Punkte, denen er nicht entspricht, zu überlegen, ob sie ihn sich nicht so »hinbiegen« oder »erziehen« können, dass am Ende alles passt. Männer hingegen wissen, dass sie bekommen, was sie sehen – und akzeptieren es, wie es ist.

»Wenn wir Männer heiraten wollen, dann denken wir nicht im Traum daran, uns die Frau irgendwie hinbiegen oder sie verändern zu wollen«, sagte er. »Wir zücken keinen Bewertungsbogen und zerpflücken alles bis ins kleinste Detail, so wie das die Frauen machen. Entweder wir wollen sie oder nicht.«

Natürlich gäbe es auch Männer mit Bindungsängsten, sagte Henry, 36, ebenfalls verheiratet, die meisten hätten aber keine. Männer wollen genauso gern heiraten wie Frauen, aber oft nimmt der Mann auch nur die angenehmen Nebeneffekte einer festen Beziehung mit.

»Wenn ein Mann mit einer Frau zusammen ist und weiß, dass er sie nicht heiraten will«, sagte Henry, »dann sagt er so was wie: ›Ich suche im Moment nichts Ernstes‹, ›Ich bin nicht sicher, ob ich Kinder will‹, oder ›Für mich gibt es momentan nur die Karriere‹ – was ihr seiner Meinung nach klar zu verstehen gibt, sie solle sich anderweitig umschauen, falls sie heiraten will. Sie aber ist felsenfest davon überzeugt, dass er bloß nicht weiß, was er will, und sie das bestimmt ändern kann, während er sich aber längst entschieden hat.«

»Inzwischen«, fuhr Henry fort, »wird die Frau immer unschlüssiger, nimmt jedes vermeintliche Defizit monate- oder gar jahrelang auseinander, bis sie endlich ihr Urteil fällt und weiß, ob sie ihn nun heiraten will oder nicht. Wir Männer hingegen wissen eigentlich sofort, wenn wir die Frau fürs Leben gefunden haben. Ganz instinktiv. Darum fallen die Frauen aus allen Wolken, wenn ihr ›bindungsscheuer‹ Exfreund schon ein Jahr später mit einer anderen verheiratet ist.«

Bei all dem Gerede von romantischer Liebe, sagte Henry, neigen Frauen dazu, eine Beziehung zu sehr zu zerreden. »Frauen sind scheinheilig«, erklärt er mir. »Sie sagen zwar, sie wollen die wahre Liebe, aber trotzdem solltest du so und so groß sein, so und so viel Geld verdienen, nie schlechte Laune haben und am besten ein Übermensch sein.«

Vielleicht hat er recht. Zwei Monate, nachdem meine Freundin Julia mit ihrem »uninspirierenden« Freund Greg Schluss gemacht hatte, hatte sie einen Neuen – Adam, einen sehr attraktiven, ambitionierten Chirurgen. Adam hatte alles, was der unprätentiöse Greg nicht hatte. Dafür hatte der wiederum alles, was ihr neuer Freund nicht hatte. Langsam fing sie an, Greg zu vermissen.

»Ich weiß einfach nicht, womit ich auf Dauer besser leben

kann«, seufzte sie, kurz bevor sie mit ihrem Chirurgen zu einem romantischen Wochenende nach Hawaii flog.

Aber muss es so sein? Gibt es kein Mittelding zwischen kühler Analyse und heißer Leidenschaft?

Was Frauen über sechzig dazu sagen

Ich fragte ein paar Freundinnen meiner Mutter nach diesem Mittelding. Sie hatten alle jung geheiratet, zwischen zwanzig und dreißig. Das Problem sei, so die einhellige Meinung, dass ein Mittelding in der Generation ihrer Kinder gar nicht mehr vorkomme.

»Männer, so höre ich ständig von den Freundinnen meiner Tochter, sollen gefühlsmäßig genauso ticken wie sie selbst. Aber Männer und Frauen ticken unterschiedlich«, sagte Susan, die zwei Töchter über dreißig hat. »Die jungen Frauen von heute wollen einen Mann, der sanft ist, einfühlsam, reich, umwerfend attraktiv – sie wollen alles haben.«

Connie schüttelte den Kopf. »Natürlich kann man auf den Traumprinzen warten«, sagte sie. »Aber auch der Traumprinz hat Löcher im Strumpf. Man kann den perfektesten Mann der Welt heiraten, Probleme wird es trotzdem geben. Doch wenn die jungen Frauen von heute Löcher im Strumpf entdecken, dann ist das Interesse sofort dahin.«

»Wir gingen damals mit einer anderen Erwartungshaltung in die Ehe«, sagte Melinda. »Wir haben mit Unstimmigkeiten gerechnet. Wir haben geheiratet und gewusst, dass nicht alle Tage eitel Sonnenschein sein wird. Wir haben auch nicht gesagt: ›Mal sehen, wenn es nicht klappt, lassen wir uns eben wieder scheiden.‹ Wir haben uns als Team begriffen und uns fest vorgenommen, dass es funktioniert. Die jungen Mädchen heutzutage aber denken, es gäbe immer noch einen Besseren.«

Dass nur der Seelenpartner der einzig Wahre sei, glaubte nicht eine von ihnen. Ein Seelenpartner, das war für sie der Mann, dem man sich tief verbunden fühlt, der Mann, der einen so annimmt, wie man ist, und umgekehrt, der Mann, der am Ende des Tages für einen da ist.

»Schwere Zeiten gemeinsam durchzustehen, das gibt einem das Gefühl, Seelenpartner zu sein«, sagte Kathryn. »Krankheiten etwa, finanzielle Krisen oder den Tod eines Elternteils.«

»Dass man für eine Beziehung etwas tun muss, kommt vielen heute gar nicht in den Sinn«, fügte June hinzu. »In meiner Ehe gab es immer wieder Phasen, wo unsere Wünsche und Bedürfnisse auseinandergingen – echte Zerreißproben. Ich denke, dass viele Frauen heute jeden einzelnen Wunsch erfüllt bekommen wollen; und geht das mal nicht, ist irgendetwas verkehrt. Irrtum – das ist ganz normal, wenn zwei Menschen eine Beziehung führen.«

Ich fragte, von welchen Vorstellungen man sich als Frau heute verabschieden sollte, um einen guten Partner zu finden.

»Ich weiß nicht, ob man sich von etwas verabschieden muss, aber man sollte die Sache nicht negativ angehen!«, sagte Diane. »Frauen haben heute immer irgendein vorgefertigtes Bild im Kopf – eine lange Wunschliste, die sie Punkt für Punkt abhaken. Warum suchen sie nicht einfach nach jemandem, mit dem sie gerne zusammen sind, und schauen dann mal, wohin die Reise geht? Sie könnten mit mehr Optimismus an die Sache herangehen, anstatt ständig nach Defiziten zu suchen.«

Kathryn stimmte ihr zu. »Ich habe eine sehr liebe Freundin, die zwei Töchter hat, beide Single«, sagte sie. »Eine von ihnen wollte ich einmal mit einem Anwalt verkuppeln, der intelligent war, witzig und kinderlieb obendrein. Sie hat ihn gegoogelt, ein Foto von ihm gefunden und beschlossen, er sei nicht ihr Typ. Sie wollte ihn gar nicht erst kennenlernen. Es war aus, bevor es überhaupt beginnen konnte. Die jungen Frauen von heute meinen, dass der Mann sie umhauen und der Liebesrausch ewig halten muss – eine romantisierte Erwartung. Die wahre Liebe nämlich, die braucht Zeit.«

So war es bei Connie. »Ich konnte meinen Mann erst gar nicht ausstehen, als ich ihn kennenlernte«, sagte sie. »Ich habe in der Modebranche gearbeitet, und er war ein echter Hippie. Er fragte mich, ob ich mit ihm ausgehen wolle. Niemals, dachte ich. Aber er blieb hartnäckig, und als ich ihn näher kennenlernte, entpuppte er sich nicht nur als ein wunderbarer Mensch, sondern am Ende als die Liebe meines Lebens.«

Egal mit wem ich mich unterhalten habe – ob mit jungen Single-Frauen, älteren Single-Frauen, verheirateten Frauen, Single-Männern, verheirateten Männern und Frauen der Generation meiner Mutter –, ich kam immer wieder auf die gleiche Frage zurück: Warum ist die Suche nach der großen Liebe bloß so vertrackt? Und macht die moderne Art der Partnersuche die Frauen glücklich?

2.
Eine romantische Komödie prophezeite meine Zukunft

Ich war zwanzig, als ich zum ersten Mal den Film *Nachrichtenfieber* sah und kaum ahnte, dass er meine Zukunft prophezeien würde. Holly Hunter spielt darin Jane, eine Produzentin bei einem Nachrichtensender. Sie ist Single, und ihr bester Freund ist ihr Kollege Aaron, ein geistreicher und witziger Typ, gespielt von Albert Brooks. Der eine vervollständigt die Sätze des anderen, sie lachen über die gleichen Dinge und verstehen einander blind. Aaron, klug, humorvoll und nett, ist in Jane verliebt. Jane aber verguckt sich in Tom, einen überaus attraktiven, aber recht oberflächlichen Moderator, gespielt von William Hurt. Tom, der mehr Wert auf Äußerlichkeiten legt als auf innere Werte, verkörpert all das, was Jane nicht mag. Trotzdem fühlt sie sich zu ihm hingezogen und stellt am Ende des Films fest, dass sie keine Kompromisse machen kann, um mit Tom zusammen zu sein. Oder auch mit Aaron, den sie zwar innig liebt, bei dem aber einfach keine Funken sprühen.

Kommt uns das nicht allen bekannt vor?

Zugegeben, Janes Dilemma – die Wahl zwischen Funken und Freundschaft – mag uns uralt erscheinen. Relativ neu aber ist, dass die Frau von heute frei entscheiden kann. Sie muss nicht den einen oder den anderen wählen, sie kann auch *gar keinen* nehmen. Anstatt sich für Aaron oder Tom zu entscheiden, beschließt Jane, auf den Traummann zu warten, der (nebenbei bemerkt) nie erscheint. Am Ende des Films, als die Hauptfiguren sieben Jahre später wieder aufeinandertreffen, bemerkt Jane beiläufig, dass sie liiert sei. Aber warum sollte ausgerechnet diese Beziehung halten? Wahrscheinlich hatte sie in den verstrichenen sieben Jahren etliche Beziehungen, die alle einmal vielversprechend begannen, letztendlich aber nicht funktionierten. Mal ganz abgesehen davon, wer weiß schon, ob dieser gerade aktuelle Freund besser zu ihr passt als Aaron, ihr emotionaler und intellektueller Seelenverwandter? Der ist inzwischen verheiratet und Vater eines kleinen Sohnes, und auch Tom ist verlobt.

Ein trauriges Ende, aber als ich zwanzig war, habe ich nicht hinterfragt, ob Jane die richtige Entscheidung getroffen hatte. Dass Jane unverheiratet und kinderlos endet, das habe ich – aufgepasst! – der Frauenfeindlichkeit des Filmemachers zugeschrieben. Kein Witz. Heute schäme ich mich dafür, aber ich habe mich damals ernsthaft mit meinen Freundinnen darüber unterhalten, dass Hollywood es einfach nicht schafft, starke und standhafte Frauen zu zeigen, die nicht gleich die Quittung dafür bekommen. Wir kamen gar nicht auf die Idee, dass das Ende des Films schlicht *eine absehbare Folge* von Janes Entscheidung war. Im Grunde haben wir es später, im Alter zwischen zwanzig und vierzig, genauso gemacht – entweder der Traummann oder gar keinen! – und sind bis heute Single.

Was meine Freundinnen und ich damals als »frauenfeindlich« bezeichneten, erwies sich später als die raue »Realität«.

Dass ich selbst zu einer Jane geworden war, die die Aarons dieser Welt hat stehen lassen, nur um viel zu spät einzusehen, dass ich mir einen solchen Aaron als Partner *am meisten* wünsche, begriff ich erst, als ich mir den Film mit Ende dreißig noch einmal auf DVD ansah. Doch genau wie der Aaron im Film waren all die Männer, die meine Freundinnen und ich früher haben sausen lassen, heute verheiratet.

Mit zwanzig war die traurigste Szene im Film für mich die, in der Aaron Jane seine Liebe gesteht und sagt: »Ich liebe dich. Na, gar nicht schlecht, nicht? Das Beste zuletzt.« Ich verging fast vor Mitleid für Aaron!

Später, als ich zwei Jahrzehnte älter war, war es eine andere Szene, die ich am traurigsten fand, nämlich die, in der der todunglückliche Aaron Jane prophezeit, welche Konsequenzen ihre Entscheidung haben wird: »In fünf, sechs Jahren werde ich wieder in der Stadt sein. Ich werde mit meiner Frau und meinen beiden bezaubernden Kindern irgendwo spazieren gehen und plötzlich über dich stolpern. Und mein jüngster Sohn wird irgendetwas sagen und ich werde ihm klarmachen, dass es sich nicht gehört, über alleinstehende, fette Damen Witze zu reißen.« Nun war es Jane, die mir unendlich leidtat. Aarons spitze Bemerkung hatte etwas Wahres. Das wusste ich nur zu gut.

Wie Billy Crystal, nur gut aussehend

Ein paar Jahre nach *Nachrichtenfieber* kam *Harry und Sally* in die Kinos. In diesem Film wird aus Freundschaft am Ende tatsächlich Liebe. Und diese Idee von »He, sieh dir den Kumpel an deiner Seite doch mal genauer an!« hatte etwas unglaublich Romantisches. Dennoch, in meinen Zwanzigern interessierte ich mich nicht für die Billy Crystals in meiner Welt; und naiv, wie wir waren, empfanden meine Freundinnen und ich auch diese Botschaft als beleidigend. Warum sollte jemand wie Meg Ryan ihre Ansprüche herunterschrauben? Würde jemand, so fragten wir uns, der so traumhaft aussieht wie Sally, im richtigen Leben auf jemanden wie Harry stehen? Wahrscheinlich nicht. Er auf sie, das ja, aber sie würde allenfalls nur mit ihm befreundet sein wollen.

Doch wir haben unser Drehbuch vom »richtigen Leben« nicht zu Ende gedacht: Sie weist ihn zurück und lässt sich auf Beziehungen mit attraktiveren Männern ein, während auch er sich weiter umsieht und schließlich eine andere heiratet. Vielleicht findet sie auch einen, den sie heiraten will, vielleicht auch nicht. Aber wenn, dann bestimmt keinen, mit dem sie sich so tief verbunden fühlt wie mit Harry; oder sie kriegt ihn nicht rechtzeitig, um noch Kinder zu haben, was sie sich eigentlich wünscht.

Mit 22 verstand ich nicht, was daran so schlimm sein soll, als Sally herausfindet, dass ihr Ex heiratet und sich bei Harry ausheult: »Es dauert nicht mehr lange und ich werd vierzig!" Sie lässt sich auch nicht beruhigen, als Harry sie daran erinnert, dass sie erst 32 ist und bis dahin noch acht Jahre Zeit hat: »Aber genauso ist es. Die vierzig lauern auf mich in einer dunklen Sackgasse! Und das ist der Unterschied zu euch Männern. Charly Chaplin hat noch Kinder bekommen, da war er schon 73!«

Der Gedanke, irgendwann selbst vierzig zu sein (oder auch 32), war damals für mich Lichtjahre weit entfernt. Für mich war es völlig klar, dass ich bis dahin auf jeden Fall verheiratet sein würde. Nie kam ich auf die Idee, dass mein Leben einmal dem von Jane in der Schlussszene von *Nachrichtenfieber* ähneln würde; ich dachte eher, es würde so sein wie bei Sally. Eine wunderbare, romantische Geschichte, in der aus besten Freunden ein Liebespaar wird – bloß dass ich zu dem Zeitpunkt dreißig wäre und der beste Freund, den ich heiraten würde, obendrein auch umwerfend sexy wäre – ein besser aussehender Billy Crystal, ein noch lässigerer Albert Brooks. Ganz schön kühn gedacht, zumal ich nicht im Geringsten so aussah wie Meg Ryan und an guten Tagen bestenfalls halb so viel Charme hatte wie Holly Hunter. Aber wie so viele junge Frauen identifizierte auch ich mich mit Meg und Holly. So wahnwitzig es klingen mag, aber bis ich dreißig war, wähnte ich mich auf einer Stufe mit ihnen und bildete mir ein, mit ihnen mithalten zu können, was die Männerwelt betraf.

Auch meine Freundinnen dachten so. Natürlich hätten wir es nie zugegeben; und natürlich glaubten wir nicht an Märchen, aber wenn es darauf ankam, gaben wir uns mit weniger als im Märchen auch nicht zufrieden. Wir wollten die wahre Liebe, da waren wir uns ganz sicher. Aber eigentlich suchten wir romantische Abenteuer, die wir mit wahrer Liebe verwechselten. Klar wussten wir, dass Filme Fiktion sind, unterbewusst aber sahen wir sie wie Dokumentarfilme.

So wie Allison, eine 38-jährige Frau aus Minneapolis. Sie schrieb mir: »Mit 27 hatte ich mit meinem Freund, den ich sehr liebte, einmal fürchterlich gestritten und erwartete danach eigentlich eine versöhnliche romantische Reaktion, so wie in einer romantischen Komödie. Mein Fehler.« Die beiden haben sich getrennt, und heute bereut sie ihre Entscheidung.

Hochzeitshysterie

Nicht nur Filme erzählen Märchen. Es gibt eine ganze Industrie, die sich Märchenhochzeiten verschrieben hat (was beispielsweise in der ungemein beliebten Serie *Sex and the City* immer wieder Anlass zu Konflikten gibt). Selbst die Hochzeitsankündigungen in den Tageszeitungen stacheln mit ihren schwülstig übertriebenen Texten die Fantasie ihrer Leser an und vermitteln uns ein Bild davon, wie die Liebe sein sollte, wenn wir ihr begegnen. Aber genau wie die Filme erwähnen auch Zeitungsannoncen mit keinem Wort, wie das Eheleben wirklich aussieht.

Elisa Albert, deren Hochzeit in der *New York Times* angekündigt wurde, weiß ein Lied davon zu singen. Sie sagt: »Meine Heiratsanzeige in der *Times* – und da ging es mir bestimmt wie vielen anderen – habe ich mit einem selbstzufriedenen Seufzer der Erleichterung gelesen.« Was dann jedoch folgte, war eine einzige Katastrophe. Die Ehe ging bereits im ersten Jahr in die Brüche, die Scheidung folgte kurz darauf.

In ihrem Essay »The *New York Times* Divorce Announcement« (»Die *New York Times* Scheidungsanzeige«) beschreibt Elisa Albert ihre stürmische Romanze, die zu besagter Anzeige in der *Times* geführt hat, die märchenhafte und bewegende Hochzeitsfeier sowie die ernüchternde Wirklichkeit danach, als sie und ihr Mann erkennen müssen, dass sie in einer Ehe einfach nicht zusammenpassen – und nie zusammengepasst hatten. Wenn es nach Elisa Albert ginge, so wäre es durchaus hilfreich, wenn es zu jedem Film, der mit einer glücklichen Heirat endet, eine Fortsetzung gäbe, die den Beziehungsalltag der frisch Vermählten zeigt; oder wenn Zeitungen auch »Scheidungsanzeigen« veröffentlichen würden – als Fortsetzung all der beneidenswert romantischen Liebesgeschichten sozusagen. So könnten sich Singles wenigstens ein genaueres Bild davon machen, wie die wahre Liebe wirklich ist und wie nicht.

Damit hat sie nicht ganz unrecht. In den Jahren zwischen zwanzig und vierzig wollte ich wahre Liebe, aber woher hätte ich wissen sollen, was wahre Liebe wirklich ist? Verheiratete Paare sprechen mit ihren unverheirateten Freunden nur selten über ihren Ehealltag, und die einzigen »Liebesgeschichten«, die wir auf der Mattscheibe zu sehen kriegen, sind die, in denen das Paar sich nach einem Streit mit einem Kuss wieder verträgt – und gewissermaßen für einen kollektiven Orgasmus beim Zuschauer sorgt. Ende gut, alles gut. Die Geschichte ist vorbei und lässt uns in dem Glauben, das Paar würde fortan glücklich zusammenleben. Aber wieso sollte man annehmen, das Paar würde die Ehe nun erfolgreich meistern, wenn es doch schon ein so großes Problem war, überhaupt zusammenzukommen?

Vielleicht wundern Sie sich über meine Meinung, dass jeder bei der Partnersuche unweigerlich beeinflusst wird von Kinofilmen, Fernsehshows, Liebesromanen, Heiratsanzeigen oder den Titelblättern der Boulevard-Magazine. Hätten Sie mich vor zehn Jahren gefragt, ob ich mich ebenfalls davon beeinflusst sehe, hätte ich dafür wohl nur ein Augenrollen übrig gehabt. Schließlich wissen wir alle, dass die Traummänner im Film im wirklichen Leben auch nicht ihre Traumpartner finden. (Man denke nur an Hugh Grant, der Elizabeth Hurley mit einer Prostituierten betrogen hat. Oder an Brad Pitt, der Jennifer Aniston für seine Filmpartnerin verlassen hat.) Bleibt die Frage, warum wir Männer, die dem Fantasie-Idealmann nicht entsprechen, aber großartige Lebensgefährten abgeben könnten, trotzdem hartnäckig übersehen.

Dabei fallen mir die Psychologen Willard und Marguerite Beecher ein. In ihrem Buch *Beyond Success and Failure. Ways to Self-Reliance and Maturity (Jenseits von Erfolg und Versagen. Wege zu Selbstständigkeit und Reife)* beschreiben sie »die infantile Einstellung zur Ehe«, wie sie es nennen: »Wir können (diese Einstellung) nur weitestgehend erahnen, wenn wir sehen, wie viele Liebesgeschichten jeden Monat in Büchern und Zeitschriften, im Fernsehen, Radio oder Kino mühsam erkämpft und von den Leuten konsumiert werden.«

Das »Kein Problem«-Problem

Ob in Filmen oder im richtigen Leben, heute steht einem Paar kaum etwas im Wege, um zusammenzukommen. Trotzdem scheint es ein Problem. Allerdings sind es weniger Konflikte, die von außen herangetragen werden, wie Klassen- oder Religionszugehörigkeit, geografische Herkunft oder unterschiedliche Wertvorstellungen. Das Problem liegt vielmehr in einem inneren Konflikt, da man ständig daran zweifelt, ob dieser oder jener Partner auch wirklich der Richtige ist.

Mit anderen Worten, wenn eine Julia sich heute in einen Romeo verliebt, ist die Beziehung nicht von vornherein zum Scheitern verurteilt, nur weil er ein Montague ist. Vielmehr lässt sie sich auf ihren Romeo ein und die Tatsache, dass er ein Montague ist, spielt für sie dabei keine Rolle – doch dass er seine freie Zeit überwiegend mit Videospielen verbringt oder andauernd den Namen ihrer besten Freundin aus der Schulzeit vergisst, bringt sie zum Grübeln, bis sie sich irgendwann überlegt, ob sie sich nicht lieber einen reiferen oder aufmerksameren Freund suchen soll. Wenn wir Frauen uns heute in einen Mann verlieben, dann stehen uns keine scheinbar unüberwindbaren praktischen Hürden im Weg (beispielsweise, dass ein Bürgerkrieg ausbricht, falls wir zusammenkommen). Wenn wir uns verlieben, schaffen wir uns unsere eigenen scheinbar unüberwindbaren Hürden, warum wir eigentlich nicht mit ihm zusammen sein können (weil er nicht witzig genug ist; weil ihm die Abgabe der Steuererklärung den letzten Nerv raubt). Früher wussten zwei Liebende, dass sie zusammen sein wollten, doch sie konnten es oft nicht. Heute können zwei Liebende zusammen sein, sind sich aber nicht sicher, ob sie das wollen. Und dann beklagen wir uns auch noch, dass wir keinen passenden Partner finden.

Langsam begann ich zu begreifen, dass ich trotz all meiner rationalen Einsichten tief in meinem Innern an einem klassischen Cinderella-Komplex litt. Ich wartete darauf, dass eines Tages mein Traumprinz kommen und mich glücklich machen würde. Es kam mir nie in den Sinn, diese unpraktischen Glaspantöffelchen einzutauschen gegen ein Paar Schuhe, die ich auch wirklich tragen konnte.

Der einzig wahre Seelenpartner

Wenn ich heute an meine Beziehung zurückdenke, die ich bis Anfang dreißig hatte, dann wundert es mich nicht, dass es mir absolut vernünftig erschien, Single zu bleiben und weiter nach meinem Traumprinzen Ausschau zu halten. Außerdem schienen das alle anderen genauso zu machen – im richtigen Leben wie im Film. Zur Hauptsendezeit wimmelte es im Fernsehen nur so von Serien mit sexy, erfolgreichen Single-Frauen, die alle nach der großen Liebe suchten und eine Ersatzfamilie um sich hatten, die gleichfalls aus (verständigen und liebeserfahrenen) Singles bestand.

Diese Serien (wie *Ally McBeal, Friends, Sex and the City, Grey's Anatomy*) leben von der ewigen Suche nach dem Traummann: Eine Frau lernt einen Mann kennen, geht mit ihm aus, nur um hinterher endlos lange mit ihren Freundinnen darüber zu reden, warum er mal wieder nicht der Richtige war und sie lieber nach einem Besseren Ausschau halten sollte. Irgendwie gibt es immer die Hoffnung, dass sie am Ende die »wahre Liebe« findet, dass es den einen wahren Seelenpartner gibt und ihre Entscheidung in Sachen Partnerwahl von daher goldrichtig war. Sie will auf gar keinen Fall einen Fehler machen und den Falschen nehmen, zumal es immer nur eine einzige richtige Möglichkeit zu geben scheint. Keine Rede davon, dass es möglicherweise jede Menge »richtiger« Männer gibt, die alle ihre ganz eigenen Vor- und Nachteile haben – wie das im wirklichen Leben eben so ist. Aber das wirkliche Leben findet ja auch nicht auf der Mattscheibe statt.

»Reality«-Shows

Fernsehformate, die das wirkliche Leben wohl am genauesten abbilden, sind sogenannte Reality-Shows wie *Der Bachelor*, in der ein attraktiver Junggeselle unter 25 Kandidatinnen seine Lebenspartnerin wählen soll. Sehr aufschlussreich ist, dass die Zuschauer entsetzt waren, als Brad, der Junggeselle in einer der amerikanischen Folgen, sich unter den letzten zwei Kandidatinnen zuerst für DeAnna entschied, dann aber im letzten Moment seine Meinung änderte.

Die Zuschauer waren empört: Was hatte er auf einmal gegen DeAnna? Sie war bezaubernd, familienorientiert, klug und attraktiv. Was bildete er sich bloß ein?

Doch Brad war nicht in sie verliebt. Wenn eine Frau einem eigentlich perfekten Mann eine Abfuhr erteilt, weil sie nicht in ihn verliebt ist, dann verstehen wir das, ermuntern sie, weiterzusuchen und die »wahre Liebe« zu finden. Wir beglückwünschen sie gar zu einer derart mutigen Entscheidung. Erteilt hingegen ein Mann der eigentlich perfekten Frau eine Abfuhr, weil er nicht in sie verliebt ist, dann betrachten wir ihn als üblen Schuft. Das bekam auch Brad zu spüren, der von allen Seiten mächtig angefeindet wurde, weil die Zuschauer sehen wollten, dass er DeAnna nimmt, in die er sich mit der Zeit schon noch verlieben würde, ganz sicher. Worauf wollte er noch warten?

DeAnna bekam danach ihre eigene Show. In *The Bachelorette* war sie als Junggesellin auf der Suche nach dem Traummann. Als sie sich am Ende ebenfalls nur noch zwischen zwei Kandidaten entscheiden musste, gab sie dem flippigen Snowboarder, der nicht einmal sicher war, ob er überhaupt heiraten und Kinder haben wollte, den Vorzug vor dem Single-Vater, der sie vergötterte und der ihr das häusliche Leben, das sie sich so sehr wünschte, bereits bieten konnte. Die Zuschauer waren einverstanden mit ihrer Wahl, da sie sich von ihrem Herzen, nicht von praktischer Vernunft leiten ließ. Sie waren offenbar der Meinung, dass romantische Gefühle für eine Frau weit wichtiger sind. Auch wenn DeAnna die Verlobung später wieder gelöst hat – egal!

Die Botschaften über die Liebe, die wir aus den Medien erhalten, sind ebenso widersprüchlich wie kontraproduktiv. Die medialen Liebesgeschichten verlaufen alle nach dem gleichen Strickmuster: Er und sie lernen sich kennen. Sie verabscheuen einander. Sie sticheln und necken sich. Sie erkennen nur widerwillig, dass sie ineinander verliebt sind. Am Schluss leben sie glücklich bis ans Lebensende (obwohl wir diesen Teil natürlich nie zu sehen kriegen). Welche Botschaft vermittelt uns das? Sollten wir nach jemandem suchen, der uns anfangs nur auf die Nerven geht oder der uns von Anfang an in Bann zieht? Wenn es stimmt, dass die Liebe kommt, wenn man es am wenigsten erwartet, gilt dann auch im Umkehrschluss, dass es keine wahre Liebe ist, wenn wir aktiv danach suchen?

Ich wusste natürlich, dass ich nicht nur deshalb noch Single war, weil ich zu viele Beziehungskomödien oder zu viele Reality-Shows gesehen hatte. Frühere Frauengenerationen waren ähnlichen Irrungen und Wirrungen ausgesetzt. Nur hat es meine (und die nachfolgende) Generation mit ganz anderen widersprüchlichen Botschaften zu tun: Wie ist man emanzipiert und gleichzeitig »glücklich bis ans Lebensende«? Anders gesagt: Der Feminismus hat uns beigebracht, dass wir den »Ritter auf dem weißen Pferd« heute eigentlich nicht mehr brauchen. Aber wic lässt sich das in Einklang bringen, mit dem Wunsch der meisten modernen Frauen nach Mann und Familie?

Im Märchen geht es darum, »alles zu haben«, aber was bedeutet »alles haben« eigentlich?

3.
Wie die Emanzipation mein Liebesleben verkorkste

Es mag komisch klingen, aber die Emanzipation hat mein Liebesleben völlig verkorkst. Gut, vielleicht nicht der Feminismus an sich (er hat schließlich nie einen praktischen Leitfaden für die Partnersuche herausgebracht), eher das, was ich als »emanzipiert« betrachte. Es ist nicht etwa so, dass ich die Errungenschaften der Emanzipation rückgängig machen wollte. Nein, mit Sicherheit nicht – aber ich wünschte, ich hätte das, was ich für die »feministischen Ideale« hielt, nicht auf die Partnersuche angewendet.

Meine Freundinnen und ich wuchsen in dem festen Glauben heran, dass die Emanzipation eine großartige Sache sei. Für uns bedeutete sie »Freiheit« und »Auswahl«, und zwar in allen Lebensbereichen. Wir konnten unser Leben so einrichten, wie wir wollten: eine Karriere anstreben, uns Zeit lassen, »uns selbst zu finden«, bevor wir dann heiraten würden oder auch nicht, und wir konnten unsere sexuellen Bedürfnisse jederzeit nach Belieben ausleben. Die Tatsache, dass wir gar keinen Mann brauchten, um ein erfülltes Leben zu genießen, gab uns ein erhebendes, starkes Gefühl. Wer wollte schon so leben wie unsere Mütter – einen Mann finden, heiraten und Kinder kriegen –, noch bevor die berufliche Karriere überhaupt begonnen hatte?

Irgendwann jedoch, mit Ende zwanzig, Anfang dreißig, als immer mehr meiner Freundinnen von einer Beziehung zur nächsten wanderten oder auch lange Phasen ohne eine feste Beziehung hatten, fühlten wir uns plötzlich gar nicht mehr so erhaben und stark. In Wahrheit sehnte sich jede einzelne meiner Freundinnen nach einem Mann zum Heiraten, aber natürlich wollte das keine zugeben aus Angst, schwach oder bedürftig zu erscheinen – oder, Gott bewahre, gar »unemanzipiert«. Wir waren die Frauengeneration, von der man einen unabhängigen und selbstbestimmten Lebensstil erwartete. Doch wir hatten keinen Schimmer, wie wir durch dieses beziehungstechnische Neuland steuern sollten, ohne einige stille Sehnsüchte zu opfern.

Wir wollten uns nicht Sonntag für Sonntag mit den Mädels zum Brunch verabreden. Wir wollten den Mann fürs Leben!

Die Welt feierte uns für unsere beruflichen Ambitionen, und gleichzeitig hieß es, dass diese Ambitionen uns davon abhalten, einen Ehemann zu finden. Das habe ich nie verstanden. Ich glaube nicht, dass Frauen derart in ihrer Karriere gefangen sind, dass sie darüber ihr Privatleben »vergessen«. Jedenfalls geht es in den Gesprächen der Frauen, die ich kenne und die im beziehungsfähigen Alter sind (ob Anwältin oder Ärztin), zu neunzig Prozent um Männer: den süßen neuen Arzt im Krankenhaus; ob man mit seinem Freund zusammenziehen soll; was es wohl bedeutet, wenn der Typ nach fünf Verabredungen einfach nicht mehr anruft. In einem Umfeld zu arbeiten, in dem wir Frauen durchaus Chancen haben, interessante Männer kennenzulernen, mag gewiss von Vorteil sein. Auch lange Arbeitszeiten oder hohe Anforderungen im Job sind nicht das Problem. Woran hapert es dann?

Erst als ich Ende dreißig und noch immer Single war, begann es mir langsam zu dämmern. Vielleicht lag das Problem in einem Missverständnis: Wir dachten »alles haben können« sei gleichbedeutend mit »glücklich bis ans Lebensende«.

Richtig glücklich aber waren viele von uns nicht.

Ich erkannte ein gewisses Muster: Wir sind aufgewachsen in dem Glauben, dass wir »alles haben« können. Das bedeutete aber auch, möglichst keine Kompromisse zu machen, und zwar in allen Lebensbereichen, auch bei der Partnersuche. Keine Kompromisse zu machen bedeutete wiederum, «hohe Ansprüche« zu haben. Je höher unsere Ansprüche, desto »stärker und unabhängiger« sahen wir uns.

Aber waren wir das auch?

Die Wahrheit ist: Die Stärkung der Frauen wurde zum Synonym für unerfüllbar hohe Ansprüche unter Missachtung der Tatsache, dass man im wirklichen Leben nicht alles haben kann, wann und wie man will. Schon gar nicht bei der Partnerwahl.

Mit 23 alles gehabt

Laut der jüngsten Erhebung der amerikanischen statistischen Bundesbehörde waren ein Drittel der Männer und ein Viertel der Frauen zwischen dreißig und 34 nie verheiratet. Das sind viermal so viele wie 1970. Ein eigentlich positiver Trend, wie man im ersten Moment meinen könnte, da die Menschen reifer sind, wenn sie später heiraten. Doch viele der Single-Frauen, mit denen ich gesprochen habe, empfinden dies anders. Es mag befreiend erscheinen, nach Liebe zu suchen, zumal es als normal gilt, viele Männer auszuprobieren (und viel Auswahl zu haben), bevor man den Richtigen findet. Aber all die vielen Männer sind am Ende anstrengend und mühsam, um nicht zu sagen, ganz schön verwirrend. Der kulturelle Druck, heute später zu heiraten (aber nicht zu spät!), ist eher schmerzvoll als förderlich.

Jessica, 29, Pressesprecherin eines Museums, erzählte mir von dem Abend vor sechs Jahren, als Dave, ihre College-Liebe, ihr einen Heiratsantrag machte. Beide waren damals knapp 23 und lebten in Chicago. Er war an der Medizinischen Hochschule beschäftigt, sie bewarb sich gerade um ihren ersten Job. Die beiden waren bereits seit vier Jahren zusammen, und sie war sehr verliebt in ihn. Doch sie gab ihm einen Korb, und zwar nur aus einem einzigen Grund: Sie fand sich zu jung zum Heiraten.

»Ich dachte, welche einigermaßen unabhängige Frau heiratet heutzutage, ohne vorher im Berufsleben gestanden zu haben? Ich sagte ihm, ich müsse erst einmal lernen, auf eigenen Füßen zu stehen, was mir womöglich nie mehr gelingen würde, wenn wir zu jung heirateten. Außerdem wollte ich nicht gleich meinen ersten richtigen Freund heiraten. Ich fand es wichtig, auch noch Erfahrungen mit anderen Männern zu machen.«

Das Aus ihrer Beziehung brach Dave das Herz, und er brach den Kontakt zu ihr ab. Jessica fing unterdessen ein neues Leben an, begann all die Dinge zu tun, die ihrer Meinung nach zum persönlichen Reifeprozess dazugehörten. Sie zog in eine neue Stadt, lernte neue Leute kennen, konzentrierte sich auf ihre Arbeit und hatte etliche Männergeschichten. Aber sie konnte Dave nicht vergessen.

Zwei Jahre lang hatte sie oft überlegt, ihn einfach anzurufen und ihm zu sagen, welch großen Fehler sie gemacht hatte, aber all ihre Freundinnen, die ebenfalls dieses sogenannte emanzipierte Single-Dasein lebten, redeten ihr das immer wieder aus.

»Jedes Mal, wenn ich überlegte, ihn anzurufen«, sagte sie, »haben mich meine Freundinnen verunsichert. ›Willst du dich etwa mit 24 für immer binden? Was ist mit deinem eigenen Leben?‹ Ich begann mich zu fragen, ob dieses Leben wirklich so wundervoll ist. Ich liebte meine Arbeit, meine Freunde, und ich hasste die ewige Partnersuche. Ja, ich hatte ein paar Männer, mit denen es anfangs auch recht aufregend war, aber letztlich war ich in keinen von ihnen so verliebt wie in Dave. Bei keinem von ihnen fühlte ich mich so aufgehoben wie bei ihm. Keiner von ihnen hat mich so ›betört‹ wie er. Entweder war ich nicht verliebt genug in sie oder sie nicht in mich. Wonach suche ich also noch, wenn ich den Mann bereits gefunden habe, mit dem ich mein Leben verbringen möchte?«

Jessica hat Dave eines Abends gegoogelt, dabei aber nur herausgefunden, dass er nach wie vor an der Medizinischen Hochschule war.

»Ich saß abends wie ein Junkie am Computer und dachte nur, ›wie erbärmlich‹«, sagte sie. »Das ist nicht das aufregende Leben, das ich mir als emanzipierte Single-Frau in der großen Stadt ausgemalt hatte! Ständig mit irgendwelchen Männern auszugehen, um mehr Lebenserfahrung zu kriegen, hat mein Leben in keiner bedeutenden Weise bereichert. Ich liebte meine Arbeit, aber einen vergleichbaren Job hätte ich auch in Chicago kriegen können. Ich war es leid, ständig für mich allein den Lieferdienst zu bestellen oder mit ein paar Single-Freundinnen essen zu gehen. Stattdessen wünschte ich mir, Dave bekochen zu können, wenn er als Arzt Bereitschaftsdienst hatte.« Doch diese Gefühle behielt Jessica für sich, da sie sich dafür schämte.

Drei Jahre nachdem sie Daves Heiratsantrag abgelehnt hatte, fasste Jessica sich schließlich ein Herz und rief ihn an. Seine Nummer hatte sie über die Durchwahlliste der Hochschule herausgefunden. Ihr Herz klopfte wie verrückt, als sie seine Stimme hörte.

»In dem Moment, da er antwortete«, sagte sie, »fühlte ich mich sofort vertraut und aufgehoben. Ich hätte fast geheult.« Doch als sie ihm den Grund ihres Anrufs nannte, verstummte er plötzlich. Dann erfuhr sie, dass er zwei Jahre lang versucht hatte, über sie hinwegzukommen, und sich vor einem halben Jahr neu verliebt hatte. Sie war ein Jahr älter als Dave, 27, machte eine Facharztausbildung und wollte ihn heiraten. Es brach ihr das Herz.

Inzwischen ist Dave mit dieser Frau verheiratet. Beide sind Kinderärzte. Von einem gemeinsamen Studienfreund erfuhr Jessica, dass die beiden vor kurzem einen Sohn bekommen haben.

Jessicas Stimme klang brüchig, als sie weitersprach. »Ich habe ihn damals sausen lassen, weil man mir eingebläut hatte, erst einmal mein eigenes Leben zu leben. Teilen kann man es dann immer noch. Zuerst aber gilt es, die eigenen Ziele und Träume zu verfolgen. Und jetzt? Jetzt sitze ich hier und träume davon, irgendwann noch einmal einem so wunderbaren Mann wie Dave zu begegnen.«

Ich konnte mich mit Jessicas Geschichte sehr gut identifizieren. Auch ich war aufgewachsen im Glauben, dass mit Anfang zwanzig die richtige Zeit sei, sich auszuprobieren, verschiedene Berufswege zu erkunden, verschiedene Männer zu haben, und irgendwann, so sah es mein Plan vor, würde der Richtige schon vor der Tür stehen. Nicht im Traum wäre mir eingefallen, mit Anfang/Mitte zwanzig ernsthaft nach einem Ehepartner zu suchen – in einem Alter, in dem ich heiß begehrt war. Mein Ziel war es, mich selbst zu verwirklichen. Heiraten, das konnte warten. Dass die Zeit der Selbstverwirklichung eines Tages vorbei sein und ich es bedauern würde, kam mir gar nicht in den Sinn.

Jessica ebenfalls nicht. »Ich dachte, die Botschaft wäre: Du kannst alles haben – aber nicht mit 23«, sagte sie. »Jetzt bin ich 29 und sollte eigentlich alles haben. Aber ich habe es nicht. Ich hatte es mit 23! Das Problem ist, dass du schief angeguckt wirst, wenn du in jungen Jahren heiratest. Aber wenn du dann als unverheirateter Single endest, mit 30 oder 35, dann wirst du erst recht schief angeguckt.«

Sie hatte recht: Es gilt als Makel, zu früh zu heiraten, und es gilt als Makel, zu lange damit zu warten. Manche mögen mich als »stark« bezeichnet haben für meine Entscheidung, allein ein Baby zu bekommen und aufzuziehen. Aber ich wusste nur allzu gut, dass viele mich als leidlich tragische Figur sahen, wenn nicht gar als abschreckendes Beispiel. Für die eine oder andere verkörperte ich bestimmt ihren schlimmsten Albtraum. Sie wollen vielleicht nicht das traditionelle Familienmuster leben, aber eine Familie im traditionellen Sinne hätten sie schon ganz gerne. Die Frauen um die dreißig, mit denen ich gesprochen hatte, stellten erstaunt fest, dass die feministischen Botschaften, mit denen sie aufgewachsen waren, nicht zwangsläufig mit ihren ganz persönlichen Wünschen übereinstimmten. Was sie vermeintlich wollen und was sie tatsächlich wollen, scheint ein himmelweiter Unterschied zu sein.

Kein Wunder also, dass wir so verkorkst sind!

Unverbindlichkeiten

Die 26-jährige Brooke lebt in Boston und arbeitet an ihrer Doktorarbeit im Fach Frauenforschung. Ich sagte ihr, dass ich die Emanzipation der Frau – auch in sexueller Hinsicht – grundsätzlich für eine gute Sache halte. Allerdings sei ich überrascht gewesen, von vielen jungen Frauen zu hören, dass die Männer sich heutzutage offenbar gleich wieder verdrücken, wenn man nicht spätestens nach der dritten oder vierten Verabredung mit ihnen ins Bett steigt, weil sie daraus schließen, man hätte kein Interesse. Seit wann deutete es auf mangelndes Interesse hin, wenn man mit jemandem, den man vielleicht gerade mal *acht Stunden* kennt, nicht gleich intim wird?

Was mich noch viel mehr interessierte: Was haben die Frauen von ihrer sexuellen Freiheit, wenn die meisten für den Mann, mit dem sie schlafen, auch etwas empfinden wollen und Gelegenheitssex sowieso nicht erfüllend finden? Was also ist so emanzipiert an der sexuellen Emanzipation?

Brooke seufzte, als wäre ich von vorgestern. »Wir haben die gleichen Auswahlmöglichkeiten wie die Männer«, erklärte sie ganz sachlich.

»Gut«, sagte ich. »Aber sind die Frauen wirklich auf Gelegenheitssex aus?«

»Nein«, räumte sie ein. »Aber jede Frau, der danach ist, kann sich diese Freiheit nehmen.«

Brooke wohnte inzwischen seit zwei Jahren mit ihrem Freund zusammen und gab zu, dass sie hin und her überlegte, ob sie nicht ausziehen solle, wenn sie im nächsten Monat 27 würde. »Ich fühle mich bereit für eine ernsthafte Beziehung«, sagte sie.

Eine ernsthafte Beziehung? War »Zusammenwohnen« nicht ziemlich ernsthaft?

»Jeder wohnt heute zusammen«, antwortete sie. »Da ist nichts dabei.« Dank der »Freiheit«, die wir heute haben, hat bereits die Hälfte der Frauen zwischen 25 und 29 schon einmal mit einem Mann zusammengelebt. Aber was haben heiratswillige Frauen davon, ihre besten Jahre mit einem festen Freund zu verbringen, anstatt gleich zu heiraten? Warum zog Brooke erst einmal bei ihrem Freund ein, wenn sie doch heiraten und nicht zusammenwohnen wollte?

Sie dachte kurz nach. »Ich schätze mal, ein Teil von mir hat dem Zusammenleben eine Bedeutung beigemessen, die es letztendlich nicht hatte«, gestand sie. »Die meisten Paare, die zusammenziehen, sprechen nicht darüber, was es für die Zukunft bedeutet. Und wenn, dann nur vage. Man ist deshalb auch nicht gleich verlobt. Man zieht eben zusammen, weil man verliebt ist.«

Liebe ohne Zukunftspläne also – ein Hoch auf die Freiheit! Aber hat diese Art von »Freiheit« uns glücklicher gemacht?

D-A-T-E – vier Buchstaben, sonst nichts!

Betrachten wir einmal unsere Einstellung zur Romantik. Singles reden heute darüber wie über den Heiliger Gral. Aber gibt es Romantik heute überhaupt noch? Oder das Werben um die Gunst der Frau? Allein das Wort klingt verstaubt und antiquiert, wie auch die von mir befragten Single-Frauen fanden. Ich weiß gar nicht, ob »Date« im Sinne von Verabredung überhaupt das richtige Wort ist für das, was heute passiert. Es ist nur ein Wort, vier Buchstaben, nichts weiter (»Es ist kein Date, wir gehen bloß Kaffee trinken.«). Keine Ahnung, was es heutzutage bedeutet, ein »Date« zu haben. Heute heißt es »Wir haben keine Beziehung, nur ab und zu ein Date«, obwohl man Zeit zusammen verbringt und miteinander schläft. Manchmal hat ein Date nicht einmal etwas mit einer »Verabredung« zu tun – zum Beispiel, wenn man sich mit einem Typen und seinen Freunden auf einer Party trifft (und gut aussehende Freundinnen mitbringen soll!); wenn man spätabends noch angerufen und spontan »eingeladen« wird – zum Videogucken in seine Bude; oder wenn man sich direkt nach seinem Sporttraining auf einen Kaffee trifft (wo er verschwitzt sein wird und man den Kaffee selbst zahlen muss.)

Doch damit geht die moderne Frau locker um. Sicher mangelt es dem Mann heute an Kavaliersverhalten. Aber eigentlich erwarten wir auch gar nicht, dass er uns wie ein Kavalier entgegenkommt, die traditionelle Geschlechterrolle erfüllt oder uns innerhalb absehbarer Zeit heiratet. Und wenn, geben wir es nicht zu, da dieses Freisein, dieses hohe Maß an Unabhängigkeit uns ja Gleichberechtigung beschert, wie wir meinen.

Tatsächlich schätzen viele Frauen diese unverbindlichen Dates, und ich muss zugeben, dass auch ich einmal so tickte, bis mir dann eine ältere, verheiratete Freundin den Kopf zurechtgerückt hat.

»Wieso sollte ich mich beim ersten Date zum Essen verabreden und zwei Stunden verschwenden, wenn ich mich auch auf einen Kaffee mit ihm treffen kann und schon in der ersten halben Minute weiß, ob er mein Typ ist oder nicht?«, fragte ich sie.

»Weil du in der ersten halben Minute nicht wissen kannst, ob er der Typ Mann ist, der dich in der Ehe glücklich machen kann«, sagte sie.

Wie recht sie doch hatte. Ich war so sehr damit beschäftigt, »alles haben zu wollen«, dass mir dieser Aspekt völlig entgangen war. Früher galt die Ehe als etwas Angenehmes, etwas Stabiles – als etwas durchaus Positives. Doch seit wir Frauen sie für unsere wirtschaftliche Sicherheit nicht mehr brauchen, ja, nicht einmal mehr, um Kinder zu kriegen, soll sie uns in erster Linie einfach nur glücklich machen – jetzt und sofort und für alle Zeit. Wir warten nicht mehr ab, ob sich eine Beziehung entwickelt, indem wir so viel Zeit wie möglich mit einer Person verbringen. Wird uns eine Beziehung zu anstrengend, beschließen wir, dass sie uns nicht länger glücklich macht, und springen ab. Unser Traummann ist niemals grantig; er versteht uns niemals falsch; und er will nach einem anstrengenden Arbeitstag nicht seine Ruhe, wenn uns nach reden zumute ist.

In der Generation meiner Mutter war man in der Ehe »glücklich«, weil man eine Familie um sich hatte, in einer Gemeinschaft lebte, gemeinsam an einem Strang zog, Stabilität und Sicherheit hatte. Heute wollen wir Frauen mehr. Wir wollen die alles verzehrende Leidenschaft, Lust und Aufregung sowie tausend andere Dinge, die unsere Mütter nicht auf dem Zettel hatten. Trotzdem waren die Frauen von damals glücklicher, wie eine statistische Erhebung zur Zufriedenheit in der Ehe zeigt, die David Popenoe im Rahmen des National Marriage Project an der Rutgers University durchgeführt hat.

Doch mit meinen verdrehten Vorstellungen vom Leben als emanzipierte Frau gerieten meine eigenen Prioritäten durcheinander.

Was sollte *eine Frau wollen?*

Caroline, 33-jährige Pharmareferentin, erzählte mir, sie sei zwar eine emanzipierte Frau, wolle aber trotzdem, dass »der Mann ein Mann ist«.

Sie formulierte es so: »Ich brauche keinen Mann, der für mich sorgt, will aber auch keinen, der es nicht könnte. Ich will weiterarbeiten, auch wenn ich mal Kinder habe. Aber falls ich mich anders entschließe und nicht arbeiten will, sollte auch das machbar sein.« Ich fragte, worauf sie in einer Beziehung besonderen Wert lege. Interessanterweise nannte sie Romantik, Leidenschaft und Harmonie, nicht etwa praktische Umstände, die ihr ein Leben an der Seite eines Mannes ermöglichen würden, ohne arbeiten zu müssen.

Dann wiederum gibt es Frauen (zu denen viele meiner Freundinnen vom College gehörten), die zutiefst gekränkt sind, wenn ein Mann, mit dem sie ausgehen, sie als Lebenspartnerin nicht in Betracht zieht, weil er sich eine Frau wünscht, die zu Hause bei den Kindern bleibt. So bekommen sie das Gefühl, dass der moderne Mann von heute auch nichts anderes will als die traditionelle Familienstruktur, womit die Zahl der geeigneten Männer noch weiter sinkt – und trotzdem werden aus den meisten dieser Frauen, sehr zu ihrem eigenen Erstaunen, glückliche Mütter, die in Teilzeit arbeiten oder überhaupt nicht. Sie waren also gar nicht so progressiv, wie sie selbst von sich dachten, und sind heute heilfroh darüber, nicht die Hälfte des Familieneinkommens erwirtschaften zu müssen.

Was aber wollen Frauen wirklich? Diese uralte Frage, so schrieb John Tierney 2006 in einer Kolumne der *New York Times*, stellen emanzipierte Frauen heute etwas anders. Sie fragen »Was *sollten* Frauen wirklich wollen?« Tierney zitiert eine Studie zweier Soziologen der University of Virginia, Bradford Wilcox und Steven Nock, die der Frage nachgegangen sind, was eine Frau in der Ehe heutzutage glücklich macht. Wie sich gezeigt hat, sind Frauen, die zu Hause bleiben, mit ihren Männern und Ehen zufriedener als Frauen, die berufstätig sind – und auch von den berufstätigen Frauen sind diejenigen am glücklichsten, deren Ehemänner zwei Drittel des ehelichen Einkommens erbringen.

»Frauen erwarten von ihren Ehemännern heute mehr Hilfe im Haushalt und mehr emotionale Zuwendung«, so Wilcox in Tierneys Artikel. »Aber sie wollen nach wie vor, dass der Mann die Hauptversorgerrolle hat, ihnen finanzielle Sicherheit bietet und Freiheit lässt.«

Kein Wunder, denn Frauen erleben ein traditionelles Arbeitsumfeld sehr häufig als nicht erfüllend. Unflexible Arbeitszeiten, starre Firmenpolitik, Fünfzigstundenwoche ohne Aussicht auf Beförderung, stattdessen nachrückende jüngere Chefs, die Unmögliches fordern, machen nicht nur mürbe, sondern sind obendrein unvereinbar mit einem Familienleben, wie es viele Frauen wollen.

Und Steven Nock fügt hinzu: »Frauen wollen heute Gleichberechtigung. Aber das ist nicht unbedingt das Gleiche wie Gleichstellung.«

Was Männer nicht verstehen

Viele Männer, mit denen ich gesprochen habe, stimmten Nocks Aussage zu, die sich ihrer Meinung nach auch im Beziehungsverhalten widerspiegelt.

»Ich habe eine Tochter und bin froh, dass sie in einer Zeit heranwächst, in der auch Frauen für die Präsidentschaft kandidieren können«, sagt Eric, 38 und seit sieben Jahren verheiratet. »Zu meiner Jugendzeit hätten sich das viele Frauen zwar gewünscht, allerdings ging es ihnen nicht um den Job an sich. Es ging ihnen einzig darum, die *Möglichkeit* zu haben. Heute haben die Frauen diese Möglichkeit, doch sobald wir Männer sie dazu ermuntern, sie auch zu nutzen, wollen sie das nicht; sie wollen Teilzeit arbeiten; sie wollen, dass wir zur Hälfte Kinderbetreuung und Haushalt übernehmen. Aber zur Hälfte mitverdienen, das wollen sie nicht. Nichts gegen die Emanzipation, aber verwirrend ist das schon.«

Mein Freund Paul, ein dreißigjähriger Anwalt, erzählte mir, dass für ihn nur eine gebildete Frau infrage käme. Doch wie erfolgreich sie beruflich ist oder womit sie ihren Lebensunterhalt verdient, ist ihm relativ egal.

»Einige meiner Single-Freundinnen können nicht verstehen, warum sie bei vielen Männern nicht als echt gute Partie ankommen, obwohl sie doch bereits mit dreißig Mitinhaberin einer Anwaltskanzlei sind oder ihre eigene Firma leiten und gutes Geld verdienen«, sagte er. »Ganz ehrlich, einer Frau geht es beim beruflichen Erfolg um die persönliche Erfüllung, darum, sich selbst versorgen zu können. Das macht sie für einen Mann aber noch lange nicht attraktiv, denn wir Männer wissen, dass wir nicht auf die Frauen zählen können, wenn es darum geht, den Löwenteil des Einkommens zu verdienen. Wir schauen mehr danach, wie sie als Lebenspartnerin wäre. Fühlen wir uns wohl in ihrer Nähe? Ist sie interessant? Wäre sie eine gute Mutter?«

Paul redete nur ungern über dieses Thema, denn er wollte keinesfalls sexistisch klingen. »Ich wäre bestimmt nicht hinter einer Frau her, nur weil sie beruflich sehr erfolgreich ist. Aber ich kenne nicht wenige Frauen, die einen Mann attraktiv finden, wenn er erfolgreich oder wohlhabend ist, die sich aber trotzdem für emanzipiert halten«, fügte er hinzu.

Pauls Kollege Brandon, 33 und Single, erzählte mir von den Kolleginnen in seiner Anwaltskanzlei und meinte, die Frauen legten die Messlatte für einen potenziellen Ehepartner unerreichbar hoch.

»Du kannst nicht einfach auf gleicher Stufe mit ihr stehen – du musst immer einen Tick erfolgreicher sein als sie«, sagte er. »Und genau daran scheitern wir, ob als Kollege oder als Mann ganz allgemein. Ist man tatsächlich erfolgreicher als sie, dann muss man außerdem noch groß sein und witzig, damit sie einen überhaupt als Kandidaten für ein *erstes Date* in Betracht ziehen.«

Paul, der 1,70 m misst und dessen Haar sich langsam lichtet, erzählte mir, er sei einmal mit einer Schuhverkäuferin zusammen gewesen (die er kennengelernt hatte, als er nach ein Paar Freizeitschuhen suchte). Typisch Anwalt, reklamierten seine weiblichen Bekannten prompt – Männer wollten eben keine Partnerin, die auf gleicher Stufe steht.

Stimmt nicht, meinte er. »Dass ich mich mit ihr verabredet habe, hat zwei Gründe: Zum einen mochte ich sie wirklich. Zum andern war sie bereit, mit mir auszugehen! Da können die Frauen unken, wie sie wollen. Sie sind es doch, die keinen ebenbürtigen Partner wollen. Sie halten sich für emanzipiert, dabei wirken sie nur reserviert. Aber ich glaube nicht, dass sie glücklich damit sind.«

Emanzipiert oder allein?

Vielleicht hat Paul recht. Ich hatte den Feminismus und die weibliche Emanzipation immer folgendermaßen verstanden: Frauen sollten nicht nur stark und unabhängig sein – sie sollten auch *glücklich* darüber sein. Man hat uns beigebracht, unser Leben selbst in die Hand zu nehmen – kommt dann zufälligerweise ein Partner daher, so ist das ganz nett, ansonsten geht es auch ohne. Bevor wir nicht lernen, alleine glücklich zu sein, können wir auch in keiner Beziehung glücklich sein.

Diesem Gedanken hing ich viele Jahre an, obwohl ich eigentlich gar nicht lernen wollte, allein glücklich zu sein. So ausgefüllt mein Leben auch war (Karriere und gute Freunde), ich wollte immer mit einem Partner gemeinsam durchs Leben gehen. Ich gehöre zwar nicht zu der Sorte Frau, die sich ihren Hochzeitstag in den schönsten Farben ausmalt, aber ich ging ganz selbstverständlich davon aus, dass dieser Tag irgendwann kommen würde. Nie kam mir in den Sinn, dass mein Leben einmal ohne Mann und Kinder und Kletterrutsche im Garten hinterm Haus verlaufen würde. Ich verstand mich auch nicht als »heldenhafte Pionierin«, als ich beschloss, ein Kind zu bekommen und es alleine großzuziehen. Ich wollte schlicht und ergreifend Mutter werden, bevor der Zug abgefahren war.

In dem Artikel im *Atlantic Magazine* gab ich mit vierzig ganz offen zu, dass ich mich nach einer Familie und einem ganz normalen Ehemann sehne, und prompt landete ich in einer Schublade – eine Single-Frau, die versucht, krampfhaft einen Mann zu finden. Etliche Leser(innen) sahen darin geradezu einen Affront gegen die gesamte Frauenbewegung. Hier ein paar Leserstimmen:

- ✘ »Wie verzweifelt muss man sein!«
- ✘ »Reicht Ihnen der Sohn nicht? Traurig!«
- ✘ »Wie wär's mit mehr Selbstachtung?«
- ✘ »Ko-Abhängigkeit auf einem neuen Tiefpunkt.«

- »Ihr unbändiger Fortpflanzungstrieb ist schon bedauerlich genug, aber nun auch noch der verbissene Heiratswunsch!«
- »Meinen Sie nicht, Sie sollten zuerst mit sich selbst besser klarkommen, bevor Sie nach einem Partner Ausschau halten?«
- »Vielleicht sollten Sie Ihre Einstellung ändern und Ihre Not nicht so zur Schau tragen, dann treffen Sie vielleicht den Richtigen.«
- »Wenn meine eigene Tochter später nur halb so verbissen einen Mann sucht wie Sie heute, dann weiß ich, dass ich in meiner Erziehung etwas falsch gemacht habe.«

Es stand einer Frau wohl nicht gut an, offen zuzugeben, wie einsam sie war und wie sehr sie sich nach einem traditionellen Familienleben sehnte. Welche gebildete, kultivierte und moderne Frau mit einem aktiven sozialen Leben hatte heutzutage schon Zeit, sich einsam zu fühlen?

Was? Du bist einsam? Dann sieh zu, dass du dich befördern lässt! Such dir ein Hobby! Geh zum Friseur! Lass dir was einfallen!

Ich erinnere mich an eine Talkshow mit einer Gruppe Frauen zu diesem Thema, die ich einmal im Vormittagsprogramm im Fernsehen gesehen habe. Die Frauen waren sich einig, dass sie lieber solo blieben, als sich mit Mister »Gut genug« abzugeben. Aber meinten sie das wirklich so? Würden sie auch mit vierzig lieber mit ihren Freundinnen durch die Kneipen ziehen und an allen Männern vorbeisehen, nur um weiter auf den Richtigen zu warten?

Meine 29-jährige Kollegin Haley erzählte mir, dass sie zwar gerne mit einem Partner durchs Leben gehen würde, dass sie sich aber für keinen Mann ändern würde. Ist das Emanzipation oder Sturheit, frage ich mich. Ist es für eine gesunde und reife Beziehung nicht unerlässlich, dass man sich ändert und Kompromisse schließt? Hat uns die »Frauenpower« etwa zu egozentrischen Beziehungskrüppeln gemacht?

Es ist wohl kein Zufall, dass diese »Ich brauche keinen Mann«-Haltung dazu geführt hat, dass viele von uns heute ohne einen dastehen. In einem Artikel, der 2007 unter der Überschrift »Who Needs a Husband?« (»Wer braucht schon einen Ehemann?«) im *Time Magazine* erschien, wird Sarah Jessica Parker, bekannt aus *Sex and the City*, mit ebendiesem Ausspruch zitiert. Eine Frau, so sagt sie, sei heute nicht mehr auf einen finanziellen Versorger angewiesen: »All meine Freundinnen wollen heute eine Beziehung, die so erfüllend, anregend und amüsant ist wie die, die sie mit ihren Freundinnen haben.«

Was für ein Quatsch! Sosehr ich meine Frauenfreundschaften auch schätze, ich will doch nicht, dass meine Ehe so ist wie die Beziehungen, die ich mit meinen Freundinnen habe! Wenn ich mir nur all die Ansprüche, Anwandlungen und Stimmungsschwankungen vorstelle, und das rund um die Uhr, sieben Tage die Woche, für den Rest des Lebens? Nicht gerade erfüllend oder amüsant! Die Freundin mag Ihnen vielleicht mit einer Engelsgeduld zuhören, wenn Sie ihr bis ins kleinste Detail von Ihrem Tag erzählen – aber ist sie tatsächlich die Person, mit der Sie Kinder großziehen und unter einem Dach leben wollen?

In ebenjenem *Time*-Artikel erklärt eine 32-jährige Redakteurin, dass sie ihre Beziehung mit einem Investmentbanker nach sieben Jahren beendet hat. Sie habe ihn zwar »absolut vergöttert«, trotzdem aber immer das Gefühl gehabt, er enge sie auf Dauer ein. Sie sei nicht mehr glücklich gewesen, weil sie das Gefühl hatte, sich nicht ausleben zu können. Immerhin hatte sie ihn so sehr »vergöttert«, dass sie sieben Jahre lang mit ihm zusammen war. Wie sie diese Entscheidung wohl sehen wird, wenn sie in zehn Jahren zurückblickt?

Gut möglich, dass sie sich dann in der folgenden Aussage einer 49-jährigen Single-Frau wiederfindet: »Es gab eine Zeit, da konnte ich mir die Männer aussuchen, und zu einigen von ihnen war ich wirklich nicht nett. Hin und wieder frage ich mich, ob der liebe Gott mich nun dafür bestrafen will. Manchmal blicke ich zurück und wünsche mir, ich hätte mich damals anders entschieden.«

Eine andere Frau wird zitiert mit den Worten, sie könne ihre sexuellen Bedürfnisse auch ohne die Ehe befriedigen. Was also soll das Ganze? Laut einer Umfrage von *Time/CNN*, die im gleichen Artikel zitiert wird, hat der eheliche Sex für vier Prozent der befragten Frauen oberste Priorität, für 75 Prozent ist es das Zusammenleben in der häuslichen Gemeinschaft. Bleibt die Frage, ob sich *dieses* Bedürfnis ebenfalls ohne die Ehe befriedigen lässt – tagtäglich und für den Rest des Lebens?

Tea for One

Ob wir es zugeben oder nicht – Single zu sein, ist oft eine einsame Angelegenheit, insbesondere, wenn man auf Mitte dreißig zugeht und die meisten Freundinnen bereits Familien haben. Es ist nicht etwa so, dass eine Frau sich ohne einen Mann nicht komplett fühlen könnte. Aber kein Mensch ist eine Insel, wie man so schön sagt. Wenn ich nur daran denke, wie einsam es war, bevor ich meinen Sohn hatte – morgens allein in einem leeren Haus aufzuwachen, allein zu frühstücken, allein die Zeitung zu lesen, allein den Abwasch zu machen.

Ein Kind zu haben ändert den alltäglichen Rhythmus zwar ungemein – man ist nie allein und sehnt sich mitunter verzweifelt nach einer ruhigen Stunde –, aber die Sehnsucht nach einem Partner bleibt. Mein Entschluss, ein Kind zu bekommen, hatte nichts damit zu tun, dass ich meiner Einsamkeit entkommen wollte. Vielmehr hatte ich gehofft, danach in Ruhe – ohne den ständigen Druck der unaufhaltsam tickenden biologischen Uhr im Hinterkopf – den Richtigen finden zu können. Auch wenn mir bewusst war, dass ein Kind kein Allheilmittel gegen einen fehlenden Partner ist, so glaubte ich doch völlig naiv, dass ich es einfach umgekehrt machen könnte: Kind zuerst, Seelenpartner danach. Doch ich hatte nicht bedacht, wie schwierig es erst als Alleinerziehende mit Kind sein würde, den Richtigen zu finden. Nicht nur, dass man in den ersten zehn Monaten auf einen Schlag um zehn Jahre altert, auch die Chancen, überhaupt noch einen Mann zu treffen (wenn man nicht einmal mehr Zeit zum Duschen, Essen und Pinkeln hat, und auch sonst nicht mehr aus dem Haus kommt, außer während das Kind in der Krabbelgruppe ist), sind gleich null – geschweige denn dass der Richtige irgendwann an der Tür klingeln und diesen ganzen Zirkus mitmachen wird.

Einsam war ich also nach wie vor, auch mit Kind; nur anders einsam, vielleicht auch im doppelten Sinne. Zum einen war ich einsam als Single, zum anderen, weil ich die kleinen besonderen Momente im Leben meines Sohnes nicht mit jemandem teilen konnte, der genauso liebevoll für ihn sorgte wie ich.

Aber genau das laut auszusprechen, ist für viele ein Problem. Ich erinnere mich an eine E-Mail, die ich von einer alleinerziehenden Mutter bekam, die nie verheiratet war. Sie berichtete mir von den Reaktionen, als sie in einem Internetforum für Single-Mütter offen über ihre Einsamkeit gesprochen hatte. Man sagte ihr, sie solle aufhören, sich selbst zu bemitleiden und endlich »ihr Leben auf die Reihe bekommen«. Eine der Frauen schlug ihr sogar vor, ihr Kind doch in ein Pflegeheim zu geben, wenn sie mit ihrem Dasein als alleinerziehende Mutter so unglücklich wäre.

»Da muss ich mich anpflaumen lassen, nur weil ich gesagt habe, dass ich mich manchmal einsam fühle«, schrieb sie mir. »Aber kein Mensch kommt auf die Idee, diese Frau anzupflaumen, die mir sagt, ich solle mein Kind ins Heim geben!«

Was ist so schwer daran, diese Einsamkeit sowie den Wunsch nach einer festen Beziehung zu akzeptieren? Ist es um unser Selbstwertgefühl wirklich so schlecht bestellt, wenn wir uns nach jemandem sehnen, mit dem wir im buchstäblichen und bildlichen Sinne durchs Leben gehen wollen? Da bangen wir so sehr darum, uns nicht »fest zu binden«, nur um dann irgendwann zu begreifen, wie unglücklich wir »ungebunden« sind.

Ich fragte eine ganze Reihe von Frauen nach ihrer Auffassung von »Emanzipation« und bekam immer die gleiche Antwort – die gleichen Chancen zu haben wie Männer. Doch je länger wir redeten, desto mehr kamen wir dahinter, dass wir als Frauen ganz andere Bedürfnisse haben und möglicherweise gar nicht das *Gleiche* wollen, und dass wir auch nicht die gleichen Chancen haben bei der Partnersuche, besonders in zunehmendem Alter.

Ich hatte gedachte, dass ich allein ein Baby haben, meine Partnersuche für ein oder zwei Jahre auf Eis legen und dann wieder aktiv werden könnte. Als ich wieder ausgehbereit war, besuchte ich eines Donnerstagabends eine Speed-Dating-Veranstaltung. Doch inzwischen war ich über vierzig, und alles war anders.

4.

Speed-Dating-Desaster

Speed-Dating. Davon hatte ich in den vergangenen Jahren viel gehört, aber es war das erste Mal, dass ich es ausprobieren wollte, mich also wildfremden Leuten für jeweils fünf Minuten gegenübersetzte, um sie kennenzulernen und dann auf einem Zettel zu bewerten. Auf diese Weise einen Partner zu finden, mag komisch erscheinen, aber was dem Format an Form und Gehalt fehlen mag, so dachte ich, würde es an Quantität und Effizienz wieder wettmachen. Während der gesamten einstündigen Veranstaltung kommt man auf etwa zehn Mini-Blind-Dates. Ist man an einem Kandidaten interessiert, kreuzt man ein »Ja« auf dem Zettel an. Hat der Kandidat ebenfalls ein »Ja« angekreuzt, erhält man die jeweiligen Kontaktdaten.

Die Veranstaltung, die ich mir an jenem Donnerstagabend ausgesucht hatte, war für Singles zwischen vierzig und fünfzig. Mit 41 hätte ich mich auch noch für die Gruppe der Dreißig- bis Vierzigjährigen anmelden können (eine Gnadenfrist von plus/minus einem Jahr wurde von den Veranstaltern toleriert), aber ich beschloss, mich besser an mehr oder weniger gleichaltrige Männer zu halten.

Als ich mich zu Hause für den Abend zurechtmachte, war ich ziemlich nervös. Schließlich würde ich zehn neue Single-Männer kennenlernen, und das war immerhin eine ganze Menge mehr als null, wie es für meinen häuslichen Alltag typisch war. Es würde bestimmt Spaß machen, dachte ich mir, wieder »raus und unter Leute zu gehen«, auch wenn nicht gleich einer für ein romantisches Abenteuer dabei wäre. Wie schlimm könnte es schon werden?

Frisch eingeflogen

Abends um sieben traf ich ein. Die Veranstaltung fand in einem schicken Restaurant in Strandnähe statt, wo in einer abgeteilten Ecke zwei lange Tischreihen aufgebaut waren. Neun weitere Frauen, von denen sieben Anfang vierzig waren, waren bereits da. Sechs von ihnen saßen einem männlichen Teilnehmer gegenüber. Und das war die erste Überraschung: Auf zehn Frauen kamen nur sechs Männer!

Ich musterte die sechs. Überraschung Nummer zwei: Alle außer einem sahen älter aus als fünfzig, einer von ihnen sogar so alt, dass er eine verblüffende Ähnlichkeit mit dem besten Freund meines Vaters hatte. (So viel zur Gnadenfrist von einem Jahr!) Unsere Runde sah also wie folgt aus: acht Frauen Anfang vierzig, zwei Frauen Ende vierzig, ein Mann Mitte vierzig, fünf Männer über fünfzig. Wir wurden aufgefordert, uns mit unserem Gegenüber so lange zu unterhalten, bis ein Gong ertönte, dann rückten die männlichen Singles einen Stuhl auf, sodass man sich in neuer Konstellation gegenübersaß.

Die Plätze wurden zugewiesen. Dann ertönte der Gong, und es ging los.

Mann Nummer eins war Sam. Er hatte eine Glatze und Falten und trug ein kariertes Sportsakko mit Ellbogenflicken. Wir hatten fünf Minuten Zeit, uns kennenzulernen, aber schon nach der ersten Minute fragte ich mich, wie ich die nächsten vier bloß durchstehen sollte. Das Gespräch plätscherte dahin. »Bist du aus Los Angeles?«, fragte er. Ich lächelte, bejahte und fragte, woher er komme. New York. »Oh«, sagte ich und versuchte, das Beste daraus zu machen, dass ich jemandem gegenübersaß, der aussah wie sein eigener Großvater. »Was hat dich denn an die Westküste gebracht?«

»Ein Flugzeug«, erwiderte er und grinste, als hätte er diesen Witz erfunden. Ich lächelte verhalten. Dann entstand eine lange Pause.

»Tatsächlich ist das eine lange Geschichte«, fuhr er fort und erzählte mir, dass er so weit wie möglich von seiner Familie fortwollte, mit der er nicht klarkam; dass er seine Doktorarbeit nicht fertigstellen konnte, weil sein Mentor einen Herzinfarkt bekommen hatte; dass er daraufhin die Uni wechseln wollte, aber nirgendwo einen Platz bekommen hatte; dass er deshalb nun bei einer Zeitarbeitsfirma arbeitete, das aber auch nicht das Gelbe vom Ei wäre, weil… Gong! Gott sei Dank, er musste weiterrücken!

Mann Nummer zwei war Paul. Noch so ein Opa (schütteres, graues Haar und ein Kinn wie ein Truthahn). Als ich ihn fragte, was er beruflich mache, erzählte er mir, er sei gerade in einer »Umorientierungsphase«. Von wo nach wo, wollte ich wissen. Er habe als Lehrer gearbeitet, sagte er, was ihm auch Spaß gemacht habe, die Schulpolitik aber ginge ihm gegen den Strich, sodass er derzeit viel Golf spiele. Am liebsten würde er aus seiner beengten Einzimmermietwohnung ausziehen, da er aber zurzeit nicht arbeite, könne er sich keine Zweizimmerwohnung leisten. Ja, er wolle beruflich etwas ganz anderes machen, was aber mit 55 ganz schön schwierig sei, weil jeder Arbeitgeber heute lieber »Youngsters« einstellt. Er war gerade mitten in einer Tirade über den Rektor seiner ehemaligen Schule, als endlich der erlösende Gong ertönte. Der Nächste nahm Platz.

Nummer drei war Sandy. Er war niedlich und der Jüngste von allen – Mitte vierzig vielleicht. »Jeder fragt mich, wofür Sandy steht«, sagte er, kaum dass er vor mir saß, obwohl ich gar nicht gefragt hatte. »Kommt von Sanford. Wie Sandy Koufax. Baseballspieler. Kennst du bestimmt. Sein richtiger Name ist auch Sanford. Sanford Koufax.«

Er lächelte stolz. Sandy war ein alter Hase beim Speed-Dating. Er mache das schon jahrelang, sagte er. Er erzählte eine Menge Witze, die alle klangen, als hätte er sie schon unzählige Male erzählt. Dabei hatte er eine ganz fürchterliche Grammatik, und jedes Mal, wenn er einen Fehler machte, fragte er mich, wie es richtig heißen müsse – »Na, schließlich bist du doch Schreiberin.« Gut, er war ganz süß, auf eine sehr jungenhafte Art, aber wir waren wie Feuer und Wasser, und nach fünf Minuten mit diesem Faxenmacher konnte ich den Gong kaum erwarten.

Nummer vier war Roger. Für einen Mann im reiferen Alter war er durchaus attraktiv – ein Bill-Clinton-Verschnitt. Nach dem ersten Geplauder erzählte er mir, dass er 1973 nach Los Angeles gezogen war. »Erinnerst du dich noch an die Gasknappheit damals und die langen Warteschlangen?«, fragte er. *Ich war damals sechs*, wollte ich entgegnen, lächelte stattdessen aber tapfer und fragte, womit er sein Geld verdiene. Er unterhielt eine Arbeitsagentur, die allerdings schlecht lief. Was ich mache, wollte er wissen. Schriftstellerin, antwortete ich.

Roger beugte sich über den Tisch. »Brauchst du einen Job?«

Ich dachte, das sei ein Scherz und sagte: »Nein, im Moment

nicht, aber wenn sich was ändert, lasse ich es dich wissen. Vielleicht kannst du mir dann ja weiterhelfen.«

Doch er kapierte den Witz nicht. »Du solltest damit nicht warten, bis du einen Leerlauf hast. Schau dich lieber um, solange du noch was hast.«

»Danke, ich werde es mir merken«, sagte ich, um ihn bei Laune zu halten.

»Schriftsteller haben's gut«, fuhr er fort. »Verbummeln den lieben langen Tag und hängen nur im Schlafanzug herum.«

»Hm, eigentlich nicht«, sagte ich.

»Die Schriftsteller, mit denen ich zu tun habe, die haben den ganzen Tag nichts zu tun, *gar* nichts.«

Es gongte. Er schob mir seine Visitenkarte hin. »Ich kann bestimmt was für dich tun, wirklich«, sagte er und rückte einen Stuhl weiter.

Ich wusste nicht, ob ich lachen oder weinen sollte.

Seine Tochter ist 34

Mann Nummer fünf gab es nicht in dieser Runde. Da sich das Verhältnis männlich zu weiblich nicht die Waage hielt, saßen in jeder Runde immer vier Frauen alleine da. Mir gegenüber nahm nun der Veranstaltungsleiter Platz, um mir die Wartezeit zu verkürzen. Er war nett, um die dreißig und amüsant. Ich erzählte ihm, dass ich das erste Mal bei einem Speed-Dating war – aber war die Veranstaltung hier nicht für männliche Kandidaten zwischen vierzig und fünfzig gedacht?

»Ich weiß«, sagte er bestimmt. »Aber es ist jedes Mal dasselbe. Männer Mitte vierzig kommen nicht zu dieser Veranstaltung, da sie Frauen Mitte dreißig kennenlernen wollen. Wir haben schon überlegt, die Altersgrenze strikt einzuhalten, aber wenn wir den Männern über vierzig erzählen, dass sie an den Veranstaltungen mit jüngeren Kandidatinnen nicht teilnehmen können, dann würde gar keiner mehr kommen.« Dann rückte der nette Veranstaltungsleiter auf, um einer weiteren »partnerlosen« Frau Gesellschaft zu leisten.

Auch in Runde sechs saß ich noch alleine da. Ich fing an, mich mit der Frau neben mir zu unterhalten, die in dieser Runde ebenfalls ohne ein Gegenüber war. Sie war groß, blond, Zahnärztin und trug ein aufreizendes Wildlederkleid. Dazu war sie lustig, klug und aufgeschlossen. Wie sich herausstellte, gingen wir im gleichen Park joggen und hatten gerade das gleiche Buch gelesen. Nachdem wir uns etwa fünf Minuten lang unterhalten hatten, konnte ich mir sogar vorstellen, mich mit ihr anzufreunden. Zum ersten Mal an jenem Abend war ich fast enttäuscht, als der Gong ertönte.

Schließlich kam mein Mann Nummer fünf. Kevin. Er hatte eine Firma, die Wasserfilter herstellte. Zufällig kannte ich mich mit Wasserfiltern ein bisschen aus und fragte ihn, ob seine Systeme Fluoride ausfiltern.

»Ist ja verrückt. Die Zahnärztin dort hat mich genau das Gleiche gefragt!«, sagte er völlig verdutzt von der Übereinstimmung.

Ich fand es gar nicht so verrückt, dass eine Zahnärztin sich nach Fluoriden erkundigte, oder eine Frau mit einem kleinen Kind, so wie ich. Aber er wiederholte noch dreimal, wie verblüfft er darüber sei, bis er mir endlich eine Antwort auf meine Frage gab. »Ich weiß nicht recht. Ist Fluorid denn eine chemische Verbindung?« Ich fragte mich, wie man Wasserfilter herstellen und etwas so Grundlegendes nicht wissen konnte. Fluoridiertes Wasser müsste jemandem, der beruflich mit Wasserfiltern zu tun hat, eigentlich ein Begriff sein. Der Großteil des nationalen Trinkwassers war mit Fluorid versetzt.

Inzwischen wusste er, dass ich Journalistin war, und redete auf mich ein, ich solle doch einen werbenden Artikel über sein Unternehmen schreiben. Ich wehrte ab und versuchte, auf ein komplett anderes Thema umzuschwenken. Ich fragte ihn, was er in seiner Freizeit so mache – aber er stieg nicht darauf ein und verbrachte auch die restlichen drei Minuten damit, mich mit diesem blöden Artikel zu nerven. Vor lauter Verzweiflung war ich drauf und dran, ihm einfach zu erzählen, dass ich gar keine Journalistin sei – aber dazu kam ich nicht mehr, denn zum Glück ertönte endlich der Gong.

Mann Nummer sechs nahm Platz. Er hieß Robert, war Witwer, intelligent, niedlich und Anwalt. Vor dreißig Jahren hatte er wahrscheinlich richtig gut ausgesehen. Er war das erste Mal bei einem Speed-Dating. Er sagte – »um mit offenen Karten zu spielen« –, dass er in Wirklichkeit sechzig sei, es aber keine Speed-Dating-Veranstaltungen für Leute in seinem Alter gäbe. Daran hatte ich noch gar nicht gedacht – was machte man denn, wenn man Single und über fünfzig war?

Zuvor, während meiner Pausen, hatte ich mich ein wenig umgesehen und bemerkt, dass die beiden älteren Frauen – die aussahen als wären sie fast fünfzig – an Roberts Lippen hingen. Robert hingegen suchte kaum den Blickkontakt mit ihnen. Er schien einfach nur dem Prozedere zu folgen. Doch diese Frauen flirteten eindeutig mit ihm. Sie waren richtig ... eifrig. Und sie hatten keine Chance. *Das könnte ich in zehn Jahren sein*, dachte ich bei mir. Dann erst begriff ich – *das bin ich heute*. Ich bin auf der gleichen Veranstaltung, lerne die gleichen Männer kennen wie diese beiden. Genau so sieht mein Leben aus.

In den wenigen Minuten, die ich mit Robert plauderte, schien er mir interessant und nett. Es sei nicht seine Idee gewesen, heute Abend hierherzukommen, räumte er ein, vielmehr habe ihn seine 34-jährige Tochter dazu gedrängt. Seine Tochter ist 34! Ich fragte ihn, ob seine Tochter auch schon einmal eine Speed-Dating-Veranstaltung mitgemacht hätte. »Nein, sie ist verheiratet«, lachte er. »Und ich wurde kürzlich erst wieder Großvater!«

»Wieder?«, fragte ich, und meine Stimme kippte fast, während ich alle Mühe hatte, nicht vor ihm in Tränen auszubrechen. »Sie hat zwei Kinder?«

»Nein, mein Sohn hat auch ein Kind«, antwortete Robert. »Es ist zwei Jahre alt.« Ich war sprachlos. Die Kinder dieses Mannes waren verheiratet und hatten Kinder. Mein Sohn war so alt wie sein Enkelsohn. Ich starrte vor mich hin, bis Robert die Stille durchbrach. »Was ist mit dir? Warst du schon mal verheiratet?« *Nein,* dachte ich nur. *Und so wie es gerade aussieht, werde ich es auch nie sein.* Dann hatte ich mich wieder einigermaßen gefangen. »Nein, noch nicht.« Nach einer gefühlten Ewigkeit ertönte der Gong.

Da ich nun mit allen sechs Männern Bekanntschaft geschlossen hatte, saß ich während der letzten beiden Runden alleine da und füllte meinen Bewertungszettel aus. Ich kreuzte hinter jedem Namen »Nein« an.

Schlussapplaus

Das war's. Die Veranstaltung war vorüber. Nach Aufforderung des Veranstaltungsleiters (Glückwunsch! Sie haben diesen Abend erfolgreich überstanden!) beklatschten wir uns selbst und gaben dann die Bewertungszettel ab. Während die jüngeren Frauen ihre Handtaschen an sich nahmen, bemerkte der Leiter unsere enttäuschten Mienen. »Versuchen Sie es einfach wieder«, sagte er uns. »Vielleicht läuft es dann besser«, fügte er nicht gerade überzeugend hinzu.

Auf dem Weg zum Ausgang kam ich an der Restaurantbar vorbei. Modisch gekleidete, lächelnde, junge Männer und Frauen plauderten, liefen hin und her. Keiner von ihnen schien über dreißig.

Als ich dann im Auto saß und nach Hause fuhr, überschlug ich grob die Kosten des verschwendeten Abends. Teilnahmegebühr: 25 Dollar. Babysitter: 40 Dollar. Parkgebühr: 8 Dollar. Zeitaufwand: Duschen, Beine rasieren, Haare föhnen, Make-up, Outfit aussuchen und anziehen: 1,5 Stunden. Hin- und Rückfahrt zur Hauptverkehrszeit: 1 Stunde. Verlorener Abend, den ich mit meinem Sohn hätte verbringen können: unbezahlbar.

Die Schuld an diesem Fiasko gab ich nicht etwa dem Veranstalter. Nein, die Schuld an diesem Fiasko gab ich allein mir selbst. In gewisser Hinsicht sah ich ein, dass es nur die logische Konsequenz meiner Fehlentscheidungen bei der Partnersuche in jüngeren Jahren war. Heute kamen viele Paare über solche Speed-Datings zusammen. Ich habe sogar eine Bekannte, die mit 39 an einem Speed-Dating für 25 bis 35-Jährige teilgenommen und dort ihren heutigen Mann, der damals 32 war, kennengelernt hat. Es sei ihr dritter Anlauf gewesen, sagte sie mir, doch auf jeder Veranstaltung hätte es gleich viele männliche und weibliche Singles gegeben. Natürlich hätten sich auch immer einige Nieten darunter befunden, doch mit den meisten sei es relativ unterhaltsam gewesen. Sie seien nicht mit irgendwelchen Altlasten oder rührseligen Geschichten dahergekommen, meinte sie, und hätten sie auch nicht an die Väter ihrer Freundinnen erinnert. Ich fragte danach noch eine Freundin, die vierzig und ebenfalls Single war, nach ihrer Erfahrung mit Speed-Datings. War meine denn wirklich so ungewöhnlich?

»Nein, gar nicht«, sagte sie. »Klingt ziemlich typisch für eine Veranstaltung für die Altersklasse vierzig bis fünfzig.« Mit 38 und 39, so erzählte sie, hatte sie an etlichen Speed-Datings für über Dreißigjährige teilgenommen. Dort seien die Typen sehr viel attraktiver gewesen (sie hatte ein paarmal »Ja« angekreuzt), allerdings auch nur an Frauen Anfang dreißig interessiert gewesen.

Dass es mit zunehmendem Alter immer schwieriger wird, einen Partner kennenzulernen, hatte ich schon oft gehört, es aber nie so richtig ernst genommen. Ich hatte nie bedacht, dass eine einzige Entscheidung – sagen wir, einen netten Mann sausen zu lassen, nur weil »irgendetwas fehlt« – den Lauf meines Lebens für immer verändern könnte. Mit Mitte zwanzig kannte ich keine Frauen über vierzig, die es bereuten, sich irgendwann einmal aus albernen Gründen von einem wunderbaren Mann getrennt zu haben.

Ich dachte über Julia nach, meine 31 Jahre alte Freundin, die mit dem »unprätentiösen« Greg Schluss gemacht hatte und jetzt mit Adam ausging, dem charmanten Chirurgen, sich aber eigentlich zwischen den beiden nicht recht entscheiden konnte. Ich wollte sie anrufen und ihr sagen, dass sie Prioritäten setzen und in manchen Punkten Kompromisse machen müsse. Denn wenn sie jetzt beide Männer sausen ließe, würden *die* in zehn Jahren bestimmt nicht auf irgendwelchen Speed-Datings für Singles über vierzig zu finden sein. *Sie* hingegen vielleicht schon.

Doch statt Julia rief ich Rachel Greenwald an, eine Expertin für Partnervermittlung, die sich darauf spezialisiert hatte, Single-Frauen über 35 bei der Partnersuche zu beraten. Mal sehen, welchen Rat sie für mich hatte.

Ich konnte ein paar aufmunternde Worte gut gebrauchen.

TEIL II

Von der Fantasie zur Realität

*Fantasien ersparen uns Schmerzen
und schenken uns stattdessen Freude.
Doch müssen wir es klaglos hinnehmen, wenn
sie von einem Zusammenstoß mit der Realität
zuweilen in Stücke geschlagen werden.*

SIGMUND FREUD

5

Älter und (hoffentlich) weiser

Rachel Greenwald ist das, was man eine sensible Optimistin nennen könnte. Ihre E-Mails sind immer voll von Ausrufezeichen, die ich auch in ihrer begeisterten Stimme förmlich hören konnte, als ich sie in Denver anrief. Sie will, dass Menschen Liebe finden – das ist ihre Leidenschaft. Knallhart und witzig bringt sie die Dinge auf den Punkt (wie auch ihr Bestseller *Fang den Mann! Das perfekte Programm für Frauen ab 35* zeigt), was ihr nur deshalb gelingt, weil sie die Realität kennt: Die Welt der Partnersuche verändert sich, sobald man die dreißig überschritten hat.

Vor ein paar Jahren berichtigte das Magazin *Newsweek* einen seiner Artikel aus den 1980er-Jahren: Es stimme nicht, dass Frauen über vierzig eher einem Terroranschlag zum Opfer fallen, als dass sie heiraten. Vielmehr läge die Chance, dass sie noch heiraten, bei vierzig Prozent. Das sollte eigentlich tröstlich sein, ist es aber nicht, wenn man diese Aussage recht bedenkt: Nicht einmal die Hälfte aller Frauen über vierzig wird überhaupt noch heiraten.

Rachel Greenwald meinte, ich dürfe vor allem nicht vergessen, dass ich mit meiner Partnersuche nicht allein auf weiter Flur sei. »Klar, Sie sind vielleicht eine tolle Frau, aber tolle Frauen gibt es dort draußen viele, während es gleichzeitig viel weniger Männer gibt, die noch zu haben sind. Ab einem gewissen Alter kehrt sich die Kurve um.«

In ihrem Buch führt sie eine Statistik an – auf 18 Millionen Männer kommen 28 Millionen Single-Frauen über 35. Als ich mir die Statistiken für Singles zwischen dreißig und 44 genauer betrachtete, stellte ich fest, dass auf 100 Single-Frauen 107 Single-Männer kommen, in einem Alter von 45 bis 65 Jahren sind es aber nur 72 Single-Männer auf 100 Single-Frauen. Diese Zahlen sind entmutigend. Doch weltweit gesehen, so Greenwald, sind die Chancen für Frauen in meinem Alter noch sehr viel aussichtsloser. Warum? Weil viele Männer jüngere Frauen heiraten wollen (und können); und weil die Männer, die heiraten und eine Familie gründen möchten, mit 35 für gewöhnlich nicht mehr zu haben sind. Insofern werden Mittdreißigerinnen wahrscheinlich öfter auf Männer treffen, die eine schwierige Vergangenheit haben und auch sonst eher schwierig sind – also alles wie gehabt.

»Nehmen wir mal zwei Frauen, beide supertoll, beide 25, beide gleichermaßen attraktiv«, sagte Greenwald. »Doch ihr Leben verläuft in den folgenden zehn Jahren jeweils komplett anders – die eine heiratet, die andere bleibt Single. Nach zehn Jahren, beide sind jetzt 35, treffen wir sie wieder, stellen sie nebeneinander und haben nun zwei völlig verschiedene Frauen vor uns. Für diejenige, die zehn Jahre lang glücklich verheiratet war, ist die Welt in Ordnung, und diejenige, die zehn Jahre lang ein Single-Dasein geführt hat, sieht alles zynisch und pessimistisch – bei den Männern ist es nicht anders. Schickt man den einen in eine glückliche Ehe und den anderen durch die ewige Mühle unsteter und gescheiterter Beziehungen, kommen am Ende zwei völlig verschiedene Typen heraus. Genau darin liegt der Unterschied bei der Partnersuche in fortgeschrittenem Alter. Die Kandidaten sind für gewöhnlich abgebrühter. Nicht mehr so vielversprechend und attraktiv wie jüngere Singles.«

Das alles hatte ich nicht bedacht, als ich zehn Jahre jünger war und nur darauf wartete, dass der Traummann in mein Leben platzt. Je länger ich suche, umso wahrscheinlicher finde ich einen besseren Mann – das schien mir völlig klar. Doch genau das sei der Trugschluss, sagte Rachel Greenwald: Je länger man wartet, umso unwahrscheinlicher ist es, dass etwas Besseres nachkommt.

Wunschliste einer 25-Jährigen

Es ist nicht etwa so, dass die älteren, noch ungebundenen Männer allesamt »Versager« wären – wie viele partnersuchende Frauen oft beklagen. Es ist nur so, dass sie in keiner Weise dem Mann ähneln, den man sich in seinen Jungmädchenträumen vorgestellt hat. Hätte man den einen oder anderen Mann gekannt, als er 27 war, wäre er dem Wunschbild vom Heiratspartner wohl um einiges näher gekommen. Aber derselbe Mann kann mit 45 nach wie vor einen großartigen Ehemann abgeben – ja, auch im mittleren Alter mit Exfrau, zwei Kindern und allerlei Enttäuschungen im Gepäck. Entscheidend sei, so Greenwald, zu erkennen, dass der Begriff »realistisch bleiben« keineswegs negativ zu verstehen ist.

»Das Ziel sollte sein, jemanden zu heiraten, den man wahrhaft liebt, der einen gut behandelt und glücklich macht«, sagte sie. »Aber nichts von dem, was ich gerade gesagt habe, hat mit dem Alter des Mannes zu tun oder damit, wie viele Haare er noch auf dem Kopf hat – also mit all den Dingen, die man mit 25 auf der

Wunschliste hat. Wenn man mit vierzig ein so eingeschränktes Wunschbild hat, wird man enttäuscht werden.« Von vielen Frauen, so erzählte Rachel Greenwald, höre sie immer wieder dieselbe Geschichte: »Ich bin vierzig und will ein Kind. Aber es kommt für mich nur ein Mann infrage, der 1,80 m oder größer ist und jünger als 45, denn ich bin lebhaft und dynamisch und habe mich gut gehalten. Am liebsten einen ohne Kinder, aber wenn er Kinder hat, dann sollten sie schon älter sein und nicht bei ihm wohnen, und so weiter und so fort!«

Ich war froh, dass ich am Telefon mit ihr sprach, denn ich spürte, wie ich schuldbewusst errötete. Aber was war denn so falsch daran, all das zu wollen? Was würde sie denn einem in die Jahre gekommenen Single-Mann sagen? He, erinnerst du dich noch an all die Frauen, für die du dich damals mit zwanzig nicht interessiert hast? Sie sind noch zu haben, ein paar sind geschieden, du musst nur ein bisschen aufgeschlossener sein.

»Aber nein. Ich sage nicht, man solle sich mit einem hässlichen Langweiler begnügen. Aber einige Frauen sind derart festgelegt, dass sich überhaupt keiner finden lässt, der eine Chance bei ihnen hätte. Ich will keine Frau auf Teufel komm raus verkuppeln. Die Chemie muss schon stimmen, aber wie kann man herausfinden, ob sie stimmt, wenn man einem Mann von vornherein gar keine Chance gibt, weil er das falsche Alter oder die falsche Größe hat? Es kann sein, dass er überaus einfühlsam oder sehr amüsant ist oder sonst irgendwelche Eigenschaften hat, die einem nicht sofort ins Auge springen.«

Ein weiteres großes Problem sieht Greenwald darin, dass wir mit 35 noch die gleichen Maßstäbe ansetzen wie mit 25. Dabei sei das, so sagt sie, was wir mit 25 wollen, mit 35 gar nicht mehr so wichtig. Mit 35 komme es auf ganz andere Dinge an, auf Geduld und Beständigkeit etwa, nicht darauf, ständig Schmetterlinge im Bauch zu haben.

»Den gleichen Rat gebe ich auch allen 25-Jährigen«, sagte sie. »Nur wollen die ihn nicht hören.«

Von Selbstlosigkeit und Bescheidenheit

Greenwalds Rat ist einfach: Lass dich nicht von »äußeren« Eigenschaften wie Alter, Größe, Bildung, Job, Haarfülle, Kinder oder Exfrau leiten, sondern konzentriere dich auf die »inneren« Eigenschaften wie Reife, Freundlichkeit, Sinn für Humor, Feingefühl, Bindungsfähigkeit.

Sie hatte gut reden, zumal sie selbst vor 17 Jahren geheiratet hatte, mit 28. Aber wie würde sie es wohl finden, wenn es anders wäre? Wenn sie heute mit über vierzig selbst noch Single wäre und ihr jemand raten würde, sich nicht mit »Äußerlichkeiten« aufzuhalten?

Als ich ihr diese Frage stelle, lachte Greenwald. Sie kenne diese Situation nur zu gut, sagte sie. Ihren Ehemann hätte sie beinahe übersehen, da sie damals wie jede andere auch auf Äußerlichkeiten bedacht gewesen war. Sie hatte ihn beruflich ein paarmal am Telefon gehabt und die Gespräche jedes Mal genossen. Als sie aber sein Foto in einem Namensverzeichnis sah (und wenig beeindruckt war), war sie sicher, dass sie nicht mehr von ihm wollen würde. Erst als sie ihn auf einer Party näher kennenlernte, fand sie ihn ganz süß – und mehr.

»Als ich noch ungebunden und auf der Suche war«, sagte sie,

»wollte ich alles! Der Typ sollte alles haben – groß, gut aussehend, intelligent, witzig. Ja, ich war sogar so wählerisch, dass ich unbedingt einen mit Locken haben wollte.« Einiges (aber nicht alles) davon habe sie bekommen, obwohl keines dieser Kriterien für ihr Eheglück bedeutsam ist, wie sie betonte.

»Bedeutsam für unsere Ehe sind vor allem zwei Eigenschaften, die mir damals niemals eingefallen wären, nämlich Selbstlosigkeit und Bescheidenheit«, erklärte sie. »In einer Ehe muss man tagtäglich unzählige Male entscheiden, ob man sein eigenes Glück oder das des anderen obenan stellt. Und mein Mann hat mir schon so oft gezeigt, dass es ihm zuallererst um mein Glück geht. Beim unverbindlichen Flirten verwechseln wir romantische Liebesgefühle mit Selbstlosigkeit. Aber das sind zwei völlig verschiedene Paar Schuhe. Romantische Gesten, wie etwa Blumen zu schenken, ist nicht das Gleiche wie mitten in der Nacht aufzustehen und sich um das Baby zu kümmern, damit ich weiterschlafen kann.«

»Außerdem«, fuhr sie fort, »ist Bescheidenheit etwas ganz Wesentliches – die Fähigkeit, sich zurückzunehmen, zu zeigen, dass es egal ist, wer gerade recht hat oder nicht, dass es völlig in Ordnung ist, hier oder da geteilter Meinung zu sein. Wenn eine Frau einen Mann aufgrund seines Alters oder seiner Größe zurückweist, dann frage ich sie, an welcher Stelle auf ihrer Wunschliste Selbstlosigkeit und Bescheidenheit stehen.«

John Gottman, ein namhafter Eheforscher an der University of Washington sowie Autor des Bestsellers *Die 7 Geheimnisse der glücklichen Ehe*, hat gezeigt, dass sich der Erfolg einer Ehe anhand von grundlegenden Eigenschaften wie Kompromissbereitschaft, Toleranzspielräume und Kommunikationsweise mit einer Treffsicherheit von 91 Prozent vorhersagen lässt.

Die Wünsche und Sehnsüchte, die viele von uns haben, ignoriert auch Greenwald nicht. Doch wenn wir einen Mann wollen, der »alles« hat, sollten wir unsere Maßstäbe überprüfen. Das sollten wir möglichst *frühzeitig* tun, wenn wir den richtigen Partner finden wollen, bevor die Partnersuche zunehmend schwerer wird.

Im Gespräch mit Frauen über 35, so erzählte Greenwald, höre sie häufig Variationen der immer gleichen Geschichte: Ich war erst drei und dann fünf Jahre in Beziehungen, die nicht funktioniert haben. Oder: Immer wieder bin ich zurück zu meinem Ex, anstatt mich um jemanden zu bemühen, der besser zu mir passt. Oder: Ich wusste von vornherein, dass das nicht ewig halten würde, aber ich ließ es laufen und hoffte, dass sich irgendwann irgendetwas ändern würde. Was sich aber hätte ändern müssen, war das Partnerwahlverhalten der Frauen.

Greenwald zufolge haben sie ihre beste Zeit für die Partnersuche verspielt.

»Die Männer, die in jungen Jahren für sie interessant waren, boten ihnen im Allgemeinen das genaue Gegenteil dessen, was sie auf Dauer wirklich wollten – Stabilität, Verantwortungsbewusstsein, Feingefühl, Bodenständigkeit, Reife, Kinderwunsch«, sagte sie. »Man sollte nicht vergessen, dass man keine Zeit zu verschwenden hat, nur weil man bis über beide Ohren in einen Typen verliebt ist.«

Ups! Ich musste an einen meiner Verflossenen denken, der zuerst wie eine Klette an mir hing, dann aber plötzlich mit einer lahmen Ausrede auf Abstand ging. Trotzdem blieb ich noch zweieinhalb Jahre mit ihm zusammen. Ich hatte etliche aufregende und scheinbar auch romantische Männer, die letztendlich aber mehr in sich selbst verliebt waren als in mich – und ich ließ den

Dingen ihren freien Lauf, ohne krampfhafte Gespräche über eine gemeinsame Zukunft anzufangen. Doch genau das, so Greenwald, sei auch in jungen Jahren wichtig. Man müsse frühzeitig die Initiative ergreifen, bevor einem die Zeit irgendwann regelrecht davonläuft.

»Frauen, die heiraten und eine Familie haben wollen, müssen sich im Klaren darüber sein, was wirklich wichtig ist – und ihre Partnerwahl entsprechend danach richten«, sagte sie mir. »Ich will keine Panik machen. Es ist nur jammerschade, erleben zu müssen, dass die Frauen mit dieser Einsicht zehn Jahre zu spät zu mir kommen, wenn es sehr viel schwieriger ist, einen Partner zu finden. Nehmen wir mal an, zu mir kommt eine 33-Jährige, die in den letzten elf Jahren verschiedene Beziehungen hatte und nun eine Familie gründen möchte. Kein Problem, ich kann sie in diesem Alter noch locker mit einem attraktiven Vierzigjährigen verkuppeln, der ebenfalls eine Familie gründen will. Mit 35 wird das schon schwieriger, und mit vierzig kommt noch ein anderer wichtiger Punkt dazu. Kein Mann, der Kinder möchte, wird sich mit einer Vierzigjährigen verabreden. In dem Alter kommen fast nur noch geschiedene Väter infrage.«

Hätte sie mir das gesagt, als ich dreißig war, hätte ich es für übertrieben gehalten – oder zumindest hätte ich geglaubt, ich sei die große Ausnahme unter all den alleinstehenden, älteren Frauen. Auch heute denke ich oft »Ich sehe immer noch knackig aus«, oder »Innerlich bin ich jung geblieben« oder »Ich habe mich für mein Alter ganz gut gehalten«. Doch an allem, was sie mir sagte, war etwas Wahres dran. Von all meinen Freundinnen, ob Single oder verheiratet, kannte kaum eine überhaupt einen Single-Mann in meinem Alter. Wenn sich doch mal einer fand, dann war er nicht geneigt, sich auf eine Frau jenseits der vierzig einzulassen.

Ich konnte es mir also aussuchen: Entweder ich wetterte weiter gegen diese Misere, oder ich nutzte die Information zu meinem Vorteil. *Eine* gute Nachricht, so Greenwald, gäbe es immerhin: Ich hatte nun die Chance, neu durchzustarten und beim nächsten Date alles richtig zu machen, mich also mit Männern zu verabreden, die die Qualitäten mitbrachten, mit denen ich auf Dauer glücklich sein konnte.

Auf Dauer – das schien bei Greenwald der zentrale Punkt. In den letzten zehn Jahren hatte sie Hunderte von glücklichen Ehen gestiftet. Auch wenn sich viele der Frauen anfangs dagegen gesträubt hatten, ihre Fühler in alle Richtungen auszustrecken und sich mehr auf die inneren Eigenschaften zu konzentrieren, soweit Greenwald wusste, ist keine dieser Ehen geschieden worden.

Sie war anscheinend auf der richtigen Spur.

Glücklich mit Mister Normal

Wenn glücklich verheiratete Frauen mir erzählten, worauf es ankommt, wenn man älter wird, klang das immer ähnlich: Es kommt darauf an, den perfekten *Partner* zu finden – nicht die perfekte *Person*. Dabei gehe es nicht darum, die eigenen Maßstäbe herunterzuschrauben, es ist vielmehr eine Sache der Reifung und vernünftigen Erwartungshaltung. Was einen guten Freund auf dem College ausmacht und was einen guten Ehemann ausmacht, ist ein himmelweiter Unterschied. Im Laufe der Jahre überflügeln Stabilität und Zuverlässigkeit die Schmetterlinge im Bauch.

Amanda, meine Freundin aus Collegezeiten, 39 und seit zwölf Jahren verheiratet, erzählte mir, dass sie sich noch sehr gut an den gesellschaftlichen Druck (und den ihres Gesellschaftskreises im Besonderen) erinnere, mit den »richtigen« Jungs auszugehen.

»Ich weiß es noch wie heute – wir hatten damals auf dem College diese Professorin, die alleinstehend war und kreuzunglücklich; als sie erfuhr, dass ich mit Barry ging, erwähnte sie gegenüber einer gemeinsamen Freundin, dass ich doch einen ›Besseren‹ kriegen könnte. Ich dachte damals nur, die hat doch keine Ahnung, und keine kann auf einen intelligenteren, netteren und vielversprechenderen Typen als Barry hoffen. Nun, ich habe recht behalten. Barry mag sich nicht immer so kleiden, wie ich es gerne hätte, oder den Handwerker im Haus spielen, wenn gerade Fußball läuft, aber im Grunde würde er alles für mich tun. Er kocht mir die beste Hühnerbrühe, wenn ich erkältet bin, ganz ohne Salz, aus Sorge um meinen Blutdruck. *Das* ist Liebe. Und eine wunderbare Ehe.«

Als sie noch Single war, sagte Amanda, sei Beständigkeit für sie gleichbedeutend gewesen mit Langeweile und Kompromiss ein negatives Wort – ein riesiges Missverständnis. Sie hoffe, dass ihre Tochter einmal wisse, worauf es ankommt, wenn sie ins flirtfähige Alter kommt. »Ich hätte Barry nie heiraten können – oder irgendwen sonst –, wenn ich auf die Dinge Wert gelegt hätte, wegen denen Single-Frauen Männern heute eine Abfuhr erteilen«, sagte sie.

Elise, die seit acht Jahren verheiratet ist und zwei Kinder hat, beschreibt ihre Beziehung zu ihrem Mann so: »Als ich 35 wurde, hatte mich gerade mein Freund verlassen, von dem ich mir einbildete, er hätte all die Eigenschaften, die ich mir bei einem Mann wünschte, und ich war am Boden zerstört. Ein paar Monate später lernte ich meinen heutigen Mann kennen. Es hat nicht sofort gefunkt, denn er hatte nur wenige von den Eigenschaften, auf die ich bei einem Mann aus war. Dafür hatte er andere, und die wollte ich wirklich: absolute Anständigkeit, Ehrlichkeit, Verlässlichkeit, stets bemüht, das Richtige zu tun, auch wenn es schwierig ist und, am allerwichtigsten, Liebe und Verständnis für mich. Ich hatte den Richtigen bis dahin nicht gefunden, weil ich völlig falsche Vorstellungen von den Eigenschaften des Richtigen im Kopf hatte!« Genau so dachte auch Suzanne. Suzanne ist dreißig, Marketingleiterin und lebt in Austin. Sie erzählte mir, dass sie den Mann geheiratet hatte, der ihr auf den ersten Blick wie ihr Traummann erschienen war, sie inzwischen aber mit dem *echten* Traummann verheiratet sei. Sie lachte, als sie an all die Fehler dachte, die sie bei der Wahl ihres ersten Ehemannes gemacht hatte – und um ein Haar auch bei der ihres zweiten.

»Der entscheidende Punkt für mich war«, so erklärte sie mir, »mich auf das Unverzichtbare zu konzentrieren und nicht auf das Sahnehäubchen. Ich habe einmal einen durchaus interessanten Mann nach dem dritten Date abblitzen lassen, weil er Sandalen trug und eine Katze hatte«, erzählte sie – erst danach »machte es plötzlich Klick, und ich war endlich bereit, über läppische Äußerlichkeiten hinwegzusehen. Darum habe ich heute den Mann, mit dem ich alt werden möchte.« Äußere Werte sind natürlich wichtig, wie wohl jeder weiß, der auf Partnersuche ist. Nur messen wir ihnen sehr oft den gleichen Wert bei wie den inneren Werten, was es so schwierig macht, ein ganz normales menschliches Wesen zu finden, das beiden Maßstäben vollauf gerecht wird. Hat ein Mann viele innere Werte, aber wenig äußere, sortieren wir ihn aus. Doch hat er die gewünschten äußeren Werte, überlegen wir es uns zweimal. Denn äußere Eigenschaften lassen sich leichter erfassen. So gehen wir davon aus, dass auch die (oberflächlich nur schwer erkennbaren) inneren Werte ebenfalls vorhanden sind, nur eben nicht so offensichtlich. Doch das trifft erfahrungsgemäß nicht immer zu.

Auch Lynn, 42 und geschieden, wurde eines Besseren belehrt und sieht die Dinge heute völlig anders. »Ich hatte einen sehr gut aussehenden Gatten«, erzählt sie. »Als er mich zum dritten Mal betrogen hat und wir uns scheiden ließen, kapierte ich langsam, dass Äußerlichkeiten letzten Endes keine Rolle spielen. Viel wichtiger ist es, einen Menschen zu finden mit inneren Werten. Dummerweise ist man meist erst hinterher schlauer.«

»Ein Mann muss nicht aussehen wie Barbies Ken, um ein Hauptgewinn zu sein«, erkannte sie. Mitch, einer ihrer Kollegen, sei dreißig und einer der nettesten Männer, die sie kenne. Er sei schüchtern, aber wenn man ihn genauer kennt, könne man jede Menge Spaß mit ihm haben.

»Er hat keine supermodische Frisur«, sagte sie. »Sieht aber auch nicht schlecht aus – Durchschnitt eben. Er hat so viele tolle Eigenschaften, aber ich habe den Eindruck, dass die Frauen in seiner Altersklasse ihn gar nicht wahrnehmen und nicht einmal ansehen. Das macht mich richtig traurig. Als 42-Jährige weiß ich heute, dass es dort draußen jede Menge Männer gibt, die nach der großen Liebe suchen, sich fest binden, heiraten und Kinder haben wollen. Aber sie werden übersehen von den Frauen zwischen 25 und 35, weil die alles haben wollen.«

Jemand, der mir Vernunft beibringt

Rachel Greenwald hatte recht – ich musste meine Partnersuche anders angehen. Doch selbst wenn ich versuchte, mehr auf die inneren Werte zu achten, ein Problem blieb: Ich lernte überhaupt keine Männer kennen!

Ich überlegte, mich an eine Ehevermittlung zu wenden.

Ein radikaler Schritt, wie ich fand. Als ich noch jünger war, wäre ich nie auf so eine Idee gekommen. Einen Mann finde ich auch alleine, davon war ich stets überzeugt gewesen – er saß vielleicht zufällig neben mir im Flieger, stand in der Reinigung hinter mir, arbeitete im gleichen Büro, war auf der gleichen Party oder hatte das gleiche Stammcafé.

Heute scheint mir das lachhaft, wenn ich mir überlege, wie unwahrscheinlich ein solches Szenario ist. Andere wichtige Momente unseres Lebens überlassen wir schließlich auch nicht dem puren Zufall. Wenn Sie einen neuen Job suchen, lungern Sie nicht einfach in den Foyers der Bürohäuser herum und hoffen, dass zufällig der Chef vorbeikommt und Sie anspricht. Wenn Sie ein Haus kaufen wollen, laufen Sie nicht aufs Geratewohl von Viertel zu Viertel und hoffen, irgendwo ein Haus zu entdecken, das zufällig zum Verkauf steht, Ihnen auf Anhieb gefällt und noch dazu die passende Anzahl Zimmer und Bäder hat. Das wäre wirklich ein seltener Zufall! Um ein Haus zu finden, beauftragen Sie einen Makler, der Ihnen die Häuser zeigt, die Ihren Vorstellungen entsprechen. Warum also nicht auch einen Ehevermittler beauftragen, um potenzielle Partnervorschläge zu bekommen?

Ich beschloss also, eine Ehevermittlerin zu bemühen. Ich wollte jemanden, der meiner Suche ein wenig auf die Sprünge half und mir etwas Vernunft beibrachte. Ich wollte jemanden, der mich bestärken und mir sagen würde »Du denkst vielleicht, er ist nicht dein Typ, aber vertrau mir, er ist es.« Ich wollte jemanden, der mich daran erinnerte, was wirklich wichtig ist, der mir half, mein Muster zu durchbrechen, damit ich nicht weiterhin aus irgendwelchen lapidaren Gründen sämtliche tolle Männer überging.

Also hängte ich mich ans Telefon und rief Wendy an, eine ortsansässige Heiratsvermittlerin, von der ich schon gehört hatte. Wir verabredeten uns für die folgende Woche. In einem Café, bei einem dampfenden Latte macchiato, schilderte ich ihr dann in Kürze meine bisherigen Beziehungsunfälle: Da gab es den Musiker, mit dem ich in meinen Zwanzigern zusammen war (süß, gescheit, kreativ, aber die Theorie, dass Gegensätze sich anziehen, schien bei uns nicht aufzugehen, als wir zusammenzogen); nach dem Musiker kam der Anwalt (süß, gescheit, lustig, erfolgreich, aber er begann so sehr zu klammern, dass es selbst meinen tolerantesten Freunden langsam unheimlich wurde); dann war da noch der Unternehmer (süß, lustig, erfolgreich, aber wahnsinnig unzuverlässig und selbstgefällig); dann der Fernsehdrehbuchschreiber, bei dem unsere Beziehung jedoch nicht im Hauptprogramm lief (süß, gescheit, lustig, kreativ, aber nicht an einer festen Beziehung mit mir interessiert); dann der charmante Investmentbanker, der mich auf einer Party anlachte, auf der er, wie ich später erfahren habe, eigentlich auf eine andere gewartet hatte (allein schon deshalb hätte er gleich die Rote Karte verdient); dann der Journalist, der ewig weit weg wohnte (süß, gescheit, lustig, kreativ, der netteste Typ auf diesem Planeten, nur konnten wir uns nicht einigen, wo wir wohnen wollten und wie wir uns das mit dem Familienleben vorstellten); dann der politische Berater, mit dem ich viele Interessen teilte und mit dem es fast jedes

Mal super war, außer wenn er mir etwas vorlog oder ihm seine Antidepressiva und Angstlöser ausgegangen waren (süß, gescheit, talentiert, leicht persönlichkeitsgestört, hatte was von Jekyll und Hyde); und dann war da noch der sexy Filmemacher, den ich bei Match.com kennengelernt hatte (süß, lustig, erfolgreich, aber als Papa kaum vorstellbar).

Anfangs schienen diese Typen allesamt gar nicht so übel, theoretisch zumindest, erzählte ich ihr. Aber offenbar hing ich in irgendeinem Muster fest und wählte immer die Falschen. Ob sich da noch etwas machen ließe?

Klar, Wendy war ganz sicher. Tatsächlich hatte sie sogar schon einen Mann für mich im Auge.

6.

3500 Dollar für die Liebe

Stolz bin ich nicht darauf, aber den ersten Mann, den Wendy mir vermittelte, hätte ich am liebsten gleich abserviert. Dabei hatte ich ihn noch gar nicht kennengelernt und noch nicht einmal ein Bild von ihm gesehen. Eigentlich klang das, was Wendy mir über ihn erzählt hatte, ganz so, als könnte er der Mann sein, nach dem ich suchte. Er war nur vier Jahre älter als ich (im Gegensatz zu den Kandidaten beim Speed-Dating). Er war schon einmal verheiratet (und wollte wieder heiraten). Vater war er auch (und liebte Kinder). Zudem war er hochgebildet (aber auf dem Boden geblieben). Er sammelte Erstausgaben von Büchern (und las sie auch). Finanziell war er abgesichert (und er liebte seine Arbeit).

Trotzdem. Als ich hörte, dass er a) vor einem Jahr ziemlich verzweifelt war wegen seiner Scheidung (womit mir eine ganze Reihe von Männern neuerdings in den Ohren lag), b) vier Kinder hatte (»Falls es mit uns etwas werden würde, hätte ich auf einen Schlag eine Familie mit fünf Kindern«, sagte ich zu Wendy. »Das hat nichts mit Familie zu tun, das ist das reinste Chaos!«), c) begeisterter Sportler war (für mich ein absoluter Abtörner) und d) in einer Stadt aufgewachsen war, die ich mit grölenden, Bierdosen werfenden Kerlen mit einem fürchterlichen Dialekt verband (während mein »Typ« geist- und niveauvoll war), wollte ich erst einmal sehen, was sie sonst noch für mich hatte.

Sie hörte sich meine Einwände zwar an, bat mich aber, es mir noch einmal zu überlegen. Dann vergingen ein paar Tage, während wir in E-Mail-Kontakt blieben. Auf meine Fragen nach Haaransatz, Statur und Sinn für Humor antwortete sie:»Haare, Figur, Humor – alles vorhanden.«

Wendy nahm kein Blatt vor den Mund. »Du kannst nicht jeden Mann in seine Einzelteile zerpflücken (zwei Kinder darf er gerne haben, aber nicht vier; er darf auch sportbegeistert sein, aber nicht sportbesessen).« Sie schrieb mir klipp und klar, dass ich mit meinem überanalytischen Geist »Gefahr laufe, jede mögliche Beziehung mit einem Mann schon im Vorfeld wegzuanalysieren«.

Ich vertraute Wendy. Sie war keine von der Sorte abgekochter Gebrauchtwagenhändler, nur darauf aus, mir das Geld aus der Tasche zu ziehen und mir ein Angebot zu machen, das für sie wenig Zeit und Mühe bedeutete. Ihre Partnervermittlung war auch kein unpersönliches Unternehmen, das jedem gleich eine Mitgliedschaft andrehte, anstatt die Kundenkartei nach einem passenden Kandidaten durchzugehen.

Sie war eine durchaus attraktive, moderne, glücklich verheiratete Frau Mitte dreißig und eigentlich nur durch Zufall zu ihrem Job als private Partnervermittlerin gekommen. Werbung hatte sie nie gemacht. Ihre Kunden kamen ausschließlich über Mundpropaganda zu ihr. In den letzten Jahren hatte sie sechs Ehen gestiftet, ein weiteres Paar hatte sich gerade verlobt, und nun war sie überzeugt, dass dieser Typ und ich einander bestimmt mögen würden.

Ich willigte schließlich ein, ihn zu treffen.

»Heb deine Vorzüge hervor«, schrieb sie und schickte mir seinen Namen, damit ich wusste, wen ich am Telefon hatte, wenn er mich anrief.

Spätestens jetzt merkte ich, wie weit es mit mir schon gekommen war: Ich war enttäuscht von seinem *Namen*! Ich weiß, es klingt völlig verrückt, aber es war ein unmöglicher Name, ein Name, den man einer trotteligen Nebenfigur im Film gibt, ein Name, mit dem ein Kind auf dem Schulhof gestraft wäre. Er erinnerte mich an jene Szene im Film *Harry und Sally*, als Sally felsenfest behauptet, sie hätte schon haufenweise heißen Sex mit einem Typen namens Sheldon gehabt und Harry dann sagt: »Shel…, Sheldon? Nein, du hattest nie heißen Sex mit Sheldon. So ein Sheldon hilft dir bei der Einkommenssteuer. Wenn du Karies hast, ist Sheldon dein Mann. Aber kräftiges Auf und Ab ist nicht seine Stärke. Das liegt irgendwie am Namen. Gib's mir, Sheldon … Mach mich fertig, Sheldon … Das klingt irgendwie nicht.«

So viel zum Thema Unvoreingenommenheit. Ich hatte nicht nur die Herkunft dieses Mannes haarklein analysiert, jetzt beurteilte ich sogar etwas so Unerhebliches wie seinen Namen. Schlimmer noch: Ich gab diesen belämmerten Namen bei Google ein, fand ein Foto von ihm im Netz und dachte: »Hm, ganz schön dickes Gesicht!«

Fassen wir noch einmal zusammen: Der Mann, den ich hier »Sheldon« nennen will, klang eigentlich sehr interessant: intelligent, lustig, kultiviert, nett, kinderlieb, an einer ernsthaften Beziehung interessiert – doch ich hatte nichts Besseres zu tun, als seinen Namen zu analysieren und darüber zu sinnieren, ob er nicht zwanzig Pfund abspecken sollte. Zum Glück kam ich wieder zur Vernunft und sagte auch Wendy nichts davon. Gegen Abend dann, kurz bevor ich schlafen ging, begriff ich, dass er das vielversprechendste Date seit langem war, und ich war richtig aufgeregt, ihn kennenzulernen. Ungeduldig wartete ich auf seinen Anruf, der am folgenden Tag auch prompt kam – als ich nicht zu Hause war. Er hinterließ aber eine nette Nachricht auf meinem Anrufbeantworter. Und so rief ich ihn zurück und hinterließ ihm ebenfalls eine Nachricht. Dann kam das Wochenende und ich hörte nichts mehr von ihm.

Am Dienstag darauf hatte Wendy eine schlechte Nachricht für mich. Sheldon habe sie am Montagabend angerufen. Er sei während der sechs Tage, in denen ich mich nicht zu einem Date hatte entschließen können, ein paarmal mit einer anderen ausgegangen. Übers Wochenende habe es dann gefunkt, und sie seien sich nähergekommen. Nun wolle er erst mal abwarten, wie sich seine junge Beziehung entwickeln würde, bevor er jemand Neues anrief. Sheldon war also vom Markt.

Na großartig!

Als ich meinen Freundinnen von dieser Geschichte erzählte, reagierten die eher gelassen. »Jetzt warte mal ab, er hat diese Frau doch gerade erst kennengelernt«, sagte eine. »Da kann er sich locker noch mit dir treffen, warum denn nicht?«

»So eine idiotische Dating-Strategie«, sagte eine andere. »Da kennt er sie gerade mal eine Woche. Wie will er da wissen, ob du ihm nicht viel besser gefallen würdest?«

Ich versuchte, mich von den Kommentaren meiner Freundinnen aufbauen zu lassen. Aber sie bewirkten nur, dass ich Sheldon noch toller fand: Der Gedanke, dass er etwas »Besseres« kriegen könnte, schien ihm gar nicht zu kommen. Er hatte auch keine Dating-Strategie. Er war ein Mann mit Anstand und Moral, er hüpfte nicht mit einer ins Bett und verabredete sich anschließend gleich für das nächste Blind Date. Sheldon war ein Mann mit Vernunft. Und die Frau, die jetzt mit ihm ausging, hatte sich vermutlich nicht so angestellt wie ich, sein ganzes Leben bis ins kleinste Detail zerpflückt oder sich zwanghaft überlegt, ob er sportbesessen war, ein paar Pfund abspecken sollte, einen dämlichen Namen oder zu viele Kinder hatte.

Nein, das machen nur Frauen wie ich – die Dauer-Singles sozusagen. Mit Beziehungen ist es so wie mit diesem Spiel »Reise nach Jerusalem« – wenn man zu lange wartet, bis man sich setzt, sind am Ende alle Plätze weg.

Ungefähr das war mir gerade passiert. Wendy versuchte gleich, einen neuen Partner für mich zu finden. Aber eine 41-jährige Single-Frau und alleinerziehende Mutter ist nicht so leicht vermittelbar. Wochen vergingen, während sie erste Versuche unternahm, mich mit einem klugen, lustigen und attraktiven Staatsanwalt zu verkuppeln, der geschieden war und kinderlos. Doch je öfter sie mit ihm sprach, desto klarer wurde ihr, dass er nicht flexibel genug war, um seine Dates mit dem Terminplan eines Kindes abzustimmen; er hatte schlicht keine Ahnung vom Alltag einer alleinerziehenden Mutter.

Wendy suchte weiter. Aber in ihrem kleinen privaten Netzwerk fand sich einfach kein Geschiedener mit Kind in den Vierzigern, der frei und zufällig auch noch interessiert gewesen wäre. Sie würde ihre Suche ausweiten müssen.

Wenn ich heute daran zurückdenke, dann möchte ich gerne glauben, dass meine anfängliche Pingeligkeit bei Sheldon damit zu tun hatte, dass ich für zwei Dates 500 Dollar hinblättern musste, und bei der stolzen Summe von 250 Dollar pro Date erwartete man verständlicherweise auch die bestmöglichen Dates. Aber was heißt das schon – *bestmöglich*. Ob die Chemie zwischen mir und Sheldon am Ende gestimmt hätte, das hätte auch Wendy im Voraus nicht sagen können. Objektiv betrachtet wäre es aber gut möglich gewesen.

Wenn ich ganz ehrlich bin, dann denke ich, dass mein spontaner Widerwille, mich mit Sheldon zu treffen, mit etwas ganz anderem zu tun hatte; mit etwas, das ich mir bis dahin selbst nicht eingestanden hatte: Ich kam mit der Tatsache nicht klar, dass ich in meinem Alter immer noch Single und nie verheiratet gewesen war. Etwas in mir sträubte sich dagegen, sich von der Vorstellung zu verabschieden, eines Tages vielleicht doch noch für jemanden die Auserwählte zu sein, die einzig wahre große Liebe, und in den exklusiven Genuss einer eigenen kleinen Familie zu kommen.

Ich wollte eine normale, unkomplizierte Beziehung, ohne vertrackte Umgangsregelungen für irgendwelche Scheidungskinder, ohne das ewige Hickhack, wohin der Urlaub gehen soll und ohne ewige Streitereien mit irgendeiner Exfrau. Aber welcher altersgerechte Single-Mann ohne Kinder und ohne Exfrau würde sich eine Frau aufhalsen wollen, die zu alt war, um mit ihm eigene Kinder zu bekommen und deren Zeit und Energie hauptsächlich von einem kleinen Kind beansprucht wurde? Es sah ganz danach aus, als hätte ich bei geschiedenen Männern mit Kindern die aussichtsreichsten Chancen und müsste das nicht nur akzeptieren, sondern auch noch zu schätzen wissen.

Als ich früher den einen oder anderen netten Typen übergangen habe, wäre mir nie in den Sinn gekommen, wie teuer (im buchstäblichen Sinn) einen die Partnersuche im mittleren Alter zu stehen kommen kann – wenn man sich begnügen muss mit einem viel kleineren Pool an freien Männern; mit einem viel kleineren Pool an freien Männern, die einen interessieren; mit einem viel kleineren Pool an freien Männern, die sich zudem für eine gleichaltrige Partnerin interessieren mitsamt dem logistischen Ballast, den wir alle mit uns herumschleppen, je älter wir werden. Langsam dämmerte es mir. Doch erst als mir eine andere

Frau meine Chance bei Sheldon vor der Nase weggeschnappt hatte und ich alleine dastand, begann ich wirklich zu begreifen, wie begrenzt meine Möglichkeiten tatsächlich waren.

Selbst Wendy, die private Partnervermittlerin, konnte mir kein neues Date vermitteln.

Tu, was ich dir sage, und nicht, was ich selbst tue!

Während Wendy weiter für mich Ausschau hielt, musste ich einen Weg finden, um Männer kennenzulernen. Nur wie? Gut, Wendy oder andere private Ehevermittler bieten zwar persönliche Ratschläge und Vorschläge, die das Online-Dating nicht bieten kann, am Ende aber kam es darauf an, wie klein oder groß das persönliche Netzwerk des Vermittlers war. Wäre mir von vornherein klar gewesen, was *klein* hier genau bedeutete, dann hätte ich begriffen, dass es nur zwei Möglichkeiten gab: nämlich Sheldon oder gar kein Date. Natürlich hätte ich mich unter diesen Voraussetzungen mit Sheldon verabredet (allen Bedenken zum Trotz). Stattdessen hatte ich mich festgefahren in dieser Online-Mentalität – gab es an einem Typen etwas auszusetzen, stand eine scheinbar endlose Auswahl neuer abrufbarer Dating-Kandidaten bereit. Vielleicht sollte ich es über eine kommerzielle Partneragentur versuchen. Ja, das schien der goldene Mittelweg: mehr Vorschläge als bei der privaten Ehevermittlung, aber trotzdem gezieltere Hilfe als im unüberschaubaren Netz.

Ich nahm das Telefonbuch zur Hand und suchte nach entsprechenden Agenturen. Ein paar schienen sich darauf spezialisiert zu haben, reiche Männer mit schönen Frauen zu verkuppeln (eine nannte sich tatsächlich »Agentur für schöne Frauen und erfolgreiche Männer« – ganz schön werbewirksam, denn wer will nicht schön und erfolgreich sein?). Die schieden von vornherein aus, ebenso wie die, die mir zu groß und unpersönlich vorkamen und im ganzen Land vertreten waren. Am Ende entschied ich mich für Make Me A Match, eine kleinere Agentur, die von zwei Schwestern geführt wurde. Ich klickte auf die Website, füllte ein kurzes Formular aus – Name, Telefonnummer, Geschlecht, wie ich auf sie aufmerksam wurde – und wartete auf Rückmeldung.

Wenige Stunden später bekam ich einen Anruf von einer der beiden Schwestern, Kathy Moore. Sie begann das Gespräch zunächst mit ein paar Informationen über ihre Agentur: Erfolgsbilanz 550 Ehen, persönliche Betreuung, langjährige Erfahrung und kompetente Partnerberatung. Sie klang klar und professionell. Dann lenkte sie das Gespräch auf mich.

»Erzählen Sie mir von sich«, sagte sie.

Journalistin, 41, nie verheiratet, alleinerziehend ...

Sie unterbrach mich. »Wie haben Sie das gemacht? Samenbank?«

Ich stockte. Die Frage schien mir ein bisschen zu indiskret dafür, dass ich sie gerade mal seit drei Minuten am Telefon hatte. »Äh, ja«, sagte ich.

»Schön für Sie!«, erwiderte Moore. »Das hätte *ich* auch machen sollen.«

Wie bitte?

Wie sich herausstellte, war sie selbst Single, 45, und hätte gerne Kinder bekommen, als sie noch im fruchtbaren Alter war. Ich hakte nach. Wie konnte das sein? Wie konnte sie Hunderten von

Frauen den passenden Mann vermitteln, für sich selbst aber keinen finden?

»Man muss nicht krank sein, um ein guter Arzt zu sein«, sagte sie, aber diese Erklärung ließ ich nicht gelten, außerdem hinkte die Metapher: Moore war keine gesunde Ärztin, die kranke Patienten heilte. Sie glich eher einer kranken Ärztin, die es nicht einmal schaffte, sich selbst von der Krankheit zu heilen, für die sie sich als Spezialistin ausgab: Single-*itis*. Das ergab hinten und vorne keinen Sinn. Doch als ich sie darauf ansprach, meinte sie nur: »Nun, ich selbst habe ja keine Rendezvous mit meinen Kunden.«

Aber wieso probierte sie es nicht über das Internet oder beauftragte eine andere Agentur, jemanden für sie zu finden?

Sie schien auf alles eine Antwort zu haben. »Man kennt mich eben«, sagte sie, was wohl bedeuten sollte, dass jeder wusste, womit sie ihr Geld verdiente. »Die Männer tun sich eher schwer, mit mir auszugehen.«

Die ganze Situation schien ein bisschen verquer: Sollte ich dieses einsame Herz bitten, mir einen Mann zu suchen, obwohl sie für sich selbst keinen finden konnte? Gleichzeitig begriff ich, dass wir selbst nicht immer die geeignetste Person sind, um einen Partner für uns zu finden; manchmal brauchen wir den Blick von außen, um unsere Vorstellungen und Fantasien zurechtzurücken.

Ich fragte sie nach den Männern in ihrem Kundenbestand. Was waren das für Männer, die sich bei ihr meldeten? Sie habe mehr weibliche als männliche Kundschaft, räumte sie ein, sei aber dennoch zuversichtlich, einen Mann für mich zu finden. Sollte das wider Erwarten nicht klappen, fuhr sie fort, würde sie andere Agenturen einbeziehen und auch einschlägige Internetseiten durchforsten. Sollte sie dort auf einen interessanten potenziellen Kunden stoßen, würde sie sich persönlich mit ihm treffen, um sich ein Bild zu machen, ob er wirklich passen könnte. Die Idee gefiel mir: Sie nahm mir die Arbeit ab, das Netz zu durchforsten und erledigte die Vorauswahl für mich, sodass mir unnötige Reinfälle erspart bleiben würden.

Der nächste Schritt bestand nun darin, mich persönlich bei *Make Me a Match* vorzustellen, damit Kathy Moore und ihre Schwester sich einen Eindruck machen konnten, welche Männer am besten zu mir passen würden. Das klang einleuchtend und schien einen Versuch wert, bis Moore dann die Bombe platzen ließ, als ich mich nach den Preisen erkundigte. Sie lenkte prompt ab – Einzelheiten würden wir dann vor Ort klären, sagte sie. Doch ich ließ nicht locker. Nachdem sie meiner Frage zuerst immer wieder ausgewichen war, rückte sie schließlich heraus: Sechs garantierte Dates binnen Jahresfrist für 3500 Dollar. Ich griff rasch nach dem Taschenrechner: 583 Dollar pro Date! Dabei hatte die Webseite den Eindruck vermittelt, die Agentur ziele auf ganz normale Kunden, nicht auf Superreiche. 583 Dollar waren ein stolzer Preis für ein einziges Date – und der Jahresbeitrag für sechs Dates war im Voraus zu entrichten!

»Ein Preisschock, ich weiß«, sagte Moore. »Aber Sie bekommen auch etwas dafür. Sie dürfen ein persönliches Beratungsgespräch von mindestens drei Stunden erwarten und ein erstes Date unmittelbar danach. Nach jedem Date gibt es eine detaillierte Nachbesprechung. Kann sein, dass es gleich beim ersten Date klappt, kann aber auch sein, dass es ein wenig dauert und wir die Suche verfeinern müssen. Sie bezahlen für die persönliche Betreuung.« Ich sei zwar interessiert, sagte ich, aber ich könne es mir schlicht nicht leisten.

»Wie wäre es mit drei Dates für tausend Dollar?«, fragte ich geradeheraus, ohne jede Ahnung, ob Ehevermittler überhaupt mit sich feilschen ließen.

»Das lohnt sich für uns nicht«, sagte sie. »Da wäre der Aufwand zu groß.« Ich merkte ihr an, dass sie das Gespräch nun beenden wollte. Im Hintergrund hörte ich ständig ihr Telefon klingeln und konnte mir gut vorstellen, dass es ihr an zahlungswilliger, weiblicher Kundschaft bestimmt nicht mangelte.

»Wissen Sie, was ich Leuten wie Ihnen empfehle?«, sagte sie in einem Tonfall, der mir den Eindruck machte, als spräche sie öfter mit »Leuten wie mir«. »Probieren Sie es mal im Internet.« Das hätte ich bereits versucht, sagte ich ihr, auch meinen letzten Freund hätte ich übers Internet kennengelernt, würde nun aber gerne die professionelle Hilfe einer Agentur in Anspruch nehmen. Mein letzter Freund war klug, sexy und lustig. Doch als Ehemann und Vater komplett ungeeignet. Ich traute mir nicht mehr zu, im Internet selbst nach Männern zu suchen. Ich brauchte Hilfe.

»Also, Sie machen am besten Folgendes«, sagte Moore. »Sparen Sie Ihr Geld. Ich will mir nicht vorkommen müssen, als würde ich Ihnen das letzte Hemd ausziehen. Aber legen Sie was auf die hohe Kante. Verzichten Sie auf den nächsten Urlaub oder ein neues Paar Schuhe, und legen Sie etwas für Ihr Liebesleben zurück. Denn das sollte absolut Vorrang haben.«

Sie schien nicht verstanden zu haben, dass es nicht um die Wahl zwischen Urlaub (den ich seit der Geburt meines Kindes nicht mehr hatte), einem Paar Manolos (die ich noch nie besessen hatte) und meinem sogenannten Liebesleben ging. Es ging um die Realität, darum, was ein normaler Mensch sich leisten kann. Als ich ihr das klarzumachen versuchte, antwortete sie nur: »Wir nehmen nur finanziell gut situierte Kunden auf.« Ihre Definition von »finanziell gut situiert« schien eine andere zu sein als meine.

Ich hängte auf, enttäuschter und entmutigter denn je. Ich hatte den leisen Verdacht, dass sie mir mit dem Preis entgegengekommen wäre oder ganz darauf verzichtet hätte, wenn ich ein Mann gewesen wäre, nur um ihre Auswahl an Männern in ihrer Datenbank aufzustocken. Ich hingegen war kein lohnender Kosten-Nutzen-Posten für ihr Geschäft. Das erinnerte mich an das traditionelle System der Heiratsaussteuer, wo man eine Menge Geld haben musste, um seine Tochter an den Mann zu bringen. Sah so etwa das moderne Aussteuersystem aus: Eine Frau über 35 muss heute eine Menge Geld haben, um sich *selbst* an den Mann zu bringen?

Die traurige Wahrheit ist: Obwohl ich von einer Mitgliedschaft bei *Make Me a Match* fürs Erste absah, schloss ich die Möglichkeit nicht ganz aus. Ich dachte tatsächlich darüber nach, wie ich »mein Geld sparen« konnte. Und ich bin sicher, dass Kathy Moore sich über genau diese Wirkung ihrer Worte bewusst war. Sie mag sich zwar nicht für jemanden halten, der verletzbare Singles ausnimmt, die bereit sind, alles auf sich zu nehmen, um einen passenden Partner zu finden. Aber ich schätze mal, dass eine Reihe von Frauen, die zu diesem ersten dreistündigen Kennenlerntermin in die Agentur kommen, zwar ebenso geschockt sind von dem hohen Preis, aber trotzdem erst wieder gehen, wenn sie einen Scheck ausgestellt und die Mitgliedschaft unterschrieben haben. Ich schätze auch, dass Frauen wie ich, die am Telefon zuerst ablehnen, am Ende doch noch kommen – sich Geld von ihren Eltern leihen oder die Kreditkarten bis zum Limit strapazieren –, weil ihnen eine Frage nicht mehr aus dem Kopf geht: Was könnte es mich am Ende kosten?

Nach einer Woche, einem Monat oder einem Jahr fruchtloser Dates oder – bestenfalls – nach einer gescheiterten Beziehung, dämmert es ihnen dann vielleicht, dass das, was Kathy Moore verkauft, nicht unbezahlbar, sonder unschätzbar ist: die Hoffnung, nicht allein alt zu werden.

Partnervermittlung aus erster Hand

Lisa Clampitt ist Mitinhaberin des Matchmaking Institute, einer Partneragentur in New York, dem einzigen Institut im Land, das Partnervermittler ausbildet und zertifiziert. Ich rief sie an und wollte wissen, woran es liegt, dass die Dienstleistungen dieser Branche so teuer sind. Was hat ein Partnervermittler einem Hilfe suchenden Single in Sachen erfüllter Liebesbeziehung an Wissen voraus?

Wie ich erfuhr, hatte Lisa Clampitt nicht immer als Partnervermittlerin gearbeitet – sie war zuvor Sozialarbeiterin in der Kinderschutzeinrichtung am Bellevue Hospital gewesen. Sie arbeitete gerne mit Menschen, aber nach 13 Jahren mit Traumapatienten, war sie ausgebrannt. In der Zwischenzeit hatte sie immer wieder einmal erfolgreich Freunde verkuppelt. Eines Tages dann las sie in der Zeitung einen Artikel über Partneragenturen, was ihr letztlich den Anstoß gab, umzusatteln und als professionelle Partnervermittlerin zu arbeiten. Darauf wäre sie selbst gar nicht gekommen, sie hatte nicht einmal gewusst, dass es in der heutigen Zeit so etwas gab – aber die Idee gefiel ihr, zumal sie ihr die Möglichkeit bot, sich auch einmal »den schönen Seiten der Sozialarbeit zuzuwenden«.

Will man ein »zertifizierter Partnervermittler« werden, erklärte sie mir, müsse man Folgendes tun: Man kauft auf ihrer Webseite eine Mappe mit Lernmaterial für das Studium zu Hause; die Mappe enthält alles Wissenswerte über die Branche und informiert darüber, wie man auf Kunden zugeht, ein Kundengespräch führt, die Kunden auf ein Date vorbereitet, wie man eine eigene Agentur auf die Beine stellt oder rechtmäßige Verträge schließt. Danach absolviert man online eine Prüfung. Hat man sie bestanden, wird man zum Zertifizierungstraining eingeladen oder leistet wahlweise sechs Probeberatungen per Telefon ab. Anschließend reicht man ein Unternehmenskonzept ein und – voilà – Glückwunsch zum zertifizierten Partnervermittler!

Und dafür, fragte ich sie, bezahlen Kunden 3500 Dollar? Woher will eine wildfremde Person, die ein eintägiges Seminar absolviert hat, wissen, mit wem es bei mir funken würde?

Nun, die Partnervermittlung sei schließlich keine hoch komplizierte Wissenschaft, meinte Clampitt.

»Hollywood stellt es nur so dar, als sei es das Schwierigste von der Welt, einen Partner zu finden«, sagte sie. »Aber das eigentlich Schwierige ist die Beziehung an sich, der Beziehungsalltag. Gerade heute Morgen wieder hatte ich mit meinem Mann eine kleine Auseinandersetzung, bevor er zur Arbeit ging.«

Ihrer Meinung nach machten es sich Single-Frauen unnötig schwer und waren ängstlicher als nötig. Klar, Schönheit sei ein Punkt, der allen Frauen wichtig ist, sagte sie. Aber sie hielten sich viel zu sehr mit dem Äußeren auf, obwohl das größte Problem doch ganz woanders liege, nämlich darin, dass Frauen in jungen Jahren nicht realistisch genug sind – und im fortgeschrittenen Alter *noch viel* unrealistischer werden.

»Viele Frauen kommen zu mir, wenn sie plötzlich merken, dass sie die Sache irgendwie anders angehen müssen, weil sie 37 und noch immer Single sind«, erklärte sie. »Sie erzählen mir, was für einen Mann sie wollen, und sie glauben, so einen Mann auch zu bekommen – schließlich bezahlen sie ja dafür. Aber das ist nicht die Realität.«

Guter Deal, den nehme ich

Lisa Clampitt, selbst Mitte vierzig, wusste dies aus erster Hand zu berichten. Ihren eigenen Mann hätte sie gar nicht kennengelernt, wenn sie nicht realistisch gewesen wäre. »Ich denke, mein Mann ist wunderbar, aber beim ersten Date bin ich nicht gerade ins Schwitzen gekommen vor Aufregung. Er war supernett, beziehungsorientiert und hatte einen Job als Professor. Aus Geld mache ich mir nicht so viel, Intelligenz ist mir wichtiger. Insofern dachte ich, guter Deal, den nehme ich.«

»Deal« – ein Wort, das Clampitt häufig verwendete und das etwas seltsam scheinen mag, um den eigenen Gatten zu beschreiben. Doch ihrer Ansicht nach ging es bei der Wahl des Lebenspartners darum, welches Gesamtpaket – welcher Deal – am besten zum eigenen Lebensentwurf passte.

»Jeder hat seine Vor- und Nachteile«, sagte sie – eine Lektion, die sie in ihren zwei grundverschiedenen Ehen gelernt hatte.

Ehe Nummer eins war die klassische Variante: Sie und ihr Mann hatten sich über Freunde kennengelernt, als sie in ihren Zwanzigern waren. Beide hatten ihr Studium bereits hinter sich. Sie fand ihn attraktiv, solide, ein schlauer Kerl, der in der Finanzbranche arbeitete. Doch er hatte keinen »Pep«, war kein »aufgeweckter« Typ, wie sie meinte.

Nach zwei Jahren Ehe hat sie ihn verlassen.

Ob diese Entscheidung richtig war? Sich von so einem großartigen Mann scheiden zu lassen, nur weil ihm ein bisschen Pep fehlte, den sie bei einem anderen finden mochte oder auch nicht? Eine müßige Frage.

»Ich glaube, wenn ich damals reifer gewesen wäre, hätte es funktionieren können«, sagte sie. »Eine Familie zu gründen, stand damals nicht ganz oben auf meiner Liste, aber im Nachhinein denke ich, dass er einen wunderbaren Vater abgegeben hätte, und die Großfamilie, aus der er kam, war einfach toll. Ich hatte keine Ahnung, wie wichtig gegenseitiger Respekt war, stattdessen hielt ich ihm vor, wie langweilig er sei. Dabei gibt es doch nichts Schöneres, als einen treuen Partner an der Seite zu haben, meinen Sie nicht? Es ist doch wunderbar, einen guten Vater für die Kinder zu haben. Klar, wir hätten uns auch ohne prima gemeinsam amüsieren können. Aber nicht einmal das habe ich versucht! Ich war so darauf fokussiert, was es da draußen noch Besseres geben könnte. So passiert das eben, wenn man jung ist und keine Lebenserfahrung hat.«

So passiere das auch den Frauen, die mit Ende dreißig zu ihr kommen, sagte sie. Auch sie ließen Männer sausen, ohne ihnen eine faire Chance zu geben.

Doch wie es schien, hatte Clampitts Geschichte einen glücklichen Ausgang gefunden – mit 39 lernte sie Mann Nummer zwei kennen, einen »aufgeweckten« Typen mit »Pep«, und heiratete ihn. Aber es war ein zweischneidiges Schwert, das Kompromisse forderte, zu denen sie in ihrer ersten Ehe nicht bereit gewesen wäre. Inzwischen musste sie sich langsam von der Hoffnung verabschieden, jemals eigene Kinder zu haben. Sie und ihr Mann probierten es seit Jahren, auch mit teuren Fruchtbarkeitsbehandlungen, vergeblich – zehn Jahre früher wäre das noch gar kein Thema gewesen. Sie überlegten nun, einen kleinen Jungen zu adoptieren. Auch finanziell sah es in Ehe zwei anders aus – klar, ein Mann in der Finanzbranche verdiente mehr als ein Professor. Und dass Ehemann Nummer zwei »Pep« hat, ist die meiste Zeit super, nur manchmal … nun ja.

»Mein Mann ist ein echter Chaot«, sagte sie. »Aber das liebe ich ja gerade an ihm. Ich muss ihn nur zu nehmen wissen, falls er mal wieder ein bisschen zu chaotisch ist – wenn wir zum Beispiel gemeinsam etwas planen wollen, oder wenn er vergisst, eine Rechnung zu bezahlen und ich ständig hinterher sein muss. Das wäre mir in meiner ersten Ehe nicht passiert.«

Nein, sie wolle sich nicht über ihren Mann beklagen, sagte sie, sie wolle lediglich zeigen, dass es den perfekten Mann nicht gibt. »Es gibt viele Männer, mit denen es funktionieren kann, das muss man nur begreifen, wenn man nicht solo enden und sich sein Lebtag grämen will, ob man noch einen findet oder nicht. Natürlich kann man im Nachhinein alles Mögliche anzweifeln und bewerten. Ich zum Beispiel bin die ganze Zeit von gut betuchten Männern umgeben und könnte mir in einem fort sagen ›Oh, das könnte ich auch haben!‹ Aber ähnlich könnte mein Mann auch von anderen Frauen denken. Beiden Partnern muss klar sein, dass sie im Grunde genommen gar nicht so schlecht weggekommen sind. Wenn es langfristig klappen soll, dann zählen Respekt, gemeinsame Werte und Ziele, und nicht das ständige Herumreiten auf den Fehlern und Mängeln des anderen.«

Affäre Leitungswasser

Als Partnervermittlerin konnte sie ein Lied davon singen. »Einmal machte ich eine Frau mit dem nettesten Typen überhaupt bekannt. Die beiden gingen zusammen aus, und er bestellte nicht etwa Mineralwasser, nein, er sagte, Leitungswasser tue es auch«, erzählte Lisa. »Die Frau schilderte mir, wie sie das Date erlebt hatte. ›Er hat Leitungswasser bestellt. Er kam mit der U-Bahn zum Date. Nicht einmal danach hat er ein Taxi genommen. Echt knauserig.‹ Tatsächlich war er groß und stattlich, gut aussehend und wohlhabend, und so sagte ich zu ihr ›Er mag sich nichts aus Mineralwasser oder Taxis machen, aber wenn Ihnen das so wichtig ist, dann versteht er das vielleicht. Sie könnten zusammen einen Haushaltsplan erstellen. Solche Dinge lassen sich besprechen, falls es am Ende mit Ihnen beiden klappen sollte. Gehen Sie wenigstens noch einmal mit ihm aus‹. Aber sie war bereits vergrault und ihr Interesse dahin.«

Ich würde Mister Leitungswasser sehr gerne kennenlernen, sagte ich, aber Clampitt hatte ihn bereits anderweitig vermittelt, und es hatte sogar gefunkt. Die Frau hingegen, die ihn für knauserig gehalten hatte, war noch immer solo.

Clampitt hatte folgende Strategie: »Punkt eins, ich sehe mir an, ob die beiden Menschen gemeinsame Beziehungsziele haben. Punkt zwei, ich sehe mir an, welche Werte ihnen wichtig sind – Unabhängigkeit, Familie, Religion, Treue. Punkt drei, ich überlege, nach welchen Haupteigenschaften der Partner ausgesucht werden soll. Punkt vier, ich suche nach gemeinsamen Interessen. Die Interessen sind wichtig, denn sie wirken stabilisierend, stimulierend, und es macht zudem Spaß, sie zu teilen, aber die anderen Punkte sind auf lange Sicht viel wichtiger. Die gemeinsamen Interessen kommen bei mir daher immer zum Schluss.«

Ich erzählte Clampitt, dass bei mir die gemeinsamen Interessen fast immer an erster Stelle kommen. Nicht rigoros natürlich, aber wenn ich einen Mann von Anfang an anziehend finde, dann aufgrund gemeinsamer Interessen.

»Und wie ist das auf Dauer gelaufen?«, fragte Clampitt trocken.

Ich überlegte, wie es wohl wäre, einen Mann zu heiraten, der klug war, lustig, treu, reif, familienorientiert – der aber komplett andere Interessen hätte als ich.

Was, wenn er, sagen wir mal, auf Videospiele abfahren würde oder auf Oldtimer, ich aber mehr Spaß an Literatur und Wandern habe. Was, wenn wir überhaupt keine gemeinsamen Interessen hätten? Andererseits haben viele meiner besten Freunde völlig andere Hobbys als ich, sie mögen nicht die gleichen Filme oder Bücher, aber trotzdem geht uns nie der Gesprächsstoff aus. Wenn ich also meine besten Freunde nicht danach aussuche, ob wir gemeinsame Interessen haben, warum sollte ich es dann bei der Wahl meines Ehepartners tun?

»Zwei intelligente, humorvolle Menschen, die einen ähnlichen Hintergrund und ähnliche Vorstellungen haben, stellen oft fest, dass sie auch ein paar ähnliche Interessen haben«, sagte Clampitt. »Und wenn sich beide einig sind, dass sie heiraten und Kinder haben wollen, dann dürften Videospiele oder Wandern kein großes Problem sein.«

Mit einem Mal kapierte ich, dass ich die beiden wichtigsten (und elementarsten) Interessen, die mein zukünftiger Gatte mit mir teilen müsste, völlig übersehen hatte – nämlich Familie und Kinder. Klar, das waren zwei wichtige Punkte, aber bislang war meine Wunschliste voll gewesen mit allen möglichen banalen und oberflächlichen Dingen, wie man sie in einem Facebook-Profil findet.

Ich wollte von Clampitt wissen, was für einen Typ Mann sie für mich auswählen würde. Was wäre realistisch? »Vielleicht nicht gerade den Allerschönsten«, sagte sie, eher jemanden, der kleiner und älter wäre als ich und schon Kinder hatte.

»Sie zu vermitteln, dürfte eine kleine Herausforderung sein«, sagte sie. »Aber vermittelbar sind Sie auf jeden Fall.«

Na, wenn das keine *realistische* Antwort war! In der Stille, die sich durch die Leitung zog, konnte Clampitt meine Enttäuschung wohl förmlich hören.

»Sehen Sie«, sagte sie. »Ich werde Ihnen jetzt das Gleiche sagen wie den jüngeren Frauen, die das nicht hören wollen: Wenn Sie so weitermachen wie bisher, was wird sich groß ändern? Heute sind Sie 30, morgen 45, und dann werden Sie sich wundern, wo die Zeit geblieben ist. Das wollen Sie doch nicht, oder? Sie wissen ja, leichter wird es nicht.«

Das wusste ich. Trotzdem tat ich mich schwer, mich an die Vorstellung von »kleiner, älter, mit Kind und nicht der Allerschönste« zu gewöhnen. Nicht, weil ich mich für wahnsinnig toll halte (auch ich bin kleiner, älter, habe ein Kind und bin auch nicht die Allerschönste), aber irgendwie haben wir es als Frau doch alle verinnerlicht, dass wir einen Supermann »verdient« hätten, egal wie durchschnittlich wir selbst sein mögen. Ob Sie einen Artikel auf einer frauenorientierten Dating-Seite im Internet oder in einer Frauenzeitschrift lesen, überall flüstert man uns das Gleiche ein – »Sie haben einen Mann verdient, der Geld hat«, »Sie haben einen Mann verdient, bei dem Sie an erster Stelle kommen«, »Sie haben einen Mann verdient, der Ihnen vor dem

Einschlafen die Füße massiert«. Und natürlich ist besagter Mann auch groß, rassig und gut aussehend.

Bekommen auch Männer derlei Ratschläge? Nach dem Motto »Sie haben ein Supermodel als Freundin verdient«, »Sie haben eine Frau verdient, die Sie jeden Tag oral verwöhnt«, »Sie haben eine Frau verdient, die sich jedes Fußballspiel mit Ihnen anguckt«. Wohl kaum.

Die Frauen jedoch scheinen solche partnerbezogenen Wünsche als ihr »verbrieftes Recht« zu betrachten. Und genau darum glaubte auch ich, dass ich etwas Besseres verdient hätte – auch wenn es an »kleiner, älter, mit Kind« an und für sich nichts auszusetzen gibt.

Der Anspruchsfaktor

»Die ist nicht ganz bei Trost, meiner Ansicht nach«, sagte Julie Ferman, Inhaberin der Agentur Cupid's Coach, eine der beliebtesten Partnervermittlungen in Los Angeles, über eine potenzielle Kundin, die am Vormittag bei ihr gewesen war. »Ich würde niemanden aufnehmen, der zu wählerisch ist.«

Ich wollte von Ferman wissen, wie es wirklich bestellt ist um Frauen wie mich, die sich nicht auf Anhieb mit Männern verabreden wollen, die nicht ihr Typ sind.

»Bei dieser Frau konnte ich reden, wie ich wollte, sie fand immer etwas Negatives«, fuhr Ferman fort. »Ich habe sie bereits mit etlichen Herren bekannt gemacht, aber beim einen passte ihr dies nicht, beim anderen jenes. Sie war, nun, sagen wir mal… uneinsichtig.«

Julie, die seit zwei Jahrzehnten verheiratet und als Partnervermittlerin tätig ist, beschreibt ihre Aufgabe geradeheraus: »Wir sind dafür da, den Leuten dabei zu helfen, sich mit ihren eigenen Ansprüchen nicht im Weg zu stehen.«

Wie Lisa Clampitt vom Matchmaking Institute, sagte auch Ferman, dass ihr Mann anfänglich gar nicht ihrer Vorstellung vom Traummann entsprochen habe. Nicht dass sie den nicht gesucht hätte, sagte sie. Aber nachdem sie auf die dreißig zuging, sich im Hotelgewerbe in St. Louis eine Karriere aufgebaut hatte und die Nase voll hatte von Blind Dates, sei sie schlicht ausgebrannt gewesen.

Schließlich meldete sie sich bei einer Partnervermittlung an, bei Great Expectations, und lernte den Mann kennen, der am Ende ihr Gatte und der Vater ihrer zwei Söhne wurde. Gil hieß ihr Partnervermittler – und der wurde ihr Mann! Klingt ein bisschen wie im Märchen, doch Ferman hat prompt eine ganz nüchterne Erklärung parat.

»Ich habe ein paar Kompromisse gemacht«, erzählte sie mir. »Er war 14 Jahre älter als ich und jüdischen Glaubens. Er hatte einen ungepflegten Bart, den ich grausig fand, und er trug Klamotten wie vom Wühltisch. Meine Mutter hat immer gesagt ›Wenn man einander respektiert und sich miteinander wohl fühlt, dann weiß man, dass man den Richtigen gefunden hat.‹ Ich habe nie auf sie gehört. Doch dann traf ich Gil und fand ihn zuerst ganz und gar nicht attraktiv. Aber als seine Kundin habe ich mich sehr wohl bei ihm gefühlt.«

So sehr, dass sie sich irgendwann fragte, warum er sie nicht einlud, mit ihm auszugehen. Eines Tages fasste sie sich ein Herz und fragte ihn, warum sie nicht auch sein Profil im Kundenbuch entdecken könne. »Ich lade meine Kundinnen nicht zum Rendezvous ein, das mache ich nicht«, sagte er. Und Ferman entgegnete: »Was, wenn eine Kundin Sie einladen würde?« Und so fing es an – mit ein paar Drinks und einer ausgedehnten, angeregten Plauderei in einer nahe gelegenen Bar.

Die zweite Verabredung lief nicht so gut. »Flach, nichtssagend«, meinte Ferman. »Und ich dachte, nein, er ist doch nicht der Richtige.« Trotzdem ging sie noch ein drittes Mal mit ihm aus, und »das war angenehm, aber es funkte nicht«. Das hätte es auch gewesen sein können. Doch dann ging Gil für eine Woche auf Reisen. Während dieser Zeit telefonierten sie jeden Abend miteinander und ihre Freundschaft wurde enger. Erst jetzt spürte Ferman Schmetterlinge im Bauch. Sie sagt, sie habe zum damaligen Zeitpunkt fünf Kriterien auf ihrer Wunschliste gehabt, die ein potenzieller Ehemann möglichst erfüllen sollte: Er sollte Familiensinn haben, Kinder wollen, Wert legen auf gegenseitigen Respekt und Rückhalt, Katholik sein und sie in ihrer persönlichen Entfaltung unterstützen.

Bei Kriterium vier und fünf ging sie Kompromisse ein. »Was die Religion anging, war ich bereit, Abstriche zu machen, und so haben wir unsere Kinder im jüdischen Glauben erzogen«, sagte sie. Da Gil nicht kreuz und quer mit ihr durchs Land reisen wollte von einem Selbsthilfeguru zum nächsten, war Ferman bereit, das Reisen auszusetzen und ihren Interessen vor Ort nachzugehen (sie machte Yoga und Meditation), um zeitlich alles besser unter einen Hut zu bekommen.

Aber wie sieht es mit der körperlichen Anziehung aus? Schließlich hatte Ferman nicht gerade ein sehr attraktives Bild von Gil gezeichnet, mit seinem ungepflegten Bart und den Klamotten wie vom Wühltisch. Sie sagte, sie hätte das spontane Funkenfeuer von ihrer Wunschliste gestrichen, als ihr klar wurde, dass sie sich, ein gewisses Maß an Attraktivität vorausgesetzt, früher oder später auch so verlieben könne.

»Diese schwierige Frau, die heute Morgen bei mir war«, sagte Ferman, »verliebt sich nur selten.« (Wahrscheinlich würde sie mich ebenfalls als »schwierig« einstufen, aus dem gleichen Grund.) Eine ihrer Kundinnen sei knapp 1,80 m groß, erzählte sie mir, für sie käme kein Mann infrage, der klein war, eine Glatze hatte oder Protestant war. Die meisten Männer, die sie ihr vermitteln wollte, habe sie ausgeschlagen, bis alle akzeptablen Kandidaten ausgeschöpft waren. Dann zog die Frau nach Washington, verliebte sich in einen Arbeitskollegen, der ein paar Zentimeter kleiner war, eine Glatze hatte und kein Protestant war. Sie heiratete ihn. Er war ganz und gar nicht das, was sie auf dem Papier gesucht hatte, aber er war das, was sie im realen Leben gesucht hatte.

Gesucht: Dreißigjährige Single-Frau

Wer zum ersten Mal in Fermans Partneragentur kommt (wo der Preis bei 2900 Dollar für drei Vermittlungen in drei Monaten beginnt und bis zu 15 000 Dollar hochgehen kann), den fragt Ferman in einem persönlichen Gespräch zunächst nach Lebenslauf, persönlichen Umständen und ein paar Fotos. Dann wählt sie fünf Kandidaten aus, von denen sie meint, dass sie am besten zu dem Kunden passen. Diese »maßgeschneiderte Auswahl« sei ihr ganz wichtig, wie sie eilends betont. Sie richte sich nach dem Persönlichkeitsprofil des Kunden, seinen Suchkriterien, danach, wer spontan für ein erstes Date verfügbar sei und – und das ist der entscheidende Faktor – bei wem der Kunde ihres Erachtens nach eine echte Chance haben könnte. Sie gestatte ihren Kunden auch, die Datenbank selbst nach potenziellen Partnern zu durchforsten, aber das Arrangieren eines Dates liefe ausschließlich über sie.

»Es kann sein, dass eine Kundin die Datenbank durchgeht und denkt ›Neil ist super, der gefällt mir‹«, sagte sie und bezog sich damit auf einen heiß begehrten Mann in ihrem Kundenbestand. »Aber ich wiederum weiß, was für eine Partnerin Neil sucht, und denke mir – na ja, dich jedenfalls nicht. Also bringe ich die beiden gar nicht erst zusammen.«

Neil, 44, sucht eine jüngere Frau, aber in Fermans Kundenbestand sind Frauen Anfang dreißig eher selten vertreten. Und wenn, dann haben nicht selten die Mütter ihre Töchter angemeldet. Beispielsweise gibt es eine 33-jährige Ärztin, die sämtliche Partnervorschläge, die Ferman ihr macht, immer wieder ausschlägt.

»Einmal hat sie gerade viel zu tun, ein andermal ist ihr der Mann nicht groß genug. Natürlich wollen auch Frauen um die dreißig einen passenden Partner finden, aber sie leisten es sich, überaus wählerisch zu sein, weil sie denken, dass es irgendwann und irgendwie schon klappen wird. Auch besagte Ärztin will heiraten und Kinder haben. Nur begreift sie noch nicht ganz, dass es langsam Zeit wird, damit anzufangen!«

Die meisten Frauen kommen zu Ferman, wenn sie fast vierzig sind; der Großteil ihrer Kunden ist zwischen vierzig und sechzig. »Frauen mit Mitte vierzig wissen genau, was sie wollen, denn sie haben alle so ihre Geschichte – entweder hatten sie viele wechselnde Beziehungen oder nur wenige Langzeitbeziehungen. Mich wundert das oft. Es scheint, als würden viele nur die schlechten

Eigenschaften an ihrem Partner sehen, weniger die guten.« Manchmal wünschte Ferman, die Frauen wären schon mit 29 zu ihr gekommen.

Sie rät allen Frauen, egal welchen Alters, den Männern Beachtung zu schenken, die sich bereits interessiert zeigen, anstatt sich ständig weiter nach dem attraktivsten Mann umzusehen. »Die Männer, die auf eine Frau reagieren, sind diejenigen, mit denen eine Beziehung wachsen kann«, sagte sie. »Doch oft sind es genau die, an denen wir Frauen vorbeigehen.«

Sie erzählte mir von einer anderen Kundin, die mit 38 einen Partner suchte, der groß und erfolgreich sein und möglichst noch Haare auf dem Kopf haben sollte. Doch alle Männer, die Ferman ihr präsentierte, waren ihr nicht gut genug. »Ich sagte zu ihr ›Hier habe ich einen großen, erfolgreichen Mann für Sie, nur das mit den Haaren kommt nicht ganz hin.‹« Das sei nur ein Beispiel von vielen, sagte Ferman.

»Manchmal müssen sie an den Punkt der Verzweiflung oder Wehmut kommen, ehe sie sich halbwegs flexibel zeigen«, sagte sie. »Heute Morgen rief mich eine Frau an. Sie ist 47 und genauso wählerisch und penibel wie die 37-Jährige, die ebenfalls heute bei mir war. Die Möglichkeiten werden für diese Frau deutlich zurückgehen, wenn sie erst fünfzig ist, genauso wie für die 37-Jährige, wenn sie vierzig ist. Das versuche ich, den Frauen klarzumachen. Begreifen sie es, haben sie eine weit bessere Chance, den Mann zu finden, den sie heiraten wollen. Wenn nicht, kann ich ihnen eigentlich kaum helfen.«

Wo andere Partnervermittler von »Romantik« und der »richtigen Chemie« sprechen, mag Ferman diese Worte eigentlich gar nicht. Für sie liegt die Romantik in der sich stetig entwickelnden Beziehung, so wie sie es in ihrer eigenen Ehe erlebt. Das Aufregendste an ihrer Ehe sei, den Partner immer wieder auf ganze neue und spannende Weise zu erfahren. »Auch wenn ein Mann oberflächlich besehen nicht sonderlich aufregend erscheinen mag, kann es mit ihm auf lange Sicht durchaus spannend bleiben: Er mag die Dinge auf interessante Weise ganz anders betrachten als man selbst; oder er bringt einen auch nach einem stressigen Arbeitstag noch zum Lachen; oder er bringt einen durch seine ganz eigene unübertroffene Art dazu, sich bestmöglich zu entfalten und weiterzukommen; vielleicht ist er auch ein wunderbarer Vater. Klingt nach einem echten Traummann, nicht wahr? Nur sieht er meist nicht so aus, wie Sie ihn sich in ihrer Fantasie ausmalen. Wenn Frauen zu mir kommen und sagen ›Ich will aber keine Abstriche machen‹, dann antworte ich ›Das verlange ich auch gar nicht. Ich möchte nur, dass Sie Ihre Fantasie spielen lassen‹.«

Nachhilfe in Sachen Liebe

Die folgenden Tage musste ich immer wieder daran denken, was Julie Ferman und Lisa Clampitt mir über ihre Ehepartner erzählt hatten. Ich glaube nicht, dass ich selbst sie in die engere Wahl ziehen würde, wenn ich sie als Partnervorschlag präsentiert bekäme. Aber beide machten ihre Frauen offenbar sehr glücklich. Was die beiden ihren Kundinnen zu vermitteln versuchen, ist recht simpel: Entweder man hält an starren Erwartungen fest und wird wohl kaum jemanden finden, der diese erfüllt, oder man verabschiedet sich von vorgefertigten Wunschbildern und findet die große Liebe. Insofern sollte man immer auch die Männer in

Betracht ziehen, die »zu viel« von diesem oder »zu wenig« von jenem haben.

Nach meinem Sheldon-Erlebnis hatte ich das Gefühl, dass ich mit einer Heiratsvermittlerin allein nicht weiterkam. Ich brauchte die Hilfe von Evan Marc Katz, einem bekannten Dating-Coach, der sich als »Nachhilfelehrer in Sachen Liebe« bezeichnete. Meine Lernkurve entwickelte sich steiler als ich gedacht hatte, und Evan würde mir sagen können, wie ich es aus männlicher Sicht richtig anstellen sollte. Außerdem war ich davon überzeugt, wenn es überhaupt einen gab, der mich aufs richtige Gleis setzen konnte, dann war es Evan.

7.
Was vs. Warum

Es war ein lauer Herbsttag, als Evan zum ersten Coaching-Termin zu mir nach Hause kam. Für meinen kleinen Sohn hatte ich eine Babysitterin organisiert, der bei Evans Anblick förmlich die Augen übergingen. Evan ist ausgesprochen gut aussehend, ein Bild von einem Mann. Sein gebräunter Körper steckte in Shorts und T-Shirt, und sein dichtes, welliges Haar wirkte feucht, so als käme er eben aus der Dusche. Mit 35 konnte er locker für zehn Jahre jünger durchgehen, und ich bin sicher, dass meine Babysitterin sich fragte, wie ich an einen so knackigen Burschen geraten war. Dabei stand Evans eigene Hochzeit kurz bevor, in zwei Monaten würde es so weit sein.

Und genau deshalb wollte ich seine Hilfe: Auch Evan war durch diese Schule gegangen, hatte lernen müssen, wie man realistisch bleibt, ohne zu verzagen. Nun würde er bald eine ganz entzückende Frau heiraten, eine, die so ganz anders war als all die Frauen, die er vor ihr hatte. Sie war hübsch, aber nicht umwerfend schön. Sie war 39 und sah auch so aus. Sie war nicht überaus perfekt, entwaffnete niemanden durch geistreiche Bemerkungen und stach auf Partys auch sonst nicht hervor. Sie war, objektiv betrachtet, eine ziemlich durchschnittliche Person. Doch Evan liebte sie abgöttisch.

Faszinierend, wie ich fand. Evan war ein langjähriger Freund von mir. Er stand in dem Ruf, ein überaus erfolgreicher, verständiger und realistischer Dating-Coach zu sein, wobei mich seine Berufswahl bislang eher amüsiert hatte. Für mich war Evan immer der klassische Schwerenöter gewesen, der jedes Mal, wenn ich ihn traf, eine andere Frau an seiner Seite hatte. *CNN* hatte ihn sogar einmal als »Serien-Dater« betitelt. Ich war ihm vor Kurzem zufällig bei einem Vortrag über den Weg gelaufen, und die Frau, die er mir vorstellte, war nicht mal wieder eine neue Flamme, nein, sie war seine Verlobte!

Sogar Evan, der notorische Junggeselle, dachte mittlerweile also ans Heiraten.

Kurz danach rief ich ihn an, um für die Woche darauf ein Treffen mit ihm zu verabreden, und sprach ihn auf seine Verlobte an. Es wäre wohl nie etwas mit ihnen beiden geworden, sagte er, wenn er ihr Profil auf einer Dating-Seite im Internet gesehen hätte. Von sich aus wäre er nie mit ihr in Kontakt getreten, und wenn sie die Initiative ergriffen und ihm eine erste Mail geschickt hätte, hätte er allenfalls eine nette »Nein Danke«-Nachricht zurückgesendet. Sie war nicht sein Typ. Zu alt, keine Intellektuelle, falsche Konfession.

»Aber die Frauen, auf die ich sonst immer angesprungen bin, waren auch nichts auf Dauer«, erklärte Evan. »Und mir wurde klar, dass ich nie die Richtige finden würde, wenn ich ewig so weitermache, auf einen Typ fixiert bleibe und an meinem Muster festhalte. Es ist verrückt, ständig das Gleiche zu tun, aber trotzdem ein anderes Ergebnis zu erwarten.«

Er hatte seine Verlobte also nicht online, sondern auf einer Party kennengelernt. Er war zunächst nicht an einer ernsten Beziehung interessiert, aber sie begannen sich öfter zu sehen. Je mehr Zeit sie miteinander verbrachten, desto mehr begann Evan sie zu mögen. Sie war eine herzliche, liebenswürdige, verständnisvolle und unkomplizierte Person. Sie fand sich nicht mit all seinen Launen ab, erwartete aber auch nicht, dass er der Märchenprinz auf dem weißen Pferd war. Sie war, wie Evan es ausdrückte, »nicht ständig dabei, mich zu ändern oder zu erziehen.« Sie war nicht fordernd oder anspruchsvoll wie seine letzte Freundin, der er noch ewig nachtrauerte, nachdem sie ihm den Laufpass gegeben hatte, obwohl sie ihn während der Beziehung, wie er es ausdrückte, »wie den letzten Dreck« behandelt hatte. Evan und seine Verlobte schafften es, Kompromisse einzugehen und ihre Differenzen zu klären. Sie hatten gemeinsame Zukunftsziele und eine Menge Spaß zusammen. Er war von Natur aus unbekümmerter als sie, sie hingegen war strukturierter und im Alltag weitaus gelassener als er. Sie ergänzten sich.

Evan sagte, für keinen von ihnen sei der andere das Ideal gewesen, der Partner, den sie sich vorgestellt hatten.

»Ich bin ein sturer Dickkopf, der über dies und das gerne jammert«, sagte er. »Ich verbringe viel zu viel Zeit mit meiner Arbeit, was aber auch bedeutet, dass ich eine ausgeprägte Arbeitsmoral habe. Ich bin familienorientiert und will mal ein guter Vater sein. Ich bin treu, umgänglich und verträglich, sofern ich nicht gerade mal wieder am Jammern und Meckern bin. Ich bin nachdenklich und versuche, ein guter Mensch zu sein. Stören könnte sich meine Verlobte daran, dass ich nicht der geborene Optimist bin, dass ich nicht sonderlich athletisch gebaut bin, dass wir bei meinem Job nicht mal spontan verreisen können, zumal sie sehr gerne reist. Insofern wäre ihr Idealmann vielleicht ein großer, weniger neurotischer Buchhalter gewesen, aber wir haben beide erkannt, dass unser Idealbild vom Partner uns im Grunde nie wirklich glücklich gemacht hat.«

Ich erzählte Evan, dass ich genau das versuchte – eben nicht über meine Ideale zu stolpern. Aber ich hatte keine Idee, wo ich Kompromisse und Abstriche machen könnte. Am äußeren Erscheinungsbild? Am Sinn für Humor? An der optimistischen Grundhaltung? Am Wohnort? Oder gleich bei allem auf einmal? Woher sollte ich wissen, ob ich zu wählerisch war oder nicht wählerisch genug?

»Du musst dir die Prozentzahlen ansehen«, sagte Evan. »Gerade hat mir eine Kundin am Telefon die gleiche Frage gestellt. Sie ist 35. Sie sagte, sie sei durchaus bereit, Kompromisse einzugehen, aber je länger wir uns unterhielten, desto mehr stellte sich heraus, dass sie eine feste Vorstellung von ihrem Zukünftigen im Kopf hatte. Er musste groß sein, über 1,80 m. Sie selbst ist knappe 1,60 m. Ich sagte ihr, dass nur 15 Prozent aller Männer über 1,80 m sind, aber achtzig Prozent aller Frauen einen solchen Mann haben wollen. Jetzt rechne es aus! Wie verteilen sich achtzig Prozent Frauen auf 15 Prozent Männer?«

Evan ließ mich eine solche Rechnung selbst aufstellen. »Schreib alle Eigenschaften auf, die dein Partner haben soll«, sagte er. »Und dann rechne den Prozentsatz der Männer aus, die diese Eigenschaften erfüllen.«

Wir multiplizierten die geschätzten Zahlen der Männer, die in mein Idealschema passten – die intelligent waren, gebildet und kultiviert, witzig, familienorientiert, erfolgreich, nett, attraktiv (das hieß für mich, keine Glatze, durchtrainiert, sexy), die zufällig auch noch Single waren, kinderlieb und einfühlsam, in meiner Altersklasse und wohnhaft in Los Angeles. Das Ergebnis? Magere fünf Prozent der örtlichen, männlichen Bevölkerung erfüllten meine Idealvorstellung.

Dann stellten wir eine weitere Rechnung an. Wie standen die Chancen, dass auch ich genau die Vorstellungen dieser fünf Prozent erfüllte? Wie viele von diesen Männern suchten eine 41-Jährige? Mein realistischer Dating-Pool schrumpfte plötzlich auf runde ein Prozent. Oh, noch etwas – er sollte jüdischen Glaubens sein so wie ich. Wie stand es damit? Laut Evan waren nur rund zwei Prozent der gesamten amerikanischen Bevölkerung jüdischen Glaubens und rund sechs Prozent der Einwohner von Los Angeles. Diesen Faktor mit eingerechnet, kam ich mit meinem ohnehin mageren Ein-Prozent-Ergebnis am Ende auf ganze 0,1 Prozent!

Nicht schlecht! War ich wirklich so wählerisch? Waren andere Frauen genauso?

Anscheinend. Evan sagte, dass etliche Frauen, mit denen er zu tun hat, noch viel speziellere Auswahlkriterien hätten, die ihre prozentualen Chancen schmälern. Beispielsweise »Ich bin eine närrische Hundeliebhaberin, darum muss mein zukünftiger Mann unbedingt ein großer Tierfreund sein.«

»Offen gesagt«, fuhr er fort, »wenn sich jemand mit solchen fixen Ideen abfindet, kann man schon von Glück sagen.« Die Interessen des Partners zu akzeptieren, sei eine Sache. Eine ganz andere sei es, von ihm zu verlangen, die gleiche Leidenschaft dafür aufzubringen. Je mehr Ansprüche und Bedingungen man stellt, desto mehr sinken die prozentualen Chancen.

Kein Wunder, dass es schien, als gäbe es keine Männer dort draußen. Zumindest meinen Kriterien zufolge gab es keine.

Derlei Prozentrechnungen mögen wissenschaftlich nicht präzise sein, aber sinnvoll waren sie allemal. Wenn man bedenkt, dass mein Wunschpartner nicht nur intelligent, sondern auch belesen sein sollte; nicht nur gut aussehend, sondern auch noch Haare auf dem Kopf haben sollte; nicht nur altersmäßig zu mir passen sollte, sondern auch nicht älter aussehen durfte als 42 –

dann gäbe es, wenn überhaupt, wahrscheinlich nur einen einzigen von zehntausend Single-Männern, der seinerseits gewillt wäre, sich auf mich einzulassen.

»Es wird sehr schwierig werden, jemanden für dich zu finden, wenn du deine Kriterien nicht ein bisschen flexibler gestaltest«, sagte Evan. »Je flexibler du bist, desto mehr Männer rutschen durch deinen Filter.«

»Aber meinen Filter habe ich doch nicht von ungefähr«, sagte ich. »Ich will doch keine Verabredung mit einem x-beliebigen Mann.«

»Möglicherweise ist dein Filter ja zu eng«, sagte Evan. »Wie viele Rendezvous hattest du denn in letzter Zeit?«

Die Antwort darauf konnte ich mir sparen. Klar, er hatte recht. Kein Wunder, dass meine Chance sich auf einen einzigen Mann unter zehntausend beschränkte, wenn ich alle Männer übersah, die den Prozentsatz steigern könnten.

Bis zu Evans Hochzeit waren es noch fünf Wochen, und in dieser Zeit wollte er mir beibringen, wie ich meinen engen Filter erweitern konnte. Wir verabredeten uns also für die kommenden fünf Montage immer um die Mittagszeit. Ob für die nächste Zeit Dates anstehen würden, wollte er noch wissen. Denn wenn er mein Dating-Coach werden sollte, dann bräuchten wir auch ein paar Männer – zum Üben sozusagen!

Ich erzählte ihm von Wendy, der Partnervermittlerin, die bislang keinen neuen potenziellen Partner für mich finden konnte.

»Kein Problem«, sagte Evan und schlug vor, es mit Online-Dating zu probieren.

Weniger ist mehr

Ganz ehrlich – Online-Dating war noch nie so ganz meine Sache. Entweder ich schloss einen Mann aufgrund eines einzigen Kriteriums von vornherein aus (etwa wenn er auf Punk-Musik stand), oder ich gab mich »aufgeschlossen« und fing einen Mailkontakt an, nur um dann festzustellen, dass ich mich für diesen Mann schlicht nicht begeistern konnte. Im Endeffekt suchte ich immer nach den ewig gleichen alten Eigenschaften – was mich bislang aber nie zu dem Mann geführt hatte, den ich als Lebenspartner wollte. Langsam begann ich mich zu fragen, ob ich überhaupt wusste, was ich wollte?

Kurz bevor ich Evan engagiert hatte, sprach ich mit Dan Ariely, Verhaltensökonom am MIT, dem Massachusetts Institute of Technology in Cambridge. Er hatte ein Buch geschrieben mit dem Titel *Denken hilft zwar, nützt aber nichts. Warum wir immer wieder unvernünftige Entscheidungen treffen*. Ich schilderte ihm meine Situation. Nichts Neues für ihn – schließlich war das sein Fachgebiet.

»Die Vorstellung, dass wir immer wissen, was wir wollen, ist albern«, sagte er prompt. Es sei nicht nur so, dass wir oft gar nicht wissen, was wir wirklich wollen, sagte Ariely, wir machten uns auch nicht klar, dass unsere Wünsche und Bedürfnisse sich im Laufe der Zeit je nach Lebenssituation ändern können, wenn wir krank werden beispielsweise, in finanzielle Schwierigkeiten geraten oder Kinder bekommen.

Nicht zu wissen, was man will, so sagte er, sei bei der Partnersuche besonders schlecht, erst recht, wenn man es online versuche. Internetprofile vermittelten den Eindruck der objektiven Partnersuche (schließlich basieren sie auf einer Auswertung der eingegebenen Daten), wohingegen die reale Beziehung eine ausgesprochen subjektive Angelegenheit sei.

Es ist die Illusion der Objektivität, die uns zum Verhängnis wird.

»Je weniger wir von einem potenziellen Partner vor dem ersten Date wissen, desto besser«, sagte Ariely. »Wir füllen unsere Wissenslücken einfach mit Wunschprojektionen auf. Wenn Online-Flirtpartner sich persönlich kennenlernen, wissen sie meist schon so viel voneinander, dass es kaum mehr etwas zu entdecken gibt. Und kaum finden wir einen Makel in unserem Wunschbild, ist die Enttäuschung groß und der Traum ruiniert. Anstatt diesem Menschen eine Chance zu geben, geht man nach Hause und loggt sich wieder ein, um den Nächsten zu finden, der einem passender erscheint.«

Aber genau das, nämlich möglichst viele Vorabinformationen, wollte ich immer, erzählte ich Ariely, um meine Zeit nicht unnötig zu vergeuden. Ich hätte nie auf ein Profil mit spärlichen Informationen reagiert. Hatte ich alles verkehrt gemacht?

Ja, sagte er. Zu viel über eine noch nie gesehene Person zu wissen, macht es sehr viel schwieriger, ein echtes Interesse an ihr zu entwickeln. In einer seiner Studien, so erzählte er mir, hätten Online-Probanden verschiedene Eigenschaften potenzieller Partner erfahren, so wie es auf Dating-Seiten üblich ist. Das Ergebnis: je mehr Eigenschaften, desto uninteressanter die Person, je weniger Eigenschaften, desto interessanter die Person. Anders formuliert: Je mehr Eigenschaften man kennt, je mehr Informationen man hat, desto eher schließt man eine Person aus.

Ariely nennt das den »Weniger ist mehr«-Effekt: Je allgemeiner man das eigene Internetprofil gestaltet, desto interessanter wird man für andere.

»Wenn ich in Ihrem Profil lese ›Ich mag Musik‹, dann nehme ich automatisch an, Sie mögen die gleiche Art von Musik wie ich«, sagte er. »Schreiben Sie aber konkret, welche Art von Musik Ihnen gefällt, gehen unsere Geschmäcker möglicherweise auseinander, und schon sinkt mein Interesse.«

Dating-Jongleure

Es ist nicht nur die Menge der Information, die das Online-Dating so schwierig macht – es ist die Menge der Auswahl. Sind fünf neue »Vorschläge«, die jeden Tag im E-Mail-Postfach landen, nicht genug? Selbst wenn keiner davon auch nur ansatzweise infrage kommt, so lassen sie doch hoffen, dass bei den nächsten fünf der Richtige dabei sein könnte.

Match.com beispielsweise scheint die Flirtpartner zu ermutigen, so viele Eisen im Feuer zu halten wie möglich. Kaum hat man eine E-Mail an einen potenziellen Partner verschickt, geht prompt ein Fenster auf mit »weiteren Profilen, die Sie interessieren könnten«. Noch ehe die eben versandte Mail im Postfach des Empfängers landet, bekommt man bereits neue Auswahlmöglichkeiten präsentiert.

Sofort sind wir geneigt, den einen kurzerhand gegen einen anderen auszutauschen, was wir nicht tun würden, wenn es weniger Auswahl gäbe, meinte Ariely. In einer seiner Studien wertete er mit Kollegen die Kontaktdaten einer Dating-Seite aus. Dabei stellte sich heraus, dass viele der Nutzer mehrgleisig fuhren und 15 oder mehr Kontakte parallel pflegten.

»Die Qualität der Mails, die diese *Dating-Jongleure* schrieben ließ sehr zu wünschen übrig«, sagte Ariely. »Aber wie sollte das auch anders sein, wenn man zwanzig Mails schreiben muss? Aufgrund dieser schnellen, flüchtigen E-Mails erschienen diese Kandidaten den Empfängern weniger interessant.«

Andererseits, so sagte Ariely weiter, wenn eine einzige E-Mail genügt, um einen Kontakt zu knüpfen – warum nicht? Und warum nicht gleich zehn weitere dazu? In der realen Welt werden wir sofort als zu wählerisch abgestempelt, wenn wir eine Person ausschließen, ohne sie überhaupt kennengelernt zu haben. In der virtuellen Dating-Welt hingegen sind wir versucht, unsere Netze viel zu weit zu spannen, sodass wir am Ende gar nicht mehr in der Lage sind, jemanden auszuschließen. »Wenn man mit zu vielen Kontakten gleichzeitig jongliert«, so Ariely, »bleibt die Aufmerksamkeit für den Einzelnen, der möglicherweise der passende Partner ist, auf der Strecke. Aber da man gar nicht weiß, dass es sich bei diesem oder jenen um den Richtigen handeln könnte, wird man weiterhin auf allen Hochzeiten gleichzeitig tanzen, am Ende aber leer ausgehen.«

Die Ergebnisse seiner Studie scheinen genau das zu bestätigen. Er untersuchte die Personen, die Telefonnummern ausgetauscht oder tatsächlich ein Date verabredet hatten, und stellte fest, dass diejenigen, die weniger »jonglierten«, nicht nur längere und gehaltvollere E-Mails schrieben – sie hatten am Ende auch immer ein Date. Die anderen hingegen, die Dating-Jongleure, saßen zu Hause am Computer und … jonglierten!

Aber was genau passiert, wenn zwei Flirtpartner sich das erste Mal treffen? Dieser Frage ging Ariely nicht im Detail nach, fand aber ganz allgemein heraus, dass derlei Treffen nicht wie erhofft verliefen, da die Erwartungen auf beiden Seiten viel zu hoch seien.

»Aber eine Lehre zieht keiner daraus«, erklärte Ariely. »Keiner kommt auf die Idee, das nächste Date mit realistischeren Erwartungen anzugehen, die Erwartungen sind jedes Mal überzogen!«

Auch wenn die Profile viele Einzelinformationen liefern, wie eine Person *wirklich* ist, lässt sich aus diesen durchsuchbaren Datenkatalogen kaum erschließen. Oder, wie Ariely es formulierte: »Es ist so, als würde man die Zutatenliste auf der Verpackung eines Lebensmittels lesen und sich vorstellen, wie es wohl schmecken wird.«

Ausgehend von der Annahme, dass die Zutatenliste korrekt ist, versteht sich. Zudem ist es um unsere Selbsteinschätzung auch nicht immer zum Besten bestellt. Oft wissen wir gar nicht, wie wir uns in einem Online-Fragebogen am besten beschreiben sollen. Ich weiß noch, wie ich mir einmal meine Persönlichkeitsbewertung bei eHarmony.com angesehen und mich selbst darin gar nicht wiedererkannt habe. Woran lag das? Hatte es mir beim Beantworten der Fragen an der richtigen Selbsteinschätzung gemangelt? Oder hatte das Auswertungsprogramm versagt und die feinen Nuancen meines Charakters nicht erfasst? Ich fand mich in einem postmodernen Dilemma: Ich wollte nicht den Typ Mann treffen, der sich von dem Typ Frau angesprochen fühlte, der ich laut diesem Persönlichkeitstest war – ein weiblicher Groucho Marx.

Um diese Probleme zu vermeiden, erstellten Ariely und seine Kollegen Dating-Seiten, die anders angelegt waren als die üblichen. Anstatt des üblichen Profils wurde jede Person beispielsweise durch ein rotes Quadrat oder ein grünes Dreieck dargestellt, die dann durch einen virtuellen Raum wanderten. Kamen sich zwei »Personen« näher, konnten sie ein Gespräch beginnen. Sie konnten durch eine Kunstgalerie gehen und über die Ausstellung sprechen. Dabei lernte man den anderen individuell kennen. So hatte man in der virtuellen Welt ein virtuelles Date – ohne im Vorfeld irgendetwas voneinander zu wissen.

Danach, so Ariely, fanden sich die Probanden zu einer Speed-Dating-Veranstaltung im realen Leben ein. Ein Teil von ihnen hatte sich bereits auf Arielys Seite getroffen, ein anderer Teil nicht. Im Anschluss daran wurden die Probanden gefragt, mit wem sie sich gerne ein zweites Mal treffen wollten. Das Ergebnis? »Hatten sich zwei Probanden bereits auf unserer Seite getroffen, so lag die Wahrscheinlichkeit, dass sie sich ein zweites Mal miteinander verabreden wollten, doppelt so hoch«, sagte Ariely.

»Wie groß jemand ist, welche Haarfarbe er hat – das spielt keine Rolle, auch wenn viele das meinen«, erklärte er. »Im Grunde wissen wir gar nicht, worauf es uns bei einem Partner wirklich ankommt.«

Der M&M-Test

Langsam dachte auch ich, dass ich keine Ahnung hatte, worauf es mir ankam. Vor allem, als ich meine bisherige Partnersuche mit Eli Finkel besprach, einem Sozialpsychologen an der Northwestern University. Ich erzählte ihm, dass ich stets auf einen bestimmten Typ Mann geflogen war, mit dem ich langfristig aber nie glücklich geworden bin. War es möglich, dass ich nicht wusste, auf welche Eigenschaften es mir bei einem Partner ankam?

»Wenn Sie nicht anders sind als alle anderen, dann ja«, sagte er und erzählte mir von einem Experiment, das er und sein Kollege Paul Eastwick durchgeführt hatten.

Dabei ging es darum herauszufinden, ob man sich bei der Partnerwahl am Ende tatsächlich nach den Eigenschaften entscheidet, von denen man zuvor *behauptet* hatte, dass sie einem wichtig seien.

Für die Studie sollten die Singles zunächst angeben, welche Eigenschaften ihnen für die Partnerwahl wichtig sind und diese auf einer Skala von 1 bis 9 bewerten, je nach persönlicher Relevanz – abgefragt wurden Aussehen ebenso wie Geld und Karriere oder innere Werte wie Herzlichkeit. Danach baten Finkel und Eastwick die Singles zum Speed-Dating. Am Ende der Veranstaltung sollten die Singles ihre Gesprächspartner nach den Eigenschaften bewerten, von denen sie zuvor behauptet hatten, dass sie ihnen wichtig seien. Anschließend sollten sie ankreuzen, wen sie wiedersehen wollten, und nach einem Wiedersehen sollten sie berichten, wie zufriedenstellend es verlaufen war.

Das Ergebnis? Die zuvor behaupteten Vorlieben verschoben sich und sagten nicht zuverlässig vorher, mit wem ein Teilnehmer sich am Ende verabreden wollte oder sich wirklich gut amüsierte.

»Zwischen den Angaben in den Fragebogen und der Partnerauswahl nach dem realen Kennenlernen lagen Welten«, sagte Finkel.

Warum ist das so? Wie kann es sein, dass das, was wir wirklich wollen, uns derart fremd ist?

Um mir das zu erklären, führte Finkel ein Beispiel an – meine Lieblingsnascherei aus der Kindheit, M&Ms.

»Wenn Sie jemanden fragen, warum er M&Ms mag«, sagte er, «dann lautet die Antwort vielleicht, wegen des Zuckerüberzugs. Aber geben Sie der gleichen Person eine andere Süßigkeit mit einem identischen Zuckerüberzug, wird sie sagen, sie schmecke ihr nicht so gut wie M&Ms. Also liegt es nicht am Zuckerüberzug. Es muss an etwas anderem liegen.«

Anders gesagt, wir wissen, *dass* wir M&Ms mögen, wissen aber nicht, *warum*.

Was hat das mit unserem Verhalten bei der Partnersuche zu tun? Jede Menge, sagte Finkel. »Wir können ganz genau sagen, *was* wir mögen, aber nicht, *warum*. Wenn eine Frau sagt ›Zu diesem Mann fühle ich mich sehr hingezogen‹, dann ist das auch so. Er gefällt ihr. Wenn sie aber sagt, sie fühlt sich zu ihm hingezogen, weil er steinreich ist, dann trifft das möglicherweise nicht den Punkt. Ausschlaggebend ist vielleicht eher, dass er stets großzügig ist.«

Und das genau ist der Haken: Unsere Kriterien sind das *Was*, sollten aber das *Warum* sein.

Eastwick, Finkels Kollege, erklärte es mir so: »Angenommen Sie möchten gerne jemanden kennenlernen, der Anwalt ist und ein sicheres Auskommen hat. In Wirklichkeit aber wären Sie genauso glücklich mit einem Komponisten, der projektweise arbeitet. Wie kommt das? Weil Sie im Grunde jemanden suchen, der gepflegt und gebildet ist, und ein Anwalt diese Eigenschaften für Sie verkörpert«, sagte Eastwick.

Er glaubt, dass das Was/Warum-Problem zusätzlich verkompliziert wird, da wir viel zu spezielle Maßstäbe anlegen. Darauf kam er, als ich eine Freundin erwähnte, die Kunsthistorikerin am örtlichen Museum ist und einen Mann sucht, der die Kunstwelt »versteht«.

Eastwick lachte. »Er muss doch nicht genauso auf Kunst stehen wie sie. Es klingt eher so, als möchte sie einfach jemanden, der intelligent und tiefsinnig ist. Wenn er sich stattdessen für Politik interessiert und Parlamentsdebatten im Fernsehen schaut, dann ist das ein Kompromiss, mit dem sie wahrscheinlich glücklich leben kann.«

Kein Wunder, dass Internet-Dating so schwierig erscheint. Wenn unsere Suchkriterien derart ungenau ausfallen, suchen wir wahrscheinlich nach den falschen Dingen. Doch es war nicht ausgeschlossen, im Internet einen Partner zu finden. Ich selbst kannte etliche Leute, die ihren Ehepartner online kennengelernt hatten. Die Frage war nur, wie konnte ich meine Chancen steigern?

Ich baute auf die Hilfe meines Dating-Coachs, um das herauszufinden.

8
Montags mit Evan

Erste Sitzung
Prozentrechnen

»Sag ehrlich«, meinte ich zu Evan, bevor wir bei mir zu Hause am Computer unsere erste Sitzung starteten. »Meinst du wirklich, ich finde jemanden, mit dem ich glücklich werde, wenn ich das hier mache?« Evan hatte mich gebeten zu »erforschen«, was mir bei einem Partner wirklich wichtig ist. Aber genau damit tat ich mich schwer.

Am Abend zuvor hatte ich mich auf zwei Dating-Seiten registriert, wie Evan es vorgeschlagen hatte. Jetzt legten wir als Erstes mein persönliches Suchprofil an, wobei wir stets die reellen prozentualen Chancen im Blick behielten.

Beim Punkt gewünschte Körpergröße wollte ich 1,80 m bis 1,90 m eingeben. Evan erinnerte mich daran, dass ich selbst nur knapp 1,60 m sei und die Durchschnittsgröße für amerikanische Männer bei 1,75 m liege.

»Wie wichtig ist die Körpergröße für das langfristige Partnerglück?«, fragte er mich. Ich korrigierte meine Angabe also nach unten auf 1,70 m. Doch Evan bohrte weiter. »Was macht es schon, ob der Mann einen ganzen Kopf größer ist als du oder nur ein paar Zentimeter?«

Er schlug vor, den Rahmen der Körpergröße noch weiter auszudehnen und bis auf 1,65 m zu gehen. Nein. Trotzig gab ich

1,68 m ein. Ich wusste, dass es eigentlich egal sein sollte, aber es war mir nicht egal. Ich, an der Seite eines 1,65 m großen Mannes? Nein, beim besten Willen nicht.

»Ich will kein Date mit jemandem, den ich nicht auch heiraten würde«, erklärte ich ihm.

»Du kannst nicht wissen, wen du heiraten wirst, bevor du mit ihm ausgegangen bist«, erwiderte er. »Kann doch sein, dass du jemanden kennenlernst, der 1,65 m groß ist, cool und obergescheit, und die Größe spielt plötzlich gar keine Rolle mehr.«

Doch ich beließ es bei 1,68 m. Evan zog eine Braue hoch. »Du lässt die Realität der prozentualen Chancen außer Acht.«

»Die Realität ist echt ätzend«, sagte ich.

»Nein, die Realität ist nicht ätzend«, sagte Evan. »Wenn du keine Luftschlösser bauen würdest, wäre die Realität wunderbar.«

Als Nächstes legten wir meinen gewünschten Altersbereich fest. Zwischen 35 und 48 gab ich an und war ganz stolz auf mich.

»Siehst du, ich kann sehr wohl flexibel sein«, sagte ich. »Das ist immerhin eine Spanne von 14 Jahren.«

Evan lachte. »Zum jüngeren Ende hin fällt es jedem leicht, flexibel zu sein. Worauf es aber viel mehr ankommt, ist das andere Ende. Wie wäre es, wenn du die Altersspanne ein bisschen nach oben schiebst, auf 52?«

Ich gab fünfzig ein. So ging das weitere zehn Minuten, wobei Evan mich in jeder Kategorie dazu brachte, meinen »Bogen so weit wie möglich zu spannen«, und mir zwischendurch bedenkliche Blicke zuwarf.

Dann war es so weit. Die Suche konnte beginnen.

Nach wenigen Klicks erschienen bereits Dutzende Männer. Ein paar sah ich mir genauer an und schloss auch gleich den ersten wieder aus. Er wirkte zwar interessant, hatte aber bei bevorzugtem Bildungsgrad das Feld »egal« ausgewählt. Mit anderen Worten, er würde sich auch mit einer Partnerin mit Highschool-Abschluss zufriedengeben.

»Was will ein Hochschulabgänger denn mit einer Frau, die nur einen Highschool-Abschluss hat?«, fragte ich Evan. »Der will offenbar keine auf dem gleichen Niveau. Keine, die intelligent ist.«

»Wieso? Es kann doch auch sein«, sagte Evan, »dass er eine gebildete Frau durchaus bevorzugen würde, aber offen ist, weil er denkt, so vielleicht auch eine zu treffen, die einen unkonventionellen Bildungsweg genommen hat, die nicht auf dem College war und trotzdem Karriere gemacht hat. Oder liest du irgendwo ›Highschool – und nichts anderes‹? Wenn du mich fragst, er hat sich gar nichts dabei gedacht und einfach ›egal‹ angeklickt. Vielleicht ist er nur unvoreingenommen. Verurteilst du ihn dafür, dass er keine Vorurteile hat?«

Ich schätzte, genau das tat ich.

Wir klickten zum nächsten Profil – ein recht attraktiver Mann, vom Alter her passend, ausführliches Profil. Doch kaum hatte ich seine Suchkriterien durchgelesen, zeigte ich mit dem Daumen nach unten. Gemeinsame romantische Schaumbäder, romantische Spaziergänge am Strand, romantische Sonntagmorgen … romantisches Dies, romantisches Das. Für mich als alleinerziehende Single-Frau ohne viel Zeit für romantische Abenteuer war das nichts. Romantik lag für mich im kleinen Glück des Alltags, in einem glücklichen Familienleben. Ich brauchte jemanden, der Verständnis aufbrachte für den geregelten Tagesablauf einer Alleinerziehenden mit Kleinkind.

»Du nagelst die Männer viel zu sehr auf ihre Beschreibungen fest«, sagte Evan. »Dabei hat er wahrscheinlich fünf Minuten lang hin und her überlegt, wie er diese Frage möglichst ideal beantwortet. Aber du ziehst ihn nicht einmal in Erwägung, nur weil er nicht sagt ›Und falls du alleinerziehende Mutter bist, massiere ich dir den Buckel, sobald du fertig bist mit Windelwechseln‹. Richtig? Wenn du so weitermachst und jeden Einzelnen zerpflückst, bis nichts mehr übrig ist, dann wird das nie was mit einem Date.«

Also gut. Ich dachte noch einmal über meine prozentualen Chancen nach und setzte Mister Romantik schließlich auf meine Favoritenliste. Dann klickte ich zum nächsten Profil. Kein superattraktiver Mann, wie ich fand, ein Chirurg, der unter anderem Transplantationen vornahm, und angesichts meines eigenen wissenschaftlichen Hintergrunds schien er mir durchaus interessant. Ich las weiter. Aufgewachsen war er an der Ostküste. Gefiel mir – okay. Er war schon einmal verheiratet – okay. Er hatte Kinder – okay. Seine Hobbys: Rudern, Motorradfahren, Reisen, Sport, Bingo und Canasta – wie bitte?

»Bingo? Canasta?«, rief ich. »Der ist doch erst 45, kein alter Mann. Canasta? Was soll das denn?«

»Du willst ihn also ausschließen, weil er nicht die richtigen Hobbys hat?«, fragte Evan.

»Nein, nicht nur weil er Bingo spielt. Auch weil er Motorrad fährt, das mag ich nicht«, erklärte ich. »Für mich ist das so eine Subkultur, mit der ich überhaupt nichts anfangen kann. Und sieh mal, hier – er schreibt, dass er Audiobücher hört. Er liest nicht einmal richtig. Und ich bin Autorin!«

Evan blieb gelassen. Ich war wohl nicht die erste Kundin, die sich so aufführte. »Du gehst die Sache viel zu verbissen an«, sagte Evan. »So wie du alles haarklein zerpflückst, stehst du dir selbst im Weg und verbaust dir dein Glück. Um weiterzukommen, musst du zunächst einsehen, dass du die Männer dort draußen nicht ändern kannst – sie sind, wie sie sind –, also musst du für dich etwas ändern. Ich dränge dich nicht zu einem Date mit ihm, aber er ist das Paradebeispiel für einen, der nicht einmal den Hauch einer Chance bei dir kriegt.«

Ich schüttelte den Kopf. »Bingo? Motorräder? Hörbücher? Wir passen nicht zusammen.«

»Du kannst doch noch gar nicht wissen, ob ihr zusammenpasst«, sagte er. »Geh deine Kriterienliste von oben bis unten durch und sieh dir an, was dabei herauskommt, bevor du entscheidest. Du kannst auch mit jemandem glücklich werden, der sie nicht hundertprozentig erfüllt.«

Just in dem Moment entdeckte ich einen Mann, der haargenau meinen Vorstellungen entsprach.

»Oh«, rief ich verzückt, klickte auf das Bild dieses adretten Vierzigjährigen und las sein Profil. Er hatte einen kreativen und, wie es klang, trotzdem sicheren Job. Seine Partnervorstellungen gefielen mir – sie waren wie für mich geschrieben.

»Es gibt nur einen Haken«, sagte Evan.

»Welchen denn?«, fragte ich. Dieser Mann klang doch überaus vielversprechend. Was könnte verkehrt an ihm sein?

»Er sucht eine Frau zwischen 28 und 35. Und er will Kinder.«

»Ja, und? Ich habe doch ein Kind.«

»Er sucht aber niemanden *mit* Kind. Wenn, hätte er seinen Altersrahmen weiter gespannt. Er will eigene Kinder.«

»Aber wenn er mich erst mal kennenlernt, funkt es bestimmt. Wir scheinen ähnliche Charaktere zu sein und ähnliche Interessen zu haben. Ich kann ihm doch eine Mail schicken. Mal sehen, vielleicht antwortet er ja. Warum denn nicht?«

»Kannst du gerne machen«, sagte Evan. »Aber wie würdest du reagieren, wenn du eine Mail von einem 56-Jährigen bekämest? Das wäre genau das Gleiche, nur umgekehrt. Du liegst zwar nur ein paar Jahre über seinem gewünschten Altersbereich, aber wenn er eigene Kinder will, dann sind es genau die paar Jahre zu viel. Wenn du mich fragst, wird er dir nicht antworten. Konzentriere dich lieber auf die Männer, in deren Suchprofil du passt. Wen *du* suchst, spielt dabei erst mal keine Rolle. Er muss vor allem *dich* suchen.«

»Irgendwie unfair, auf diese Weise aussortiert zu werden«, sagte ich, obgleich ich umgekehrt selbst nicht anders verfuhr.

»Ich weiß, du denkst, du kannst seine Suchkriterien ignorieren, weil du eine Menge andere tolle Dinge zu bieten hast«, sagte Evan. »Aber so funktioniert das nicht, wie du vielleicht schon bemerkt hast. Partnersuche ist echt harte Arbeit, härter als früher und nicht gerade fair, da gebe ich dir recht. Ja, vielleicht würde es funken, wenn du vor ihm stündest. Aber gleichzeitig würde er sich ärgern, dass du zu alt bist, um Kinder mit ihm zu haben. Du kannst es dir also aussuchen – entweder du ignorierst alle Suchkriterien und bist am Ende frustriert, oder du bleibst realistisch, was deine Erfolgschancen anbelangt, und findest am Ende den Richtigen.«

Sag Ja statt Nein!

Evan klickte bei Match.com auf eine Funktion, die sich »Inverssuche« nannte – darüber bekam ich Männer angezeigt, die meine Suchkriterien erfüllten und für die umgekehrt auch ich infrage kam. Insofern war es nicht überraschend, dass keiner der Männer im Altersbereich 35 bis 45 lag. Der jüngste, den ich entdeckte, war 48.

»Bis nächste Woche gebe ich dir eine kleine Hausaufgabe«, sagte Evan. »Ich möchte, dass du einen Mann je zwanzig Treffer auf deiner Inversliste auswählst. Das sind gerade mal fünf Prozent der Männer, die die Eigenschaften erfüllen, die du selbst heute auf deine Wunschliste gesetzt hast.«

Das schien machbar. Doch Evan hatte eine weitere Aufgabe für mich. Wenn ich an jemandem etwas auszusetzen hatte, solle ich versuchen, toleranter und wertfreier damit umzugehen. Beispiel: Schreibt einer eine lange, plumpe und unbeholfene Mail, muss er noch lange kein Trottel sein. Möglicherweise war er einfach nur nervös, ist Neuling beim Online-Dating oder schickt lieber eine längere, persönliche Nachricht anstatt auf eine knappe Standardzeile zurückzugreifen.

»Such immer nach Gründen, die für den Mann sprechen, nicht gegen ihn – sag *Ja* statt *Nein*. Sieb die Männer so aus, dass sie in dein Raster *hinein*fallen, nicht *hinaus*. Stell dir vor, ein interessanter Mann steht vor dir, würdest du ihn dann wirklich zurückweisen, weil er ein paar Pfund zu viel hat, ein paar Zentimeter zu klein ist, oder weil in seinem Profil ein Satz steht, der dir nicht gefällt? Wenn ja, gut. Aber dann beklag dich nicht, wenn du keinen passenden Partner findest, weil du alle potenziellen Kandidaten aufgrund eines ›technischen Formfehlers‹ ausgeschlossen hast. Noch etwas: Wenn diese Männer ebenfalls nach technischen Formfehlern gingen, dann würden sie dich wahrscheinlich auch nicht um eine Verabredung bitten.«

Autsch! Von dieser Seite hatte ich es noch gar nicht betrachtet. Ich war so darauf fokussiert, einen Mann zu finden, der mir gefällt, dass ich gar nicht darauf gekommen war, dass ich umgekehrt auch ihm gefallen muss. Evan bat mich, alle Gründe aufzuschreiben, die einen Mann daran hindern könnten, sich mit mir zu verabreden – alles, was ein potenzieller Partner in Kauf nehmen müsste, wenn er sich mit mir einließe.

Ich notierte fix ein paar Dinge auf einem Zettel und reichte ihn Evan. Er überflog meine Liste.

»Das ist alles?«

»Ja, wieso?« fragte ich. »Habe ich etwas vergessen?« Ich hatte doch alles gesagt – ich war klein, neurotisch und brauchte viel persönlichen Freiraum.

»Hm, ich weiß nicht«, sagte Evan. »Vielleicht, dass du eine Perfektionistin bist?« Ich verstand nicht, was daran so schlecht sein sollte. Das war doch etwas Positives, oder nicht?

Evan zufolge beging ich einen klassischen Fehler: Frauen denken, sie seien eine so gute Partie, dass ein potenzieller Partner mit dem bisschen, was es an ihnen auszusetzen gibt, schon irgendwie klarkäme. Wir denken: »Ja, ich bin eine Perfektionistin, und das heißt, ich bin gewissenhaft und pflichtbewusst.« Wir denken nicht: »Ja, ich bin eine Perfektionistin und das heißt, ich bin stur und nur schwer auszuhalten.«

Genau deshalb, so Evan, würde sich jeder immer positiv beschreiben: Ich bin ehrgeizig (nicht: Ich bin rücksichtslos); ich bin grundehrlich (nicht: Ich bin unsensibel); ich bin unabhängig (nicht: Ich bin ein Workaholic); ich bin analytisch (nicht: Ich bin voreingenommen).

»Denk noch einmal nach. Was müsste dein Partner wirklich alles aushalten, wenn er mit dir zusammen wäre?«, sagte er. Ich nahm einen zweiten Anlauf und siehe da, es fiel mir eine ganze Menge ein: Ich bin überaus dünnhäutig. Ich kann nichts kochen außer Pasta. Ich kann krankhaft unschlüssig sein. Ich bin schnell gestresst. Ich habe etliche Marotten. Und die Liste wurde länger ... und länger.

Kein Wunder, dass ich mit meiner Partnersuche bislang auf keinen grünen Zweig gekommen war. Ich wusste, dass es wichtig war, mir meine eigenen Fehler bewusst zu machen, um Fehler bei einem Partner akzeptieren zu können. Doch nun, da ich all meine Macken plötzlich schwarz auf weiß vor mir sah, fragte ich mich, warum sich überhaupt jemals ein Mann für mich interessiert hatte.

»Gut so.« Evan lachte. »Bevor du das nächste Mal einen Mann übergehst, weil er deinem Ideal nicht entspricht, bemühe dich, eher auf seine positiven Eigenschaften zu achten. Umgekehrt genauso. Der Mann muss deine positiven Eigenschaften sehen, auch wenn ihm eigentlich jemand vorschwebt, der umgänglicher oder größer ist. Wenn du mal wieder anfängst, einen Mann in seine Einzelteile zu zerlegen, mach dir klar, dass er bereit ist, über all deine Macken hinwegzusehen. Es kann nicht sein, dass der Partner unsere Launen tolerieren soll, er selbst aber soll gefälligst keine haben. Er soll uns das Gefühl geben, attraktiv und begehrenswert zu sein, auch wenn wir uns gehen lassen, er selbst aber soll stets fit und bestens in Form sein. Scheint das nicht einseitig und verkehrt?«

In der Tat – ich wollte einen Mann, der mich so nahm, wie ich bin. Aber war ich auch gewillt, einen Mann so zu nehmen, wie er ist? Früher habe ich immer nur die Kompromisse gesehen, die *ich* in einer Beziehung machen musste und nie die andere Seite betrachtet – nämlich dass ich umgekehrt auch nicht das große Los war.

Was viele Frauen als »Kompromiss« verstehen, so Evan, hat im Grunde schlicht mit »Akzeptanz« zu tun.

Natürlich wollte Evan mich nicht zu Klimmzügen zwingen, die meiner Persönlichkeit nicht entsprachen. Er wollte mir lediglich vermitteln, dass ich meine Perspektive ändern musste, aus der heraus ich potenzielle Partner betrachtete. Dinge, die man am anderen nicht mag, sind schnell gefunden. Es bringt letztlich aber weit mehr, die Dinge zu finden, die man an ihm mag.

Evan erzählte mir von der Psychologin Judith Sills, die ein wunderbares Buch geschrieben hat mit dem Titel *How to Stop Looking for Someone Perfect and Find Someone to Love (So hört man auf, nach jemand Perfektem zu suchen, und findet jemanden für die Liebe).* Jeder Mensch ist ein Gesamtpaket, wie das »Pauschalmenü« in einem Restaurant, sagt Sills. Extrawünsche ausgeschlossen. So ist das auch in der Beziehung. Das Gesamtpaket enthält Eigenheiten und Launen, mit denen man sich arrangieren muss oder, um im Bild zu bleiben, Beilagen, die nicht immer dem Geschmack entsprechen. »Wenn du erwartest, dass jemand dein perfektes Ideal erfüllt«, schreibt Sills, »dann wirst du ewig ein einsamer Traumtänzer bleiben.«

Genau das versuchte Evan mir klarzumachen. Bevor er ging, erinnerte er mich noch einmal an meine Hausaufgabe: »Du suchst dir einen Mann je zwanzig Treffer auf deiner Inversliste aus und schreibst drei von ihnen eine Mail. Am nächsten Montag sehen wir dann weiter.«

9.

Es liegt nicht an ihnen, es liegt an uns

Ich saß gerade vor meinem Computer an meiner Hausaufgabe und versuchte, mir aus den ersten zwanzig Partnervorschlägen bei Match.com einen Mann herauszusuchen. Da klingelte das Telefon. Meine Freundin Lisa war dran und fragte, wie es mir geht. Ich erzählte ihr von Evan und der Hausaufgabe, die er mir aufgetragen hatte, und schlug ihr vor, es doch auch einmal mit Online-Dating zu probieren. Lisa war 35 und Single. Sie stöhnte und sagte, das sei zwar ein guter Plan, aber sie habe erst einmal genug von der Partnersuche – ob online oder sonst wie. Nein, heute Abend wolle sie nicht über dieses Thema sprechen. Denn dabei würde ihr Single-Dasein sie nur noch mehr in Panik versetzen.

»Lass uns lieber über Filme sprechen, Bücher, die Klimaerwärmung – alles, außer Männer«, sagte sie.

Welch ein Unterschied! Vor zwei Jahren noch, als Lisa 33 war, gab es für sie nur ein Thema – Männer. Oder besser gesagt, einen Mann – ihren Freund. Lisa war damals bereits ein Jahr mit Ryan zusammen. Er war ebenfalls 33, Anwalt, und sie war völlig vernarrt in ihn. Sie hatten eine Menge Spaß zusammen, planten eine Familie und schienen als Freunde und Liebende perfekt zueinanderzupassen. Aber irgendetwas fühlte sich nicht stimmig an.

»Er beachtet mich nicht genug«, sagte Lisa gegen Ende ihres ersten gemeinsamen Jahres.

Ich wusste damals gleich, was sie meinte: Sie fühlte sich nicht *verehrt* genug. Er beteuerte zwar ständig, wie sehr er sie liebte, aber er sagte ihr nie, dass er der *glücklichste Mann der Welt* sei, weil er sie gefunden hatte. Er sagte ihr auch immer, wie hübsch sie sei, aber nie, dass sie für ihn die *schönste Frau auf der ganzen Welt sei*. Er kaufte ihr zwar Hustensaft, wenn sie erkältet war, aber nie Blumen einfach mal so zwischendurch. Er war zwar liebevoll, aber nicht überschwänglich. Er hob sie nicht in den Himmel, so wie andere das mit ihren Freundinnen tun. Sie hob ihn zwar ebenfalls nicht in den Himmel, aber das war egal. Das war schließlich Sache des Mannes. Er war dazu da, *sie* zu umwerben, oder etwa nicht?

»Das hat schon meine Oma gesagt«, erklärte Lisa. »Der Mann sollte die Frau immer ein bisschen mehr lieben.«

Irgendwann, nachdem er ihr einen Antrag gemacht hatte, erzählte Lisa ihm von ihren Zweifeln. »Ich spüre einfach nicht, dass du mich über alles liebst«, sagte sie.

»Aber das tue ich doch!«, beteuerte er. Er konnte gar nicht verstehen, wie sie darauf kam, und Lisa konnte es nicht erklären – es war nur ein Gefühl, aber eines, das sie einfach nicht mehr loswurde. Jedes Mal, wenn sie damit anfing, schien er völlig vor den Kopf gestoßen, und sie fühlte sich daraufhin unverstanden. Danach ließ er keine romantische Geste aus, um ihr seine Liebe zu beweisen – bevor er morgens aus dem Haus ging, legte er eine Praline mit einer kleinen Liebesbotschaft auf ihr Kissen oder er rief sie mitten am Tag an, um ihr zu sagen, wie sehr er sie liebte. Lisa war ganz angetan davon, traute dem Ganzen aber nicht: »Ich will, dass er das von alleine tut«, sagte sie einmal. »Jetzt tut er es nur, weil ich ihn darum gebeten habe.«

Trotzdem versuchte sie, sich daran zu freuen. Denn auch

wenn sie seine Gesten ein Stück weit herbeigezwungen hatte, war es doch rührend zu sehen, wie sehr er sich um sie bemühte. Zwei Monate später waren Lisa und Ryan auf eine Verlobungsparty eingeladen. Der angehende Bräutigam erhob sein Glas auf seine Braut und beteuerte, dass er nie jemanden so sehr lieben könne wie sie. Da kam Lisa ins Grübeln. Der Satz des Bräutigams ging ihr nicht mehr aus dem Kopf, beschäftigte sie noch auf der Heimfahrt im Auto. »Wenn mir etwas passieren und ich jung sterben würde, glaubst du, du könntest je wieder eine andere Frau so lieben wie mich?«, wollte sie von Ryan wissen.

Ryan überlegte kurz. »Nun, ich würde sie anders lieben, nicht so wie dich«, antwortete er.

»Wie anders? Anders als mich? Oder nicht so *sehr* wie mich?«, hakte Lisa nach.

»Na ja, anders als bei … Anders eben«, sagte Ryan und griff nach ihrer Hand. »Warum fragst du danach? Ich will mit dir zusammen sein, nicht mit irgendeiner hypothetischen anderen Frau. Ich will mir nicht vorstellen, dass du stirbst. Ich liebe dich. Noch einmal jemanden zu finden, den ich so sehr liebe, das wird schwer. Aber wenn ich sterben würde, dann würde ich wollen, dass du dich wieder neu verliebst, und natürlich wird diese Beziehung dann anders sein als unsere, aber ich würde wollen, dass du glücklich wirst und dein Leben lebst.«

Drei Wochen später machte Lisa mit ihm Schluss.

»Ich wollte, dass er mich absolut vergöttert«, sagte Lisa heute, zwei Jahre danach. »Dass er sich vorstellen konnte, auch eine andere Frau so zu lieben, hieß für mich, dass ich nicht die Liebe seines Lebens war. Was ich hören wollte, war ›Ich kann mir zwar vorstellen, wieder zu heiraten, aber ich würde diese Frau niemals so lieben wie dich.‹«

Ich fragte Lisa, wie sie im umgekehrten hypothetischen Fall reagieren würde. Wenn sie Ryan heiraten und er jung sterben würde. Könnte sie sich vorstellen, sich je wieder zu verlieben und zu heiraten?

Es blieb lange still in der Leitung. »Ja«, gestand sie. »Ich denke mal – vom Kopf her zumindest weiß ich es –, dass es die wahre Liebe öfter geben kann im Leben. Tief im Herzen aber will ich einen Mann, für den ich die einzige wahre große Liebe bin.«

Damals hatte Lisa mein vollstes Verständnis. Doch wenn ich es heute recht bedenke, hatte Lisa damals völlig »unrealistische Erwartungen« – wie Evan es genannt und mir vorgehalten hatte, als ich mich durch die Online-Profile klickte. In anderen Lebensbereichen sind wir doch auch durchaus realistisch. Warum will es in Sachen Liebe nicht klappen?

Zu gut für eine gewöhnliche Beziehung

Dr. Michael Broder, Psychologe in Philadelphia und auf Liebesbeziehungen spezialisiert, ist der Meinung, viele Single-Frauen gingen heute mit einem extrem überhöhten Anspruchsdenken an die Partnersuche heran. Sie hätten eine völlig unrealistische Erwartungshaltung, verspinnen sich in Fantasien und träumen davon, unentwegt angehimmelt und auf Händen getragen zu werden.

»›Wenn ich keinen kriegen kann, der so ist oder so oder anders, dann bleibe ich lieber allein‹, das höre ich oft«, erzählte er mir. »›Gut‹, sage ich dann, ›aber dann stellen Sie sich bitte auf

Letzteres ein. Denn bei Ihrem Anspruchsdenken wird das am Ende dabei herauskommen: Sie bleiben allein.‹«

Für diese Frauen, so sagte er, ist nicht nur der erträumte Mann eine Fantasie, die reale Beziehung ist es ebenfalls. Schließlich kann eine Beziehung nicht alles bieten, sie stößt an Grenzen. Frauen, die in diesem Muster denken, so meint Dr. Broder, gehen in einer Beziehung nur danach, was der Mann *ihnen* bieten kann – sie sehen nur sich, sich, sich – anstatt eine Beziehung zu wollen, die auf Wechselseitigkeit basiert.

Eine seiner Patientinnen erzählte ihm unlängst von ihrem aktuellen Freund. »Was hält mich noch bei einem Mann, der weniger erfolgreich ist als ich? Da kann ich genauso gut alleine bleiben!«

Dr. Michael Broder erkennt ein überhöhtes Anspruchsdenken bei Frauen, das es so in früheren Generationen nicht gegeben hat. Damit mag er recht haben. Unsere Mütter hätten sich vielleicht gewünscht, aber gewiss nicht erwartet, dass ihre Männer ihnen stets den Himmel auf Erden bereiten und ihnen immerzu beteuern, sie seien die Schönste weit und breit. Stattdessen wussten sie, dass zur Ehe auch Dinge gehören wie Gesundheitsprobleme, Altwerden, Langeweile, stressige Phasen voller Anspannung sowie Beziehungsflauten, schlechte Angewohnheiten und Schwächen, Streitereien in Erziehungsfragens sowie allerlei sonstige Widrigkeiten und Missverständnisse. Doch heute scheinen viele Frauen nach einem idealisierten, spirituellen Einklang zu suchen anstatt nach einer realistischen ehelichen Verbindung.

»Eine ganz gewöhnliche Beziehung? Darüber rümpft eine Frau doch heute die Nase«, sagt Dr. Broder. »Aber fragen Sie mal eine glücklich verheiratete Frau nach ihrer Ehe, und Sie kriegen wahrscheinlich zu hören, dass sie genau das ist – ziemlich gewöhnlich.«

Wie konnte das »Gewöhnliche« zum Todesstoß der Partnersuche werden?

Ist er auf meinem Niveau?

Vielleicht hat es mit unserem Ego zu tun. Auch wenn heute allenthalben davon die Rede ist, dass Frauen an mangelndem Selbstwert leiden, identifizieren sich doch viele mit der Girlpower, dem neuen Feminismus, der ausdrücken soll, dass moderne Mädchen supertoll und begehrenswert sind – so sehr, dass ihnen anscheinend niemand gut genug ist.

Ich musste an eine 29-jährige Bekannte denken, die ich vor ein paar Jahren einmal mit einem Typen verkuppeln wollte, der mich immer sehr an sie erinnerte (und das hatte ich ihr vor dem Date gesagt).

»Er ist echt süß und steht auf alte Filme«, sagte ich. »Er ist dir in vielem sehr ähnlich.«

Sie traf sich also mit ihm und kam beleidigt zurück.

»Wie kommst du bloß darauf, dass er so ist wie ich?«, fragte sie.

Ich hatte keine Ahnung, was sie meinte.

»Du hast mir kein Wort davon gesagt, wie klapperdürr er ist«, fuhr sie mich an. Klapperdürr? Aber das war sie auch.

»Und dann diese komische Frisur!«, sagte sie. Dabei hatte sie ein Jahr zuvor selbst noch lila Strähnchen im Haar. Ich fragte sie, was sie denn erwartet hätte.

»Einen mit etwas mehr Pep«, sagte sie. »Gut, wir konnten über alte Filme sprechen, und er war auch echt süß, aber als du mir gesagt hast, er sei so wie ich, da habe ich mir jemanden vorgestellt, der mehr … mehr …« Sie stockte, doch ich wusste, was sie eigentlich fragen wollte: »Meinst du, er ist auf meinem Niveau?«

Natürlich meinte ich das. Ich war auch davon überzeugt, dass sie ihn wirklich mögen könnte – sofern sie sich selbst realistisch betrachten würde. Sie waren beide irgendwie süß und nett. Zwei ausgesprochen reizende und angenehme Menschen. Gut, sie rissen einen mit ihrem Aussehen und Charisma nicht vom Hocker, wenn sie einen Raum betraten. Zwei ganz gewöhnliche Menschen eben. Wie die meisten von uns. (Unnötig zu erwähnen, dass er heute verlobt ist, und zwar mit einer Frau, die meiner Bekannten in vielem sehr ähnlich ist – bis auf die Einstellung versteht sich; sie dagegen ist nach wie vor Single.)

Je länger ich mich mit Dr. Broder unterhielt, desto mehr fragte ich mich, ob unsere Probleme bei der Partnersuche nicht zu einem großen Teil daraus resultieren, dass wir viel zu sehr um uns selbst kreisen. Können wir uns tatsächlich für so besonders halten, so derartig einmalig und absolut super, dass wir den richtigen Blick für die Dinge völlig verlieren?

Den Frauen der heutigen Generation wird ständig gesagt, dass sie selbstbewusst sein sollen. Aber wie es scheint, laufen gerade sie Gefahr, vor lauter Egotrip keine Liebesbeziehung mehr eingehen zu können. Je mehr wir von uns selbst eingenommen sind, desto kritischer sind wir in Bezug auf ganz normale Männer.

Es ist fast ein bisschen so, als spielten wir Punkterichter bei einer Olympiade, wo es gilt, unter den Männern den besten »Ehemann« zu küren: Jeder geht mit der Höchstpunktzahl zehn ins Rennen, und dann gibt es Punktabzug für alles, was nicht perfekt ist. Zu wenig Humor – zwei Punkte Abzug. Zusammengewachsene Augenbrauen – ein Punkt Abzug. Wäre es stattdessen nicht viel besser, bei der Partnersuche mit der Startpunktzahl zehn zu beginnen und dann zusätzliche Pluspunkte zu verteilen für besondere Auszeichnungen wie etwa Nettigkeit oder Herzenswärme?

Ich selbst bin in Sachen Partnersuche auch immer nach der Punktabzug-Methode verfahren. Ich erwartete mir beispielsweise immer einen klugen, witzigen und attraktiven Mann; doch wenn sich mein Date dann als klug, witzig, attraktiv, *aber* spießig entpuppte, vergaß ich prompt meine drei primären Wunscheigenschaften und hängte mich stattdessen an letzterer auf – an der negativen Eigenschaft, anstatt die positiven zu sehen. Dabei hätte ich mich als Glückspilz betrachten können, einen Mann getroffen zu haben, der meine Wunschkriterien erfüllte.

Genau das kann bei einem überzogenen Anspruchsdenken passieren.

Beziehungsgestört – alle beide

Die Ansprüche herunterzufahren, hilft nicht nur bei der Partnersuche – es macht auch Ehen glücklicher. Das zumindest sagt Gian Gonzaga, Psychologe und leitender Wissenschaftler der Partnerbörse eHarmony.com. Er erzählte mir, er habe seine Frau während seiner Forschungsarbeiten im berühmten »Heiratslabor« an der University of California kennengelernt. Er erforschte Beziehungszufriedenheit und Faktoren zur Prognose von Eheglück, wozu er sechshundert Paare über einen Zeitraum von mehreren Jahren beobachtet hatte.

»Wer glücklich verheiratet ist, glaubt, dass sein Partner besser ist als die Durchschnittsperson, obgleich das rein statistisch gesehen gar nicht möglich ist«, erklärte Gonzaga. »Wir nennen das ›positive Illusion‹. Das heißt nicht, dass man sich nicht über seinen Ehepartner beklagt oder auch mal Meinungsverschiedenheiten hat. Aber es heißt, dass man den Partner am Ende des Tages noch immer über der großen Masse der Menschen stehen sieht.«

Doch für viele Singles, die den Richtigen anscheinend einfach nicht finden können, funktioniere dieses Prinzip genau entgegengesetzt. Anstatt dass sie ihr Date durch eine positive Linse betrachten, sehen sie sich selbst als ihm überlegen an. Deshalb schieben wir unserem Partner häufig den Schwarzen Peter zu, wenn es in der Beziehung nicht rundläuft, anstatt unsere eigene Rolle zu hinterfragen.

»Wir fühlen uns zu Menschen hingezogen, die uns in Bezug auf emotionale Stabilität, Intellekt und Kompetenz ähnlich sind«, sagt er. »Lassen wir uns immer wieder auf jemanden ein, der beziehungsunfähig oder neurotisch ist, sind wir das wahrscheinlich ebenso. Unser Wunschpartner wird uns nur dann begegnen, wenn wir selbst *so* sind, wie wir ihn uns wünschen. Das heißt nicht, dass all unsere früheren Partner uns nicht gut genug waren. Wir müssen nur erkennen, dass wir unser eigenes Ich in das Beziehungsgleichgewicht einbringen müssen.«

In erfolgreichen Beziehungen, so sagte Gonzaga, schätzen die Paare die guten Eigenschaften ihres Partners, anstatt immer nur dessen Fehler und Schwächen zu sehen – denn die haben wir schließlich alle.

Ein paar Worte zu Sex and the City

Ich weiß, ich weiß – über *Sex and the City* zu reden, ist so abgedroschen, dass ich mich fast scheue, das Thema aufzubringen. Aber ich komme nicht ganz darum herum, denn irgendwie scheint der Erfolg dieser Serie mit unserem heutigen Anspruchsdenken zusammenzuhängen.

Auf der einen Seite ist *Sex and the City* ein Megagewinn, beweist es doch, dass das Publikum offenbar gerne starke Frauen auf der Leinwand sieht. Auf der anderen Seite aber zeigt es noch etwas ganz anderes: Wir erkennen scheinbar keinen Unterschied zwischen »stark« und »ichbezogen«.

Falls Sie zu den wenigen Single-Frauen gehören, die den Film nicht gesehen haben, hier eine kurze Szene: Samantha eröffnet ihrem Freund, der ihr in ihrem Kampf um den Brustkrebs treu zur Seite gestanden hat, dass sie ihn verlassen würde, und sagt ihm: »Ich liebe dich, aber *mich* liebe ich mehr« – und das Publikum klatscht stürmisch Beifall! Im Ernst, da hat sie einen Freund, der treu, fürsorglich und durchaus attraktiv ist, der ihre Ansprüche klaglos hinnimmt und sie durch ihre Krebserkrankung begleitet, und sie hat nichts Besseres zu tun als ihn zu verlassen, weil sie *sich selbst* mehr liebt! Und das soll eine moderne, emanzipierte Frau sein? Man stelle sich nur einmal vor, die Rollen wären vertauscht (sie steht ihm treu zur Seite, während er einen verzweifelten Kampf gegen den Prostatakrebs führt; und er schafft es!), und ich wette, das gesamte Publikum hätte ihn ausgebuht und ihn als absoluten Mistkerl verteufelt.

Samantha ist in der Serie nicht die einzige Figur mit einem überzogenen Anspruchsdenken. Auch Carrie entpuppt sich als eine absolut zickige Braut, als ihr Verlobter ihr sagt, der Hochzeitstag sei ihm nicht so wichtig, viel wichtiger sei ihm, alle Tage mit ihr zusammen zu sein.

Und was macht sie? Carrie und ihre nicht minder selbstverliebten Freundinnen reisen nach Mexiko, wo Carries Hochzeitsreise eigentlich hätte hingehen sollen und – nun raten Sie mal … – jawohl, beklagen sich über die Männer. Nur, weil Carries Hochzeitszirkus nicht nach ihren Wünschen verlaufen ist, sitzt sie nun in Mexiko ohne ihren geliebten Mann in spe. Mit »stark« hat das nichts zu tun, eher mit »verwöhnt« und »verzogen«.

In der Serie lassen die Hauptfiguren kein gutes Haar an den Männern. Fehler und Unvollkommenheiten haben dort keinen Platz, und auch umgekehrt gilt: Ist sie für ihn nicht die vollkommene Traumfrau schlechthin, nun, dann gibt es nur eins – ihn verlassen. »Wenn du mich nicht absolut liebst, nicht absolut verrückt nach mir bist«, sagte Carrie einmal zu Big, »wenn ich nicht die schönste Frau bin, die dir je in deinem Leben begegnet ist, dann denke ich, es ist besser, wenn ich dich verlasse.«

Jeder Mensch mit halbwegs Sinn und Verstand weiß, dass das im richtigen Leben völliger Quatsch ist – welcher Mann denkt schon von seiner Frau, sie sei die Schönste auf der ganzen Welt (oder umgekehrt, welche Frau denkt das von ihrem Mann?) Aber wie die Mädels in *Sex and the City*, so erwarten viele Frauen von ihren Männern, dass sie sie hofieren, als seien sie Königinnen – und genau deshalb scheinen diese ansonsten überaus attraktiven Filmheldinnen alles zu haben außer einen Mann. Die Liebe handhaben sie wie 16-jährige Schulmädchen und vergessen dabei, dass 16-jährige Teenager alles andere als reif für eine Ehe sind.

Anlässe für den Abschuss

Mein Freund Mark, geschieden und Vater, schickte mir die E-Mail-Korrespondenz mit seiner Online-Bekanntschaft namens Melanie, die ihrerseits nie verheiratet gewesen war. Sie schienen auf einer Wellenlänge und planten ein persönliches Kennenlernen:

Melanie

Von:	Melanie
An:	Mark
Datum:	Freitag, 13. Juni, 14:21
Betreff:	Treffen
	Mark – wie sieht es morgen aus, Samstag um 11 vormittags?

Mark

Von:	Mark
An:	Melanie
Datum:	Freitag, 13. Juni, 23:30
Betreff:	Treffen
	Passt gut. Am Aroma?

Melanie

Von:	Melanie
An:	Mark
Datum:	Samstag, 14. Juni, 7:36
Betreff:	Treffen
	Kein Interesse mehr. Es ist aus.

Mark

Von:	Mark
An:	Melanie
Datum:	Samstag, 14. Juni, 7:43
Betreff:	Treffen
	Ernsthaft? Was ist passiert?

Melanie

Von:	Melanie
An:	Mark
Datum:	Samstag, 14. Juni, 7:58
Betreff:	Treffen
	Ich hab fast bis zum nächsten Tag nichts von dir gehört, bin dir also nicht wichtig ... So läuft das mit mir nicht.

Mark

Von:	Mark
An:	Melanie
Datum:	Samstag, 14. Juni, 8:10
Betreff:	Treffen
	Ich schätze, ich habe gerade gelernt, was dabei herauskommt, wenn man keinen Blackberry hat und nicht den ganzen Tag von mittags bis spät in die Nacht vor dem Computer hockt, weil man auf der College-Abschlussfeier seines Sohnes war und danach noch mit ihm essen. Wenn man nicht innerhalb weniger Stunden auf eine Mail antwortet, könnte es vielleicht auch daran liegen, dass man gerade nicht vor dem Computer sitzt,

einen Unfall hatte, sonst irgendwie unterwegs ist, eine wichtige Veranstaltung besucht usw.? Nein, der einzig mögliche Grund ist, dass man den Absender der Mail auf Dringlichkeitsstufe null gesetzt hat. Danke für diese lehrreiche Erkenntnis, die sich mir ohne deine voreiligen Schlüsse wohl nicht eröffnet hätte.

Melanie
(keine Antwort)

Ich fragte Mark, ob er danach je wieder von Melanie gehört habe. »Ein paar Tage später«, sagte er, »hat sie sich entschuldigt, sie sei im Stress gewesen und hätte wohl überreagiert – aber treffen wollte sie mich trotzdem nicht mehr.«

»Die Luft ist raus« war in Melanies Mail zu lesen.

Wie Mark mir sagte, sei diese Art der Selbstbezogenheit häufig anzutreffen. »Ich war auch mal mit einer kinderlosen Frau liiert, die mir ein Ultimatum stellte«, erzählt er. »Ich hatte die Wahl – entweder ich folge der Einladung meiner Kinder und verbringe das Erntedankfest mit ihnen oder ich feiere mit ihr und ihren Verwandten. Doch sollte ich mich für meine Kinder entscheiden, könne ich die Beziehung mit ihr gleich vergessen, meinte sie.«

Und? Wie fiel Marks Entscheidung aus?

»Es wird dich erstaunen zu hören, dass wir nicht mehr zusammen sind«, sagte er trocken.

Ich fragte andere Frauen, was sie von Marks E-Mail-Wechsel mit Melanie hielten und wie sie über das Ultimatum seiner Exfreundin dachten – »geisteskrank«, »unflexibel«, »egoistisch« lauteten die Kommentare.

Auf eine verquere Weise aber konnten alle verstehen, warum sich diese Frauen zurückgesetzt fühlten: Ein Traummann würde die Frau nicht acht Stunden lang vor ihrem E-Mail-Postfach hocken und auf eine Antwort warten lassen. Ein Traummann würde mit seiner Angebeteten lieber als mit sonst irgendwem den Feiertag verbringen wollen. (Eine Frau hingegen stößt immer auf Verständnis, wenn sie ihre Kinder über ihren Partner stellt – und sollte der etwas anderes von ihr verlangen, würde er sofort als egoistisch gelten.)

Der Witz bei der Sache – dieser Traummann existiert nicht (eben weil wir ihn uns in unseren Träumen zusammenfantasieren)! Aber selbst wenn, wäre er wirklich der Mann, mit dem wir zusammen sein wollten? Ein Mann, der kein eigenes Leben hat, der sein Leben nur nach uns richtet? Ein Mann, der die Feiertage nicht mit seinen eigenen Kindern verbringen will?

Nein. So einen wollen wir nicht.

Ja, er ist mit der *zusammen*

Melanies Reaktion mag extrem erscheinen, aber viele von uns machen sich mit genau dem gleichen Anspruchsdenken auf Partnersuche und merken es nicht einmal. Danielle, die fünf Jahre lang verheiratet war, erzählte mir eine interessante Geschichte.

Sie sei, als sie noch Single war, einmal auf eine Dinnerparty bei einer verheirateten Freundin eingeladen gewesen. Sie habe neben einem Mann gesessen und sich sehr gut mit ihm unterhalten, bis sie erfuhr, dass die Frau zu seiner Rechten seine Verlobte war. Die wäre aber bei Weitem nicht so attraktiv, bezaubernd und geistreich gewesen wie sie selbst. (Danielle muss sehr attraktiv, sehr bezaubernd und sehr geistreich sein.) Nachdem alle gegangen waren, blieb sie noch ein wenig und jammerte ihrer Freundin (der Gastgeberin) vor, dass sie es satthabe, ständig auf Männer zu stoßen, die bereits vergeben waren. Es sei ihr ein Rätsel, warum all die anderen Frauen immer so supertolle Männer abbekämen und sie noch immer solo war.

»Was hat die denn, was ich nicht habe?«, wollte Danielle in Anspielung auf die Verlobte ihres Partyschwarms wissen. Die Antwort kam prompt: »Zwei Dinge. Nummer eins: Verständnis. Nummer zwei: seine Liebe.« Aus Verständnis, so ihre Freundin, wird am Ende Liebe.

Die Freundin kannte Danielle sehr gut, sie hatte im Laufe der Jahre des Öfteren miterlebt, wie Danielle immer mal wieder von einem Mann schwärmte, so wie eben jetzt von besagtem Partygast, nur um dann einen Monat oder ein Jahr später einen »Fehler« an ihm zu finden. Doch das Partyerlebnis war ein Weckruf für Danielle, die in jenem Augenblick erkannte, dass sie als Single enden würde, wenn sie potenzielle Partner weiterhin nur bewerten und nach »Fehlern« absuchen würde. Den nächsten Mann, mit dem sie ausging, hat sie geheiratet.

»Nach dieser Unterhaltung ging ich meine nächste Beziehung komplett anders an«, erzählte sie mir. »Ich konzentrierte mich darauf, das zu schätzen, was ich an ihm mochte, und mehr Verständnis für vermeintliche Fehler zu entwickeln. Und ich begriff, dass es mir genau daran in meinen früheren Beziehungen gemangelt hatte.«

Danielle gab zu, dass es ihr nie bewusst gewesen war, wie sehr ihr Anspruchsdenken auf Kosten ihrer Beziehungen ging.

»Ich dachte immer ›Hier kriege ich nicht, was ich will‹ und machte wieder Schluss. Als ich meinen Mann kennenlernte, begriff ich, dass ich mich selbst sabotieren würde, wenn ich diese überhöhte Erwartungshaltung nicht ablege und ihn so liebe, wie er ist. Ich entschied mich ganz bewusst, mich über das zu freuen, was er mir gibt, anstatt mich ständig darüber zu beklagen, was ich nicht kriege. Und ich begriff außerdem, dass ich kein Recht hatte, mich überhaupt zu beklagen, wenn ich ihm nicht in irgendeiner Form entgegenkomme! Er hat einmal zu mir gesagt: ›Romantisch bin ich gerne, aber ich sehe nicht ein, warum ausschließlich ich in unserer Beziehung dafür verantwortlich sein soll.‹ Bis dahin hatte ich wirklich immer erwartet, dass das vom Mann kommen muss; dabei ist es viel schöner, wenn beide etwas dazu tun.«

Auch Dr. Broder hatte mir erklärt, dass wir Frauen sehr häufig erwarten, dass der Mann uns mit Geschenken überhäuft – mit Komplimenten, Einladungen, Restaurantbesuchen, mit emotionaler Zuwendung und romantischen Gesten rund um die Uhr –, und die Männer, die unsere Maßstäbe in einem dieser Punkte nicht erfüllen, werden (ganz unnötigerweise) abserviert.

Ein Friseur aus Montana erzählte mir, dass so eine Einstellung die Männer verprellt.

»Ich habe haufenweise beziehungstaugliche Männer als Kunden«, sagte er. »Aber viele wollen von der Partnersuche schon gar nichts mehr wissen. Sie sagen, die moderne Frau bringe nichts in die Beziehung mit außer einem tief sitzenden Drang nach einem Mann, den sie ganz für sich vereinnahmen kann – bis sich ein Besserer findet.«

Eine 29-jährige, alleinstehende Zahnärztin aus Atlanta formulierte es ähnlich: »Ich höre die Frauen immer fragen ›Wo sind denn all die tollen Typen?‹, woraufhin ich nur sage ›Wenn ihr die Nase so hoch tragt, seht ihr sie natürlich nicht.‹«

Das erinnerte mich an all die vielen Gespräche mit meinen Single-Freundinnen, die sich genau die gleiche Frage stellten – wo sind bloß all die tollen Männer dort draußen? Doch langsam kam ich auf eine Antwort. Vielleicht verprellen wir Frauen sie mit unseren überzogenen Erwartungen.

Vielleicht müssen wir unsere Ansprüche herunterschrauben.

Eine schmähliche Erkenntnis zwar, aber eine wahre – das wusste ich. Auch ich musste von meinem hohen Ross heruntersteigen! Und eins war klar – wenn ich den Richtigen finden wollte, musste ich endlich aufhören, über die Männer dort draußen zu klagen, und stattdessen lernen, bessere Entscheidungen zu treffen.

Nur wie?

TEIL III

Die Kunst der klugen Entscheidung

Das Bessere ist der Feind des Guten.

VOLTAIRE

10.
Glücklich, statt wählerisch

Hier ein Leserbrief an die Ratgeberkolumnistin vom *Slate Magazine*:

Hi Prudence,

nachdem meine achtjährige Ehe in die Brüche gegangen war, verbrachte ich einige Zeit allein, gefolgt von einer Reihe Dates mit Männern, deren Beschreibung super klang (gebildet, gleicher Geschmack in Bezug auf Bücher, Musik, Kunst), die aber allesamt flegelhaft waren, sozial unbeholfen oder ausgesprochen langweilig. Und nun habe ich den (möglicherweise) Richtigen getroffen, mit dem ich seit fast einem Jahr liiert bin – ein Mann, der nett ist, verständnisvoll, ein wunderbarer Zuhörer und ein guter Liebhaber. Doch eine Sache beschäftigt mich trotzdem – er ist intellektuell nicht vom gleichen Kaliber wie mein Ex, mit dem ich den geistigen Austausch so sehr genossen habe. Dieser (möglicherweise) Richtige geht zwar mit mir in Museen oder auf Veranstaltungen, die mich interessieren, aber ich kann mich danach nicht mit ihm austauschen oder durch ihn neue Einsichten gewinnen. Ich liebe meinen neuen Freund und will seine vielen hervorragenden Eigenschaften keineswegs geringschätzen, aber nun, da wir auf unser Einjähriges zugehen, mache ich mir zunehmend Sorgen, dass ich in dieser Beziehung auf Dauer intellektuell verhungern werde. Bin ich nur auf eine Nebensächlichkeit fixiert, oder klingt das nach einem ernsten Problem?

Eine Zweiflerin

Liebe Zweiflerin,

Meine Antwort wäre anders ausgefallen, wenn Sie geschrieben hätten, dass Sie mit einem Mann zusammen sind, der nett ist, verständnisvoll, ein wunderbarer Zuhörer, ein brillanter Kulturkritiker – aber im Bett ein totaler Flop. Offensichtlich konnten Sie sich mit Ihrem Ex bis in die Puppen über die neuesten Bühnenwerke von Tom Stoppard unterhalten, aber das hat die Beziehung auch nicht daran gehindert, den Bach runterzugehen. Sie sagen nicht, Ihr neuer Freund sei unintelligent, nur, dass er im Bereich Kunst und Kultur nicht auf Ihrer Welle schwimmt. Na und? Wenn Sie eine lebhafte Diskussion über ein Theaterstück oder eine Museumsausstellung wollen, dann laden Sie doch ein befreundetes Pärchen ein, um sich danach bei einem gemütlichen Essen darüber auszutauschen. Oder ziehen Sie mit einer Freundin los, die Ihre Leidenschaft teilt. Ihr Freund könnte mir genauso gut schreiben, dass Sie beide sich wunderbar verstünden, all seine früheren Freundinnen aber begeisterte Skifahrerinnen oder Vogelbeobachterinnen gewesen seien und er sich deshalb frage, ob ihm auf lange Sicht wohl etwas fehlen würde, wenn er jemanden heiratet, mit dem er diese Interessen nicht teilen könne. Würden Sie ihm nicht sagen: «Jetzt schmeiß doch nicht gleich alles hin, nur weil ich nicht Ski fahre!«? Aber wenn Sie sich noch einmal auf die Suche machen wollen, um den bislang-noch-unentdeckten Mann zu finden, der Ihnen in jeglicher Hinsicht passt – bitte schön! Eine weniger wählerische Frau wird bestimmt rasch merken, dass Ihr (möglicherweise) Richtiger perfekt ist.

Prudie

Der Sozialwissenschaftler Barry Schwartz unterscheidet zwei Entscheidungstypen: die Maximierer und die Satisficer (to satisfice = sich mit etwas zufriedengeben). Um es vorwegzunehmen: Unsere Rat suchende Leserin scheint ganz klar in die Kategorie der Maximierer zu fallen – wie viele Single-Frauen, einschließlich meiner Person.

Keine gute Sache, vor allem, wenn es um die Partnersuche geht.

In seinem erhellenden Buch *Anleitung zur Unzufriedenheit. Warum weniger glücklicher macht* erklärt Schwartz den Unterschied zwischen Maximierern und Satisficern folgendermaßen: Sagen wir, Sie wollen einen neuen Pulli kaufen. Er soll eine vorteilhafte Passform haben, modisch sein, nicht kratzen, eine schicke Farbe haben und preislich im Budget liegen. Dazu soll er mit einem bestimmten Kleidungsstück kombinierbar sein. Die Satisficerin geht in ein Geschäft oder auch zwei, findet einen Pulli, der all diese Kriterien erfüllt, und kauft ihn.

Sie ist fertig.

Die Maximiererin geht in ein Geschäft, sucht einen Pulli aus, der all diese Kriterien erfüllt und denkt »Hübscher Pulli, aber vielleicht sollte ich noch drüben in der kleinen Boutique schauen. Eventuell finde ich dort einen schöneren. Oder einen im Angebot.« Sie versteckt den hübschen Pulli unter dem Stapel (damit kein anderer ihn kauft) und prüft weitere Angebote in einem anderen Geschäft (oder auch in fünften).

Nun könnte man meinen, dass die Maximiererin am Ende einen noch besseren Pulli findet, denn schließlich schöpft sie mehrere Möglichkeiten aus. Aber das ist nicht notwendigerweise der Fall. Die Satisficerin sucht nicht das absolut Beste, aber sie hat ihre Maßstäbe, und wenn diese erreicht sind, nimmt sie das Angebot wahr – und sucht nicht mehr weiter.

Sucht sie einen modischen Pulli, gibt sie sich zufrieden, wenn sie einen gefunden hat, und überlegt nicht, ob sie in einem anderen Laden möglicherweise einen noch modischeren findet. Sucht sie einen preiswerten Pulli, gibt sie sich zufrieden, wenn sie einen gefunden hat, und überlegt nicht, ob sie in einem anderen Laden möglicherweise ein besseres Schnäppchen macht. Sucht sie einen Pulli, der ihrer Figur schmeichelt, gibt sie sich zufrieden, wenn sie einen gefunden hat, und überlegt nicht, ob sie in einer anderen Boutique möglicherweise einen noch vorteilhafteren findet.

Die Maximiererin hingegen wird weitere drei Stunden oder drei Tage damit verbringen, nach dem absolut besten Pulli zu suchen, auch wenn sie am Ende womöglich nicht fündig wird und beschließt, den Pulli aus dem ersten Geschäft zu kaufen, den sie unter den Stapel geschoben hatte. (Sofern er noch dort liegt, was mittlerweile fraglich ist. Eine Satisficerin hat ihn schon gekauft!)

Aber nehmen wir mal an, die Maximiererin findet tatsächlich einen Pulli, der ein klein wenig hübscher ist oder ein klein wenig preiswerter. Ist sie am Ende damit glücklicher als die Satisficerin?

Wahrscheinlich nicht, sagt Schwartz. Und das hat folgenden Grund: Während die Satisficerin mit einem guten Produkt zufrieden ist, ist die Maximiererin nur mit der absolut besten Wahl zufrieden. Doch da sie nie ganz sicher sein kann, ob eine Wahl tatsächlich die absolut beste Wahl ist (schließlich kann man nie alle Pullis in der ganzen Stadt ansehen; außerdem ändern sich die Schaufensterauslagen wöchentlich und vielleicht ist dann ein noch besserer Pulli dabei), ist der ganze Entscheidungsprozess von Zweifeln und Unsicherheiten begleitet.

Man denke nur einmal an all die Zeit und Energie, die man für diese Entscheidung vergeudet hat, nur um am Ende einen unwesentlich hübscheren oder billigeren Pulli zu finden, was langfristig betrachtet überhaupt gar keine Rolle spielt. Die Qual der Wahl hätte man sich sparen können – Komplimente für einen hübschen, neuen Pulli hätte es auch so gegeben.

Doch nun, da man so große Mühe auf die Suche nach dem absolut besten Pulli verwendet hat, sind nach getroffener Wahl auch die Alternativen größer, die man ausgeschlagen hat, weshalb man sich auch danach noch fragt, ob die Entscheidung auch wirklich die richtige war. Es ist wie bei der Partnerwahl, wenn eine Frau sagt: »Nun habe ich so lange auf den Richtigen gewartet, da will ich *jetzt* auch keine Abstriche machen.« Je länger man wartet und je intensiver man sucht, desto »besser« muss der Pulli – oder der Mann – letztendlich sein. Wer will sich schon nach all den Strapazen mit einem »halbwegs ordentlichen« Pulli oder einem »halbwegs annehmbaren« Mann abfinden? Den hätte man auch schon Jahre früher haben können. Ein Grund mehr zuzugreifen, den hübschen Pulli aus dem ersten Geschäft zu nehmen ... und den ersten »passenden« Partner.

Ein Mann ist doch kein Pulli

Zugegeben, ein Pulli ist keine Beziehung. Aber ganz egal ob Pulli oder Partner – die Satisficer sind tendenziell glücklicher im Leben als die Maximierer. Der Satisficer weiß, wann er den Partner gefunden hat, nach dem er suchte, auch wenn er nicht ganz so perfekt ist. Der Maximierer sucht entweder nach einem noch besseren Partner und entscheidet sich nie für einen. Oder er entscheidet sich für einen Partner und fragt sich sogleich, ob diese Wahl auch richtig war. Er begreift nicht, dass es nicht nur »akzeptabel« ist, wenn wir nicht zu einhundert Prozent das bekommen, was wir wollen – es ist ganz normal.

Ich habe Barry Schwartz am Swathmore College angerufen, wo er Professor ist, und er hat mir das Dilemma dieses Maximierungsdenkens folgendermaßen erklärt: »Wir schielen ständig danach, ob sich nicht noch etwas Besseres findet. Doch je mehr wir danach schielen, desto weniger positiv empfinden wir unseren Partner oder einen potenziellen Partner – auch wenn der unterm Strich genauso gut ist, wie die, nach denen wir schielen.«

Das genau sei der Grund, warum die Maximiererin mitunter jahrelang mit einem Partner liiert ist, aber immer noch nicht weiß, ob sie ihn nun heiraten will oder nicht. Sie wolle sich erst »hundertprozentig sicher sein«.

Das heißt nicht, so Schwartz, dass sie unsicher ist in Bezug auf ihre Gefühle für den Partner. Sie ist sich nur nicht sicher, ob vielleicht nicht doch noch ein »Besserer« um die nächste Ecke kommt.

Anstatt sich zu fragen »Bin ich glücklich?«, fragen sich die Maximierer »Ist das die beste Wahl, die ich treffen konnte?« Sie erleben in einem fort, was Schwartz »Reue im Vorfeld einer Entscheidung« nennt. In seinem Buch heißt es: »Sie stellen sich vor, wie Sie empfänden, wenn Sie entdeckten, dass eine bessere Option verfügbar ist. Dieser Sprung in der Vorstellung ist möglicherweise alles, was erforderlich ist, um Sie angesichts jeder bevorstehenden Entscheidung in tiefste Unsicherheit – sogar tiefes Unglück – zu stürzen.«

Umtauschrecht beim Ehemann

Bei Kaufentscheidungen möchten wir gerne das Recht zum Umtausch haben, falls uns unsere erste Wahl später nicht mehr gefallen sollte. Und in der Partnerschaft? Nun, viele lassen sich aus Angst vor einer Fehlentscheidung eine kleine Hintertür offen: Sie leben unverheiratet zusammen, um später entscheiden zu können, ob sie sich für immer binden wollen. Das Zusammenleben solle zeigen, so hört man diese Menschen sagen, ob und wie gut man auf lange Sicht zusammenpasst. Es sei ihnen so sehr an einer glücklichen Ehe gelegen, dass sie alles tun wollen, um auf Nummer sicher zu gehen. Aber schafft das unverbindliche Zusammenleben in diesem Punkt tatsächlich Klarheit?

Nach Angaben der amerikanischen Gesundheitsbehörde Centers for Disease Control and Prevention (CDC) liegt die Scheidungsrate der Paare, die vor der Heirat bereits zusammenlebten, um zwölf Prozent höher als die der Paare, die vor der Ehe nicht zusammenlebten. Laut einer Studie, die der Soziologe Daniel Lichter von der Cornell University im November 2008 veröffentlichte, liegen die Scheidungsraten bei Frauen, die vor der Ehe mit mehr als einem Mann unverheiratet zusammengelebt haben, doppelt so hoch wie bei Frauen, die das nicht haben.

Wie lässt sich das erklären?

Schwartz hat dafür einige Theorien. Wer vor der Ehe den »Testlauf« probt, sei tendenziell ein Maximierer, jemand, der sichergehen will, das »Bestmögliche« zu bekommen, mit seiner Wahl aber nie wirklich zufrieden ist. Möglicherweise aber ist es gerade diese Umtauschmentalität (»Wenn's nicht funktioniert, ziehe ich eben wieder aus«), die den Maximierer umso unzufriedener macht, je konkreter es auf die endgültige Entscheidung, die Heirat, zugeht. Er erzählte mir von einer Studie, die er in seinem Buch zitiert. Danach waren die Probanden, die Artikel ohne Umtauschrecht gekauft hatten, zufriedener als diejenigen, die Artikel mit Umtauschrecht gekauft hatten.

»Fast jeder wird lieber in einem Geschäft einkaufen, das ein Rückgaberecht einräumt, als in einem Geschäft, in dem das nicht der Fall ist«, schreibt er in seiner *Anleitung zur Unzufriedenheit*. »Wir übersehen dabei allerdings, dass allein die Chance, unsere Meinung ändern zu können, die Wahrscheinlichkeit zu erhöhen scheint, dass wir *tatsächlich* unsere Meinung ändern. Wenn wir unsere Entscheidungen noch einmal überlegen können, sind wir weniger zufrieden mit ihnen.«

»Ist eine Entscheidung hingegen endgültig« – wie etwa die Ehe im Vergleich zum Zusammenleben –, »öffnen wir uns für eine Vielzahl psychologischer Prozesse, die uns die getroffene Entscheidung in einem positiveren Licht zeigen als die Alternativen«, schreibt Schwartz.

Mit anderen Worten, je länger wir mit unserer Wahl des richtigen Ehepartners zaudern, desto wahrscheinlicher wird es, dass wir uns immer nur auf seine Schwächen konzentrieren, und keiner wird uns je gut genug sein. Finden wir einen Mann toll und fangen an, ihn zu vergleichen, etwa mit einem, der intelligenter, aber passiver ist, erscheinen uns beide Alternativen sogleich weniger attraktiv. Der erste Mann scheint weniger intelligent, der zweite weniger aktiv. Sich zwischen »ziemlich gut« und »völlig daneben« zu entscheiden, ist leicht; aber sich andauernd zwischen zwei guten Alternativen entscheiden zu müssen, macht einen fertig. Nebeneinander betrachtet erscheinen beide Alternativen über kurz oder lang nur mittelmäßig.

Oder, wie Schwartz es sagte: »Unsere Deutungsmacht kann großartige Dinge zu mittelmäßigen machen.«

Mit der Zeit wird jede 8 zu einer 6

Kommen wir noch einmal auf die Frau zurück, die ich anfangs erwähnt hatte, die mir schrieb, dass sie gar nicht nach einer perfekten 10 Ausschau hielte – eine 8 würde es auch tun. Nun war sie bereits mit einer 8 liiert, befand sich aber dennoch in einem Dilemma: »Was, wenn ich lieber eine andere 8 will?« Sie weiß, dass sie Kompromisse eingehen muss, aber im Hinterkopf fragt sie sich, ob sie diesen Kompromiss nicht für *etwas Besseres* eingehen kann. Mag sein. Aber es ist auch möglich, dass sie unter der zu großen Auswahl leidet, die letztendlich all die »guten« Möglichkeiten weniger reizvoll erscheinen lässt.

Schwartz hat noch eine weitere Erklärung parat: Möglicherweise habe ihr ein psychologischer Prozess namens »Adaptation« hier ein Bein gestellt.

»Wir gewöhnen uns an Dinge«, sagte er, »und betrachten sie dann als selbstverständlich.« In etwa so, als betrete man an einem heißen Sommertag einen klimatisierten Raum: Prompt hält man die Klimaanlage für die beste Erfindung der Welt, hat sie aber eine Stunde später schon wieder vergessen. Man gewöhnt sich daran, und die Klimaanlage ist dann nicht mehr außergewöhnlich toll, sondern selbstverständlich geworden. Was anfangs eine 10 war, ist dann nur noch eine 5.

Ähnlich erginge es möglicherweise besagter Frau, die eine andere 8 will, weil sie ihre aktuelle 8 nur noch als eine 6 wahrnimmt, sagte Schwartz.

»Jede neue Flamme erscheint für einige Zeit ›heißer‹. Doch sollte diese Frau sich darüber im Klaren sein, dass aus jeder 8 mit der Zeit eine 6 wird. Natürlich kann man eine alte 6 gegen eine neue 8 austauschen, aber auch diese 8 wird irgendwann zu einer 6 und das Umtauschspiel beginnt von vorn.« Stellt man sich aber von Anfang an darauf ein, dass jede aufregende 8 irgendwann zu einer angenehmen 6 wird, erspart man sich die Enttäuschung. Mit der Zeit gewöhnt man sich an jeden gewählten Partner, was macht es da schon für einen Unterschied, ob man den »besten« Partner hat oder einen »ganz guten«?

Nach Ansicht von Schwartz geht es nicht darum, sich mit weniger zufriedenzugeben. Die Satisficerin wählt am Ende einen Pulli, der ihren Vorstellungen entspricht, mit dem sie zufrieden ist, der für sie gut genug ist; und genauso verfährt sie bei der Wahl ihres Partners. Findet sie einen, der ihren Vorstellungen entspricht, entscheidet sie sich für ihn und ist zufrieden und glücklich, weil sie weiß, dass »gut genug« eine gute Wahl ist. Sie weiß, dass im Leben nichts perfekt ist – Job nicht, Freunde nicht, Pullis nicht, Partner nicht. Und so nimmt sie das Angebot wahr, das ihren Vorstellungen entspricht, ist glücklich darüber und sucht nicht weiter nach etwas noch Besserem.

Unzufriedene Maximierer

Der Fairness halber sei gesagt – auch Männer können Maximierer sein. Wer kennt ihn nicht, den Mann, der reihenweise mit scheinbar wunderbaren Frauen ausgeht, sich aber für keine entscheiden kann? Das Problem sind laut Schwartz nicht solche Männer selbst. Vielmehr vergeuden diese Frauen ihre Zeit, wenn sie diesem Typ Mann nachlaufen, während sie gleichzeitig Satisficer übersehen, mit denen sie glücklich werden könnten. Frauen vom Typ Maximierer lassen sich häufig auf Männer vom gleichen Typ ein, nur um dann festzustellen, dass diese Männer nicht perfekt sind (oder umgekehrt zu erleben, dass die Männer sie nicht perfekt finden). Zwei Menschen, die stets nur auf das Beste aus sind, passen als Paar nicht gut zusammen.

Es ist eine Illusion zu glauben, dass wir den richtigen Partner schon finden, wenn wir nur lange genug warten. Rein logisch betrachtet müssten die Menschen, die später immer noch zu haben sind, ja »besser« sein – schließlich war bisher niemand gut genug für sie. Doch das ist ein Trugschluss. Das Gegenteil ist wahr. Wer jung geheiratet hat, wer Kompromisse zu schließen, sich auseinanderzusetzen und eine Ehe zu erhalten weiß, ist auch weniger fordernd und anspruchsvoll als jemand, der vermeintlich nie einen Partner finden konnte, der »gut genug« für ihn war. Menschen der ersteren Kategorie sind tendenziell bessere Partner und Eltern, und auch das Zusammenleben wird mit ihnen auf Dauer sehr viel angenehmer sein. Ein guter Grund, nicht nur nach einem Satisficer Ausschau zu halten, sondern auch selbst einer zu sein.

»Die Menschen denken oft, sie müssten zwischen zwei Eigenschaften wählen, zwischen Aussehen und Intelligenz beispielsweise«, erzählte Schwartz. »Aber wir können durchaus glücklich sein mit jemandem, der ein annehmbares Maß von beidem hat.« Anders gesagt, ob wir dem einen Mann eine 3 für Aussehen und eine 8 für Intelligenz geben, oder dem anderen eine 8 für Aussehen und eine 3 für Intelligenz, ist ganz egal, denn es gibt mehr als nur zwei Eigenschaften und so verteilen wir beispielsweise eine 6 für Aussehen, eine 7 für Intelligenz, aber eine 8 für Lebensstil und Persönlichkeit – keine Extremwerte zwar, weder am oberen noch am unteren Ende der Skala, aber insgesamt gefällt uns der Mann durchaus.

Aber genau das lässt den Maximierer unbefriedigt. Er will in allen Punkten eine 8. Der Satisficer hingegen kann damit gut leben. Ironischerweise sind es die Maximierer, die Jahre später auf die Satisficer blicken (die dann natürlich alle verheiratet sind, Familie haben und ein zufriedenes Leben führen) und sagen: »Ich wünschte, das hätte ich auch.« Nun, die Chance dazu hatte bestanden, die Maximierer haben sie einfach nur verpasst.

Es geht nicht darum, sich mit jemandem zufriedenzugeben, dem die Eigenschaften fehlen, die man sich wünscht. Es geht darum, jemanden zu finden, der *genug* davon mitbringt – statt auf jemanden zu warten, der *alles* hat.

Die Partnerwahl als Gameshow

Als ich Steven Martin, Demograf an der University of Maryland, fragte, warum die Zahl der Single-Frauen in jeder Altersgruppe seit Jahren kontinuierlich steigt, sagte er, er kenne zwar die genauen statistischen Daten nicht, habe aber eine Theorie. Seiner Meinung nach begreifen viele Frauen die Heirat so:

Sagen wir mal, eine Frau geht davon aus, dass sie im Laufe ihres Lebens zwanzig Beziehungen haben wird. Bei jedem einzelnen Mann versucht sie nun zu entscheiden, ob er die beste Wahl ist. Bei Mann Nummer drei fragt sie sich beispielsweise, ob er eine bessere Wahl wäre als einer der noch kommenden 17. Einige Frauen entscheiden sich vielleicht für Mann Nummer drei, fragen sich dann aber unentwegt, ob sich von Nummer vier bis zwanzig nicht noch ein Besserer gefunden hätte. Andere schlagen Nummer drei aus, probieren auch alle anderen durch, enden mit Nummer zwanzig und quälen sich dann ständig mit dem Gedanken, ob es nicht ein Riesenfehler war, Nummer drei in den Wind zu schießen.

»Es gibt eine Menge Menschen, die Wehmut und Reue empfinden über verpasste Möglichkeiten«, sagte er.

Und ich gehörte sicher dazu. Meine ständigen Zweifel in Sachen Partnerwahl haben mir jedenfalls noch nie etwas genutzt – und werden es wohl auch künftig nicht. Es wird immer einen noch hübscheren, noch wärmeren Pulli in noch einem weiteren Geschäft geben. Doch eines weiß ich gewiss: Ich will bestimmt nicht erfrieren, während ich endlos nach genau dem richtigen suche.

11. Montags mit Evan

Zweite Sitzung

Falsche Annahmen

»Du musst was gegen deinen Ablehnungsreflex tun«, sagte Evan, als er am folgenden Montag wieder zur vereinbarten Coaching-Sitzung erschien. Er wollte wissen, warum ich es nicht geschafft hatte, meine Hausaufgabe zu erledigen und mir jeweils einen aus zwanzig Männern auszusuchen. Warum fiel es mir bloß so schwer, mich von meinen Maximierungstendenzen zu lösen?

Grund war zum Teil die nackte Realität: Die Auswahl war nicht mehr das, was ich einst gewohnt war. Entgegen Evans Rat hatte ich dem süßen Vierzigjährigen, den ich während unserer letzten Sitzung entdeckt hatte, eine E-Mail geschrieben. Eine Antwort aber war ausgeblieben – wie Evan es vorhergesagt hatte.

Ich erzählte Evan, dass ich ein kurzes soziologisches (um nicht zu sagen masochistisches) Experiment gestartet und für einen Tag mein Alter auf 31 gesetzt hatte. Prompt hatte ich Post von etlichen potenziell interessanten Männern bekommen. Doch kaum hatte ich wieder mein wahres Alter angegeben, nämlich 41, war der einzige halbwegs aussichtsreiche Kandidat ein 53-jähriger ehemaliger Sportlehrer, dessen Vorstellungen von Urlaub nicht weiter reichten als bis in ins Spielerparadies Las Vegas. An meinem Profil hatte sich bis auf das Alter nichts verändert: Fotos, Beschreibung, alleinerziehend – alles das Gleiche. Ich wollte ja gerne eine Satisficerin werden, was ich aber angesichts der Partnervorschläge, die ich mit 41 bekam, ganz schön schwierig fand.

»Natürlich ist es heute für dich schwieriger«, sagte Evan. »Aber sieh es doch mal so: Dein Marktwert mag heute niedriger sein als noch vor zehn Jahren, aber genauso gut liegt er heute sehr viel höher als in weiteren zehn Jahren. Versuch also bitte, deine Voreingenommenheit abzulegen. Ich will nämlich nicht die gleiche Leier von dir hören, wenn du 51 bist und dich fragst, warum du all diesen Männern, die du mit 41 hättest haben können, keine Chance gegeben hast.«

Um ehrlich zu sein, hatte ich genau diesen Fehler bereits gemacht. Wenige Tage zuvor nämlich hatte ich einem netten vierzigjährigen Anwalt und Hobbytaucher mit einem sehr ansprechenden Profil gemailt. Als er antwortete, war ich ganz aus dem Häuschen – bis ich die Mail dann öffnete. Er ließ mich wissen, dass er mich im Netz schon einmal gefunden hatte, vor fünf Jahren. Damals hätten wir regen E-Mail-Kontakt gehabt und sogar einmal telefoniert. Er hätte gedacht, alles liefe wunderbar. Doch als er sich am Ende des Telefongesprächs mit mir habe verabreden wollen, hätte ich irgendetwas dahergestammelt von wegen wir würden nicht zusammenpassen.

Ich erinnerte mich vage daran, als ich seine Mail las, konnte heute aber absolut nicht verstehen, warum ich ihn damals nicht hatte treffen wollen. Wahrscheinlich war es nur ein lachhafter Grund – etwa, weil es nicht gleich durch den Hörer geknistert und Funken gesprüht hatte. Jetzt war er für mich der interessanteste Mann weit und breit im Netz. Er war jedoch nicht bereit, den Kontakt wieder aufleben zu lassen. Diesmal war er es, der das Date »dankend« ablehnte.

Evan hatte recht. Ich wusste es. Später würde ich es bereuen, wenn ich die Männer, die heute zur Verfügung standen, vorschnell ausschloss. Trotzdem empfand ich es als eine Beleidigung, E-Mails von Männern zu bekommen, die so alt waren, dass ich ihre Tochter sein könnte.

»Warum empfindest du das als Beleidigung?«, fragte Evan. »Nehmen wir mal an, du bist Harvard. Du bekommst 25 000 Bewerbungen jedes Jahr. Harvard ist bestimmt nicht beleidigt, wenn sich jemand mit einem schlechten Notendurchschnitt oder einem weniger guten Aufnahmetest trotzdem bewirbt. Die Uni sendet schlicht und einfach einen netten Brief, bedankt sich für die Bewerbung und ist nicht sauer auf die, die es trotz mangelnder Qualifikation versucht haben. Doch der entscheidende Unterschied zwischen dir und Harvard ist, dass Harvard jedes Jahr neun Prozent aller Bewerber zulässt und du nicht einmal neun Prozent deiner Bewerber in die Auswahl nimmst. Im Moment sind es gerade mal zwei Prozent.«

Das war richtig. Von den fünfzig Kandidaten, die ich mir angesehen hatte, hatte ich genau einem eine Mail geschickt – und das war Mister Romantik, den ich in unserer letzten Sitzung erst nach langem Zureden auf meine Favoritenliste gesetzt hatte, obgleich er mir eigentlich »zu romantisch« war. Seither hatten wir uns ein paarmal geschrieben, und dann war er einfach verschwunden. Da war es wohl nicht weit her mit der Romantik!

»Komm, lass uns die Partnervorschläge genauer ansehen«, sagte Evan. »Ich bin sicher, da sind ein paar mehr dabei, die dich interessieren könnten.«

Der Ablehnungsreflex

Evan klickte auf das erste Profil und – ausgeschieden: Sein Lieblingsfilm war *e-m@il für Dich*.

»Was für ein Typ nennt einen Frauenfilm mit Meg Ryan seinen absoluten Lieblingsfilm?«, fragte ich. »Es ist nicht etwa einer von vielen Filmen, die er mag. Nein. Es ist sein *Lieblingsfilm*.

»Ab jetzt werde ich dir jedes Mal, wenn du so vorschnell urteilst, einen kleinen Elektroschock verpassen«, sagte Evan. »Und außerdem, mir hat der Film auch gefallen.«

»Das ist nicht dein Ernst!« Ich konnte es nicht fassen. Einem gestandenen Kerl wie Evan?

»Doch, wirklich!«, sagte Evan. »Er gehört zu meinen absoluten Lieblingsliebeskomödien. Und? Wäre ich deshalb kein gutes Date?«

»Doch, ich finde es nur etwas abartig. Dein Geschmack ist ansonsten ja nicht grottenschlecht – außerdem weiß ich, was für Filme dir sonst noch gefallen. Im Großen und Ganzen bist du bestimmt nicht der Typ, der auf so was wie *e-m@il für Dich* steht.«

»Woher weißt du dann, dass dieser Typ nicht so ist wie ich?«

Na ja … Ich wusste es nicht. Also setzte ich ihn auf meine Liste.

»Oh, noch was«, sagte Evan. »Das war nur ein kleiner Scherz von mir. Um auf den Punkt zu kommen.«

Ich hätte ihn umbringen können. »Dann gefällt dir *e-m@il für Dich* also gar nicht?«

»Nie gesehen.«

»Ich hasse dich.«

»Gut, aber es hat dich ins Grübeln gebracht, stimmt's?«, fragte Evan.

»Ich hasse dich immer noch.«

Evan ließ ein triumphierendes Lächeln blitzen. »Ich mache nur meinen Job, meine Liebe. Du kannst einen Mann nicht aussortieren, nur weil er einen anderen Filmgeschmack hat. Das hat nichts zu sagen. Vielleicht hat er das geschrieben, weil er dachte, es mache Eindruck bei den Frauen und er käme damit sensibel rüber. Oder er findet Meg Ryan toll. Wer weiß? Du musst aufhören, falsche Schlüsse zu ziehen.«

Ein Profil ist keine Lebensgeschichte

Evan sagte mir klipp und klar, was mein Problem war: Ich reimte mir aus ein oder zwei Informationsschnipseln ganze Lebensgeschichten zusammen. Hatte einer eine Eliteschule absolviert, nahm ich sofort an, er sei ein eitler Fatzke. Kann sein, muss aber nicht. Stand einer auf kitschige Schnulzen, nahm ich sofort an, er habe generell einen schlechten Geschmack oder ticke völlig anders als ich. Kann sein, muss aber nicht. Machte einer viele Rechtschreibfehler, nahm ich sofort an, er sei unintelligent, obwohl ich es besser wissen müsste, denn meine Freundin Joy war mit einem hochintelligenten Rechtschreibversager zusammen.

Genau deshalb sei es so tückisch, von falschen Annahmen auszugehen, sagt Evan. »Wer Probleme mit der Rechtschreibung hat, ist noch lange kein schlechter Ehemann. Es gibt verschiedene Arten von Intelligenz.« Ich wusste, dass er recht hatte. Hätte es zu Einsteins Zeiten schon Dating-Seiten gegeben, wie hätte sein Profil da wohl ausgesehen? Ich musste an all die klugen und kompetenten Ehemänner meiner Freundinnen denken – keine Ahnung, wie gut die in Rechtschreibung waren.

»Wie wäre es denn mit dem?«, fragte Evan und klickte das nächste Profil an.

»Nicht attraktiv«, sagte ich.

»Findest du? Der hat doch ein nettes Lächeln.«

Ich lachte. »Das klingt, als würdest du sagen ›Einen Mund hat er auch‹. Kennst du irgendjemanden, der kein nettes Lächeln hat? Jeder hat ein nettes Lächeln, es sei denn, ihm fehlen die Schneidezähne.«

»Was ist denn an dem nicht attraktiv?«

Auf den zweiten Blick war nichts Unattraktives an ihm. Durchschnittlich halt. Außerdem hatte er das Feld mit der Einkommensangabe nicht ausgefüllt.

»Er hat kein Geld«, sagte ich. »So einen kann ich mir nicht leisten. Ich muss bereits mich und meinen Sohn versorgen. Ich brauche jemanden, der sich selbst versorgen kann. Er gibt an, selbstständig zu sein, verbirgt aber sein Einkommen.«

»Woher weißt du denn, dass er kein Geld hat?«, fragte Evan. »Jetzt ziehst du schon wieder einen Schluss, der eigentlich völlig aus der Luft gegriffen ist. Ich kenne viele Männer, die das Feld leer lassen, weil sie nicht wollen, dass die Frauen ihnen nur wegen ihres Vermögens schreiben.«

»Aber so kriegen sie bestimmt nicht viele E-Mails«, wandte ich ein. »Überleg doch mal, Männer wollen nicht, dass Frauen ihnen wegen des Geldes schreiben, und Frauen wollen nicht, dass Männer ihnen wegen ihres Aussehens schreiben. Aber wenn Frauen kein Bild von sich einstellen, dann schreiben die Männer erst gar nicht! Doch wenn Männer ihr Einkommen nicht angeben, erwarten sie, dass wir ihnen trotzdem schreiben. Sie gehen automatisch davon aus, dass eine Frau nicht attraktiv ist, wenn sie kein Bild von sich einstellt. Genauso gehen wir Frauen automatisch davon aus, dass ein Mann kein Geld hat, wenn er sein Einkommen verschweigt. Ob Mann oder Frau – wir alle stellen Vermutungen an und ziehen Schlüsse.«

Evan stieß einen lauten Seufzer aus. »Denk, was du willst«, sagte er. »Aber dann rechne auch damit, dass dir ein Mann entgeht, der finanziell in sicheren Verhältnissen lebt, es nur nicht gleich jedem auf die Nase binden will. Sieh dir diesen Mann doch mal an. Er hat einen Doktortitel in Betriebswirtschaft. Ich bin sicher, der ist nicht arm. Du handelst nach dem Motto: Erst schießen, dann Fragen stellen. Doch vielleicht schießt du auf die falsche Zielscheibe.«

Falsche Schlüsse

Wie aber konnte ich wissen, welches die richtige Zielscheibe war? Dienten die Profile nicht als Auslesefilter? Schließlich konnte ich nicht allen zehntausend Männern auf der Seite eine Mail schreiben. Also musste ich aus dem, was sie schrieben, meine Schlüsse ziehen.

»Ja«, sagte Evan. »Aber oft sind die Schlüsse, die du ziehst, falsch. Alle Männer, die gerne Bingo spielen, sind Opas. Alle Männer, die gerne Audiobücher hören, lesen keine richtigen Bücher.«

Gewiss, Evan meinte es nur gut mit mir, aber langsam bekam ich miese Laune. Klar war bisher nur, dass ich mir in der Vergangenheit die Männer stets nach den falschen Kriterien ausgesucht hatte – mehr nicht. Und heute? Anstatt glücklich verheiratet zu sein, verbrachte ich am Montag meine Mittagspause mit einem Dating-Coach vor dem Computer, um Online-Profile zu durchforsten. Ich war es leid, nach dem Richtigen zu suchen und die Bedeutung von Bingo oder Hörbüchern in seinem Profil einzuordnen.

»Siehst du den hier?«, sagte ich zu Evan und klickte auf ein Profil. »Der wirkt eigentlich ganz okay. Aber weißt du was? Der ist mir bereits vor zehn Jahren schon mal aufgefallen. Was hat der wohl für ein Problem? Wieso findet der keine? Der tummelt sich schon seit zehn Jahren auf dieser Seite.«

»Genauso wie du – nur mit Unterbrechungen«, erwiderte Evan. »Du hattest in der Zwischenzeit drei längere Beziehungen und bist danach noch zweimal hier gelandet. Kann ihm doch genauso ergangen sein. Vielleicht hat er eben gerade nach zwei Jahren mit seiner Freundin Schluss gemacht. Du musst aufhören mit deinen ewigen …«

»Annahmen!«, rief ich dazwischen. »Ja, ich weiß.«

Es schien tatsächlich so, dass viele meiner Annahmen unfair waren und ich mich wirklich damit zurückhalten sollte, um überhaupt irgendwen kennenzulernen. Ich klickte zu meiner Auswahlliste, um Evan die Männer zu zeigen, die ich mir einigermaßen als Partner vorstellen konnte. Der erste war ein Marketingleiter, der intelligent, interessant und humorvoll aussah. Er hatte lichtes grau meliertes Haar, wirkte »reif und weise« und sah um einiges älter aus als die angegebenen 49. Doch da tauchte plötzlich eine Nachricht auf. Er war nicht mehr auf dieser Dating-Seite. Was?

»Evan, er ist weg!«, rief ich. »Das gibt's doch gar nicht. Er hat jemanden gefunden!«

»Was beweist, dass es Frauen gibt, die weniger voreingenommen sind als du«, sagte er in der Hoffnung, mich aufzuheitern. »Oder er nimmt sich eine kleine Auszeit, weil er für drei Wochen verreist ist.«

Evan klickte zum nächsten Profil. »Hier. Der scheint interessant«, sagte er.

»Sieht schwul aus, findest du nicht?«, fragte ich.

»Er sieht fröhlich und glücklich aus!«

»Ja, aber irgendwie schwul.«

»Mit seiner Tochter im Arm? Eher nicht.«

Doch. Er sah richtig schwul aus. War mir egal, ob er mal verheiratet war und ein Kind hatte. Vielleicht hatte er sich scheiden lassen, weil seine Frau dahinterkam, dass er homosexuell ist.

»Du reimst dir aus diesem kurzen Profil schon wieder eine ganze Lebensgeschichte zusammen«, sagte Evan. »Gut, vielleicht ist er schwul – ich kann das in seinem Profil jedenfalls nicht erkennen. Sieht er aus wie ein Supermacho? Nein. Aber deswegen ist er noch lange nicht schwul. Ich weiß, es ist nicht einfach. Als 41-jährige Frau triffst du auf Match.com auch Beziehungsphobiker, finanzielle Problemfälle, unattraktive oder sozial schwierige Männer, verbitterte Geschiedene oder erheblich Ältere und viele, die keine Kinder mehr wollen. Schau in dein Postfach. Ich erzähle dir nichts Neues. Aber sind die tollen Männer wirklich alle vergeben? Nein. Du findest sie nur nicht, wenn du dir ständig irgendetwas zusammenreimst.«

Oho oder oje?

Evan glaubt, dass Menschen vorschnell zu Annahmen neigen, weil die Partnersuche im Netz echt anstrengend ist. Frauen wollen am liebsten auf Anhieb wissen, ob dieser oder jener Mann der Richtige ist, auch wenn die einzige Informationsquelle nur ein knappes Profil ist.

»Du willst die letzte Seite im Buch vor der ersten lesen«, sagte er. »Aber das geht nicht. Frauen wollen immer alles vorher wissen, damit sie wissen, woran sie sind. Du reimst dir also die letzte Buchseite zusammen, vergisst aber, dass du das ganze Buch erst lesen musst, um zu erfahren, wie die Geschichte wirklich ausgeht.«

Oder wie meine Freundin Kathy immer sagt: »Du kannst spekulieren so viel du willst, erst wenn er vor dir sitzt, bist du schlauer. Und selbst dann kann es sein, dass aus dem ersten Oho am Ende ein bitteres Oje wird.«

Evan klickte herum und blieb schließlich bei einem 43-jährigen alleinerziehenden Vater mit zwei kleinen Kindern hängen. Vom Alter her passte er – und hätte auch nichts gegen jemanden im gleichen Alter (aber, wie mir sofort ins Auge fiel, eine Dreißigjährige wäre ihm ebenfalls recht). Beruflich war er in der Wirtschaft tätig. Er wirkte jugendlich und sah gut aus, und er hatte ein Zitat erwähnt, das ich mochte.

»Ja, ich weiß, was du sagen willst – er hat nicht auf die Rechtschreibung geachtet!« Evan nahm mir das Wort aus dem Mund.

»Kein Problem«, sagte ich. »Ich versuche, offen zu sein.«

Ich las das Profil dieses alleinerziehenden Vaters erneut. Es klang ziemlich unspektakulär und hätte mich normalerweise nicht angesprochen. Ein Langweiler, wie mein Bauchgefühl mir spontan sagte, aber zugegeben, mein Bauchgefühl hatte mir bislang auch keinen passenden Ehemann beschert.

»Du hast zwei Möglichkeiten«, sagte Evan. »Entweder du lässt mehr Männer zu, mit denen du möglicherweise glücklich werden kannst. Oder du lauerst weiterhin auf die zwei Prozent Männer, von denen du *annimmst*, dass sie deine Anforderungen erfüllen, und hoffst darauf, dass darunter zufälligerweise auch einer ist, in dessen eigene Zweiprozentauslese *du* gefallen bist. Und selbst dann könnte es sein, dass die Männer, die deinen Anforderungen vermeintlich entsprechen, sich als nicht passend erweisen. Denk nur mal an deine Exfreunde. Das ist eine schöne Hausaufgabe für die nächste Woche.«

Kaum war Evan gegangen, schrieb ich dem alleinerziehenden Vater. Wir tauschten zuerst ein paar Mails (die üblichen Kennenlernfragen) und telefonierten schließlich miteinander. Das Gespräch mit Mike war recht nett, riss mich aber nicht vom Hocker. Auch wenn Evan mir einen Vorwurf daraus gemacht hatte, dass ich den Hobbytaucher und Anwalt vor ein paar Jahren abservierte, nur weil ich am Telefon nicht gleich hin und weg war – jetzt bei Mike hatte ich wirklich guten Grund dazu.

Wie sich nämlich herausstellte, war er ein Deadhead, ein Mitglied im Fanklub der Band Grateful Dead – und das mit 43! Damit konnte ich gar nichts anfangen. Als ich ihm erzählte, dass ich studiert hatte, meinte er nur »Oh, dann bist du ja eine ganz Schlaue!«, was für meine Begriffe implizierte, dass er es nicht war. Außerdem machte er ständig Kalauer – was ziemlich nervig war.

Trotzdem hatte er auch positive Seiten. Wir hatten die gleichen politischen Ansichten und erfüllten unsere Elternrolle mit Hingabe (er als Vater von zwei kleinen Söhnen). Er arbeitete als

Wirtschaftsberater, war zuvor aber als Produktentwickler tätig, hatte also auch eine kreative Seite, und es ließ sich angenehm mit ihm plaudern. Er war nett, hatte Verständnis für meinen straffen Zeitplan und bot sogar an, eine ziemliche Strecke mitten durch den Berufsverkehr auf sich zu nehmen, damit wir uns irgendwo bei mir in der Nähe treffen können. Als er mich dann konkret nach einem ersten Date fragte, zögerte ich nicht und sagte zu.

Wir verabredeten uns für Freitagabend.

12.
Verpasste Chancen

Nun, da mein Date mit Mike unmittelbar bevorstand, begann ich, über die Männer in meinem Leben zu sinnieren, denen ich aufgrund vorschneller Annahmen nie die Chance auf ein Date gegeben hatte. Mir kamen etliche in den Sinn. Doch je mehr ich darüber nachdachte, umso mehr fiel mir auf, dass ich auch bei den Männern, mit denen ich gerne ausgegangen wäre, von vorschnellen Annahmen ausging. Von dem einen nahm ich unbesehen an, er sei unpassend, von dem anderen ebenso unbesehen, er sei perfekt.

Aber wie treffsicher waren meine Annahmen? Um das herauszufinden, beschloss ich, mit einigen Männern aus meiner Vergangenheit Kontakt aufzunehmen.

Andy – von dem ich annahm, er sei nicht cool genug

Andy lernte ich kennen, als ich 32 und gerade in eine neue Stadt gezogen war. Eine Freundin brachte mich dazu, ihn anzurufen, er könne mich ein bisschen durch die Stadt führen, meinte sie. Als wir uns das erste Mal trafen, tranken wir zusammen einen

Kaffee, redeten drei Stunden lang, hätten aber locker auch dreißig Stunden reden können. Er war intelligent, interessant und äußerst witzig. Ich fühlte mich sofort wohl mit ihm, aber eher wie mit einem »alten Freund«, nicht wie bei einer aufkeimenden Romanze. Andy war nicht mein Typ. Er war etwas untersetzt, hatte einen Ziegenbart und wirkte ein bisschen schräg. Er war Computerfreak.

Fehler Nummer 1: Ich nahm an, dass er meinen Vorstellungen von einem Ehepartner nicht entsprach. Als er eine Woche später sein romantisches Interesse an mir offenbarte, sagte ich ihm, dass ich »nicht das Gleiche für ihn empfinde«.

Trotzdem wurden Andy und ich enge Freunde. Wir verstanden uns blind. Wir führten die Sätze des anderen zu Ende und wussten, was der andere gerade dachte. Wir brachten uns gegenseitig zum Lachen, konnten albern miteinander sein und uns alles erzählen, was am Tag so passiert war, über Gott und die Welt oder Beziehungen plaudern. Aber für mich war er immer ein Kumpel, mehr nicht. Nicht ein einziges Mal war ich versucht, mehr in ihm zu sehen. Ich war einfach nur unglaublich froh und dankbar, ihn zum Freund zu haben.

Bald darauf begann ich, mich öfter mit einem Mann zu verabreden, den ich absolut »cool« fand – ein Künstlertyp, aufregend und betörend unkonventionell. Etwa zur gleichen Zeit lernte Andy Jodi kennen, die hübsch war, intelligent und nett. Es dauerte nicht lange, bis er fest mit ihr zusammen war.

Ungefähr anderthalb Jahre später ging die Beziehung mit meinem »coolen« Freund in die Brüche (so aufregend er war, so unzuverlässlich war er auch; und eben weil er so überaus unkonventionell war, kamen Heirat und Kinder für ihn überhaupt nicht infrage). Andy überlegte indes hin und her, ob Jodi die Frau seines Lebens sei. War sie inspirierend genug? Hatten sie gemeinsame Interessen? Sollte er nicht lieber nach jemandem suchen, der ähnlich schräg war wie er? Er war inzwischen 34 und einer Heirat nicht abgeneigt, aber er wollte nicht die Falsche nehmen. Hin und wieder sagte er »Wo kriege ich denn jemanden wie dich?«, doch dann prusteten wir vor Lachen – wie bei einem guten Insiderwitz. Irgendwann hatte ich einen neuen Freund, in den ich so richtig verschossen war.

Eines Tages bekam ich eine Mail von Andy. Er lud mich ein, mit ihm essen zu gehen, und ich wusste sofort, dass ihm irgendetwas auf der Seele brannte. »Hab wichtige Neuigkeiten«, schrieb er. Ob er sich endgültig von Jodi getrennt hatte? Doch kaum saßen wir im Restaurant beisammen, verkündete er seine Verlobung, und zwar so: »Jodi und ich werden heiraten. Wir haben die gleichen Vorstellungen.« Für mich klang das damals fast skurril; unromantischer hätte man es nicht formulieren können. Ich erinnere mich noch, dass ich »Glückwunsch!« sagte, ihn im Stillen aber bedauerte – er hatte Abstriche gemacht. Für mich wäre das nichts, dachte ich damals; und ich erinnere mich auch, dass ich dachte, wie soll das denn funktionieren? Ohne den ersten, beflügelnden Liebesrausch, der sie durch Höhen und Tiefen der Ehe tragen würde, würde die Ehe von Andy und Jodi sicherlich in einer Scheidung enden.

Fehler Nummer 2: Ich nahm an, dass Andy ein Maximierer sei – wie ich.

Zu meiner großen Überraschung jedoch schien Andy während der folgenden neun Jahre sehr zufrieden. Ich zog unterdessen zurück nach Los Angeles, doch der Kontakt brach nie ab. Andy hielt mich stets auf dem Laufenden, schickte mir E-Mails mit Fotos von sich und Jodi und ihren drei Kindern. Anstatt ihn weiterhin zu bedauern, fing ich an, ihn zu beneiden – und war verwirrt. War er wirklich so glücklich, wie es auf den Fotos schien? Fühlte er sich nicht einsam in einer Ehe mit einer Frau, die er einmal als »farblos« beschrieben hatte?

Er erklärte es mir so: »Farblos, ja, aber in Dingen, die im Gesamtbild völlig unwichtig sind. Ich rede gern und viel, liebe es, zu sticheln und zu scherzen, und kann ordentlich aufdrehen. Sie ist das Gegenteil. Früher, als wir uns kennenlernten, war das eher ein Thema. Für unser Zusammenleben heute und in unserem Ehealltag spielt es überhaupt keine Rolle.«

Ob seine Ehe perfekt sei, wollte ich wissen. Nein. Aber das habe er auch gar nicht erwartet. »Viele meiner Freunde heiraten, und wenn es dann nicht die Traumehe wird, die sie sich ausgemalt haben, werden sie unzufrieden – nach dem Motto: ›He, das habe ich nicht bestellt. Das stand so nicht auf der Karte!‹« Er habe Jodi heiraten wollen und sei sich dessen absolut sicher gewesen, sagte er mir. Auch wenn es nicht das große Feuerwerk der Gefühle war (die Chemie hatte trotzdem gestimmt!), so war ihre Beziehung von Anfang an geprägt von einem Gefühl der Vertrautheit und Geborgenheit. »Sie hatte eine Menge Eigenschaften, die mir bei einer Lebenspartnerin wichtig sind – anständig, kompetent, gute familiäre Wurzeln, attraktiv, liebenswürdig. Und was die Dinge anging, die sie nicht hatte, was soll's? Würden die in fünf Jahren wirklich noch eine so große Rolle spielen?«

Andy glaubt, dass Menschen, die anpassungsfähig sind, glücklichere Ehe führen, da sich die Prioritäten im Laufe der Zeit enorm verschieben. »Die Kinder waren ein echter Meilenstein in unserer Beziehung und für mich ein großer Schlüsselmoment«, sagte er. »Sobald man Kinder hat, merkt man, dass sich die Welt nicht nur um einen selber dreht. Mit einer Frau zusammen zu sein, die meinen Kindern eine gute Mutter ist, hatte in meinem Leben plötzlich einen viel höheren Stellenwert als jede noch so schillernde Party.«

In der ersten Zeit, in der er mit Jodi zusammen war, so erinnert sich Andy, habe er oft endlose Stunden in der Videothek verbracht, wo er sämtliche DVD-Cover las, sich am Ende aber doch nicht entscheiden konnte, welchen Film er nun ausleihen sollte. Wenn er sich dann für einen entschieden hatte, sei es meist viel zu spät gewesen, um den ganzen Film noch anzusehen. So begann er sich zu fragen »Willst du den perfekten Film finden oder einfach einen aussuchen, nach Hause gehen und ihn ansehen? Wie lange willst du noch in diesem Laden herumhängen, bevor du dich für einen Film entscheidest?« Sich ständig zu fragen, ob es möglicherweise noch etwas Besseres gibt, wird zur Qual – das habe er eingesehen, erzählte er mir. Wir meinen immer, je mehr Auswahl, desto größer die Chance, etwas Besseres zu finden. Tatsächlich aber betreiben wir einen faulen Tauschhandel – einen *bekannten* Negativposten gegen einen *unbekannten*.

»Ja, es hat mir anfangs etwas ausgemacht, dass Jodi bestimmte Eigenschaften nicht hatte. Aber sollte ich mich mein Leben lang damit aufhalten, bei Frau A, B, C oder D nach Gründen zu suchen, die gegen eine Partnerschaft mit ihr sprechen? Je älter ich wurde, desto mehr wurde mir bewusst, wie kurz das Leben ist, und ich bin mit meinem Leben, so wie es heute ist, sehr glücklich. Meine Frau und ich mögen nicht den gleichen Sinn für Humor haben, aber unsere Kinder gemeinsam aufwachsen zu sehen, schafft ein unglaublich starkes Band. Es ist verblüffend, wie ähnlich wir uns sind, wenn es um die Kindererziehung geht. Wer weiß, vielleicht wäre ich mit einer flippigeren Frau im Alltag nicht immer auf gleicher Wellenlänge oder wir würden uns alle nasenlang streiten. Nein, dagegen würde ich meine Ehe nicht tauschen wollen. Ich habe ganz bewusst eine Art Inventurliste gemacht mit all den Dingen, die ich an Jodi mag und schätze, und über alles andere lohnt es nicht zu lamentieren.«

Heute begriff ich den kleinen Nachsatz, den ich damals so skurril fand, als Andy seine Heirat mit Jodi verkündete (»Wir haben die gleichen Vorstellungen«) völlig anders. Der Grund, warum mich die Fotos auf seiner Webseite so neidisch machen, war der, dass auch ich hoffe, jemanden zu finden, der die »gleichen Vorstellungen« hat wie ich. Ironischerweise finde ich gerade die Eigenschaften, die ich früher so schräg an ihm fand, heute sehr ansprechend. Seine Filmzitate-Ratespiele etwa, mit Kindern sicherlich ein Heidenspaß. Auch seine Faibles für spontanen A-cappella-Gesang oder die Amateurfilmerei bereichern die heimische Videosammlung bestimmt. Gerade durch seine ungeschliffene Art ist er ein so treuer, verlässlicher und aufrichtiger Mensch und Lebensgefährte. Nebenbei bemerkt, hat er heute ein paar Pfunde weniger, und auch der Ziegenbart ist weg. Er sieht richtig gut aus.

Ich will damit nicht sagen, dass Andy mein Seelenpartner ist oder dass es mit uns beiden funktioniert hätte. Aber ich wünschte, dass ich die Chance ergriffen hätte, solange das Eisen noch heiß war. Wenn ich heute zurückblicke, dann kann ich kaum glauben, dass es einmal einen Mann in meinem Leben gegeben hat, mit dem ich wahnsinnig gerne meine Zeit verbrachte, der die gleichen Vorstellungen vom Leben hatte wie ich – den ich als Partner aber nicht einmal in Erwägung gezogen habe. Bis heute ist er einer der Menschen, mit denen ich mich am liebsten austausche. Wenn ich die Zeit zurückdrehen könnte, dann würde ich mit jemandem wie Andy sofort ausgehen. Nicht, weil ich ihn unbedingt heiraten wollte, sondern weil heute für mich ganz andere Dinge wichtig sind – und es eigentlich schon immer hätten sein sollen.

Matt – von dem ich annahm, er sei perfekt

Zu sagen, Matt war mein Traumpartner, wäre untertrieben. Er war genial, kreativ, eigen, erfolgreich, gut aussehend und auf herrlich selbstironische Weise zum Totlachen komisch – in der Theorie zumindest. Ich habe ihn nie kennengelernt, aber einen Artikel über ihn in einem Hochglanzmagazin gelesen. Und sofort dachte ich: »He, genau so einen hätte ich gerne.«

Natürlich erkannte ich, wie abwegig es war, mich in Fantasien mit einem völligen Fremden hineinzuträumen. Die Wahrheit aber ist, dass ich mir bis heute einen Mann wie Matt erträume. Hätte man mich damals gefragt, ob ich meine Träumereien für realistisch halte, hätte ich natürlich Nein gesagt, aber eigentlich wäre es ein bisschen gelogen gewesen. Wenn ich heute auf mein Beziehungsleben zurückblicke, dann überging ich andauernd Männer wie Andy, nur um auf einen Mann wie Matt zu warten.

Fast zehn Jahre später, ich war gerade dabei, ein paar alte Schachteln in meinem Büro auszumisten, fiel mir dieser Artikel, den ich damals mit 31 aus dem Hochglanzmagazin gerissen hatte, plötzlich wieder in die Hände. Ich wollte ihn schon wegwerfen, doch da ich mit Evan gerade über vorschnelle Annahmen gesprochen hatte, googelte ich Matt im Internet. Mal sehen, was aus ihm geworden war. Er war inzwischen 45 und, wie der Artikel prophezeit hatte, ein namhafter Architekt. Er sah noch immer sehr gut aus, hatte einen Sohn und ... eine E-Mail-Adresse. Sie stand auf der Webseite seiner Firma. Ich schickte ihm eine kurze Mail, erzählte ihm von meinem Buch und bat ihn um ein Interview. Er schrieb prompt ein paar nette Zeilen zurück. Könnten wir gerne machen, meinte er. Wahnsinn, mein Traummann ist auch noch *nett*!

Er hatte einfach alles, nahm ich an – Aussehen, Persönlichkeit, Talent, Charme, eine reizende Familie. Seine Frau hatte das große Los gezogen!

Bei unserer ersten Begegnung schien es, als hätte ich mit meinen Annahmen genau ins Schwarze getroffen. Matt war genauso charmant, aufmerksam, bezaubernd und interessant, wie ich ihn mir vorgestellt hatte. Aus den dreißig Minuten, die ich für mein Interview erbeten hatte, wurden am Ende ganze drei Stunden. Er war genau so, wie ich mir einen Mann immer gewünscht hatte. Aber – sieh an! – er war *nicht* verheiratet. War es nie gewesen. Sein Sohn war das zufällige Ergebnis aus der Beziehung mit einer (mittlerweile) Exfreundin. Er war Single.

Wie konnte das sein? Wie konnte ein Mann, der in so vielen Hinsichten so attraktiv war, keine Partnerin haben? Je länger wir plauderten, desto deutlicher sah ich es. Er war ein unheilbarer Maximierer. Keine war ihm gut genug. Nicht die Frau, die er geschwängert hatte (die »bezaubernd und intelligent« war, aber »empfindlich in einer Weise, die mich gestört hat« und die »ziemlich große Hände hatte, was ich sehr unattraktiv fand«) und die heute glücklich verheiratet ist (vermutlich mit einem Mann, der mit Empfindlichkeit und großen Händen kein Problem hat); nicht die Frau, die »ständig auf Kleinigkeiten herumritt, auf Autofahrten immer wusste, wo die richtige Richtung war, am Ende aber meist danebenlag, was von mangelnder Kompetenz zeugte«; und auch nicht die Frau, die eine völlig andere Kommunikationsweise hatte als er. Mag sein, dass diese Frauen wirklich nicht zu ihm passten, aber immerhin war er mit zweien von ihnen fünf beziehungsweise sieben Jahre zusammen gewesen.

Also muss es in diesen Beziehungen auch positive Aspekte gegeben haben, oder nicht?

»Es ist nicht so, dass ich mit niemandem zusammenbleiben kann«, erklärte mir Matt. »Aber mit der Zeit fühlt es sich immer an, als würde ich auf etwas verzichten. Es ist mir immer leichtgefallen, Leute zu finden, mit denen ich gerne zusammen bin und die auch gerne mit mir zusammen sind. Da denkt man schnell, wenn es mit dieser Frau nicht klappt, dann eben mit der nächsten.«

Heute sei er 45, und die meisten seiner Freunde im gleichen Alter seien verheiratet und hätten Kinder. Warum er selbst nie geheiratet hatte, frage er sich oft.

Konnte es sein, dass er die Richtige nur nie getroffen hatte? Oder lag es daran, dass er nicht realistisch genug war?

»Ich denke, ich bin realistisch«, sagte er nach einer langen Pause. »Ich habe mich immer hingezogen gefühlt zu sehr intelligenten, kultivierten, gebildeten, einfühlsamen, offenen, positiven Frauen. Das soll aber nicht heißen, dass ich mich nie auf eine geschiedene Frau einlassen würde oder auf eine mit Kind oder dass ich sonst irgendwie festgelegt wäre.«

Ich fragte ihn, ob er sich auch eine Frau vorstellen könnte, die intelligent war und einfühlsam, aber vielleicht weniger gebildet. Theoretisch schon, meinte er. Aber ganz ehrlich, so sicher war er sich da nicht.

»Ich denke, ich bin nicht besonders gut darin, Abstriche zu

machen«, gestand Matt. »Ich habe die ganze Zeit gewartet und werde mich nun nicht mit irgendetwas abfinden. Viele meiner Freunde sind schon wieder geschieden.«

Ich bezweifle, dass die Scheidungsrate deshalb so hoch ist, weil ein Paar plötzlich keine Kompromisse mehr machen will. Nein, ich denke, dass die Scheidungsrate deshalb so hoch ist, weil die Paare, die dachten, unsterblich ineinander verliebt zu sein, mit der Zeit merken, dass sie die falschen Eigenschaften in ihrem Partner gesucht haben.

Während ich mit Matt plauderte, kam mir ein Gedanke: Die Eigenschaften, die ich damals vor zehn Jahren in dieser Zeitschrift über ihn gelesen und die mich so angesprochen hatten, waren wahrscheinlich genau die, die nicht unbedingt zu dem familienorientierten Ehegatten gehörten, nach dem ich heute suche. Ein karrierebewusster, genialer und kreativer Mann mag zum Ausgehen ganz prima sein, aber ein Mann, der sieben Tage die Woche arbeitet, seinen Sohn nur zwei Wochen im Jahr sieht (und bemerkt, dass ihm das »völlig ausreicht«) und Fehler und Schwächen beim anderen nicht tolerieren kann, ist als Ehepartner nicht gerade attraktiv. Zugegeben, seine Persönlichkeit, sein Geist und Esprit können einem den Kopf verdrehen, passen aber kaum zu jemandem, der glücklich und zufrieden mit sich und der Welt im häuslichen Familienalltag schwelgt. Die Experten, mit denen ich gesprochen habe, waren sich einig: Gemeinsame Werte sind wichtiger als gemeinsame Interessen. Als Paar würden uns beiden die Gesprächsthemen wohl nie ausgehen, als Eltern unter einem Dach die Streitthemen jedoch auch nicht.

Im Verlauf unseres Gesprächs stellte Matt eine interessante Frage. Er erzählte gerade von seiner siebenjährigen Beziehung, dass er wirklich gewollt hatte, dass es funktioniert, dass ihn aber auch viele Dinge an seiner Freundin gestört hätten. »Und hier stellt sich die große Frage«, meinte er. »Inwieweit sollte man sich ändern, damit die Beziehung funktionieren kann?«

Ich bin nicht sicher, ob er das mit dem »Ändern« auf sich selbst bezog, auf seine Freundin oder beide. Aber ich fand es auffällig, dass er – wie viele Singles – von »ändern« sprach und nicht von »akzeptieren«. Viele meiner verheirateten Freundinnen sagen, es ginge nicht darum, den anderen zu ändern; es ginge darum, all die Eigenheiten am anderen zu akzeptieren, die man gerne ändern würde, aber nicht ändern kann.

Wenn ich heute wählen könnte zwischen Matt und jemandem wie Andy, würde ich definitiv Andy nehmen. Ohne das geringste Bedauern. Aber hätte man mir vor zehn Jahren gesagt, dass ich Andy einmal Matt vorziehen würde, hätte ich das für völlig absurd, wenn nicht gar für ausgeschlossen gehalten.

Jeff – von dem ich annahm, er sei nicht klug genug

Während ich 2006 für einen Artikel auf einigen Dating-Seiten recherchierte, tauchte in meinem Nachrichteneingang das Profil eines Mannes auf, das ich aber sogleich verwarf. Wie kann es sein, so fragte ich später in meinem Artikel, dass diese Dating-Seite mich – eine passionierte Leserin, die literarisch gebildete Männer bevorzugt – mit diesem Mann kombiniert hatte, dessen Profil sich wie folgt las:

Ja, Bücher lese ich schon, kann mich aber nicht lange darauf konzentrieren. Darum liegen haufenweise halb gelesene Exemplare von etlichen (wie man mir gesagt hat) wirklich guten Büchern überall in meiner Wohnung herum. Ich lege sie aus der Hand, weil mich eine Zeitschrift in dem Moment mehr fesselt, die wiederum gegen eine DVD den Kürzeren zieht.

Das passte gar nicht! Ich verwarf die Mail sofort, ohne auch nur ein Wort zurückzuschreiben. Doch eines Tages schrieb er mir erneut, er hätte das *Atlantic Magazine* gelesen und sei völlig baff gewesen, plötzlich über sein eigenes Dating-Profil zu stolpern, schwarz auf weiß. Es sei doch wirklich witzig, so bemerkte er, dass er bei der Lektüre des renommiertesten Literaturmagazins des Landes ganz nebenbei erfahren musste, dass ich ihn als Literaturbanausen abgestempelt und übergangen hatte.

»Ich dachte, ich lese nicht richtig. Das war wirklich saukomisch«, sagte Jeff, als ich ihn in Kalifornien anrief, um dieses Missverständnis zu entschuldigen. Jeff war ein Jahr jünger als ich, hochgebildet und arbeitete als Softwareunternehmer. Ob Sie es glauben oder nicht, wir unterhielten uns ganz großartig über Bücher, die er unlängst gelesen hatte! Er war lustig und selbstbewusst, und wir schienen eine Menge gemeinsam zu haben, was Wertvorstellungen und Interessen anging. Inzwischen hatte er natürlich eine Freundin (die, kein Wunder, Anfang dreißig war).

Er könne sehr gut nachvollziehen, dass ich aufgrund seines Profils voreilige Schlüsse gezogen habe. Auch er habe lernen müssen, sich in Sachen Liebe und Beziehungen nicht von Annahmen und Vermutungen leiten zu lassen. Bei seiner aktuellen Freundin beispielsweise habe ihn anfangs gestört, dass sie einen völlig anderen Sinn für Humor hatte.

»Ich habe immer gedacht, dass der Humor ein ziemlich starker Indikator dafür ist, ob man ähnlich tickt und wie gut man zueinanderpasst«, sagte er. »Und in gewissem Maße stimmt das auch – auf intellektueller Ebene reizen uns aber völlig unterschiedliche Dinge. Ich mag Rätsel, Spiele und Knobeleien. Sie hingegen findet das sterbenslangweilig. Ein bisschen traurig bin ich schon, dass ich das nicht mit ihr teilen kann, aber in den letzten sechs Monaten haben wir gelernt, damit umzugehen, und ganz neue Seiten aneinander entdeckt. Wir reflektieren beide viel und können über alles sprechen, ohne dass der eine den anderen in die Ecke drängt. Wir joggen beide gerne, engagieren uns in der Gemeinde und schätzen einander sehr. In meinen früheren Beziehungen war ich ziemlich unreif. Ich habe es immer geschafft, irgendeinen Fehler oder Mangel zu finden.«

Auch ich habe es nicht anders gemacht, als ich Jeffs Profil das erste Mal las. Anstatt zu sehen, wie attraktiv, intelligent und humorvoll er war, sah ich nur das, was ihn für mich unmöglich machte – er war kein Bücherwurm. Eine falsche Annahme, wie sich herausstellte, mit der ich im Nachhinein ganz schön ins Fettnäpfchen getreten war. Sei Profil hatte einfach nur nicht gezeigt, wie belesen er war.

Aber selbst wenn er sich nicht für Literatur interessiert hätte – was hätte das auf lange Sicht schon ausgemacht, wenn er so klug und intelligent war, wie ich ihn bei unserem Telefonat erlebt hatte?

Wie auch bei Andy, werde ich nie erfahren, ob es mit Jeff und mir hätte klappen können. Jeff, Andy oder Matt – darum geht es nicht mehr. Es geht darum, beim nächsten Mann nicht wieder den gleichen Fehler zu machen.

13.
Sheldon ... zum Zweiten

Natürlich war mir klar, dass ich den gleichen Fehler auch bei Sheldon gemacht hatte, dem alleinerziehenden Vater, mit dem mich die Partnervermittlerin Wendy vor einem Monat zusammenbringen wollte. Sie hatte sich sehr bemüht, mir den Kopf zurechtrücken, aber bis ich wieder bei Vernunft war, hatte Sheldon bereits eine andere.

Inzwischen hatte Wendy versucht, einen anderen Mann für mich aufzutreiben. Aber die unverheirateten Männer waren ausschließlich an kinderlosen, aber noch gebärfähigen Frauen (sprich: unter 35) interessiert oder wollten partout keine Kinder. Die geschiedenen Väter hingegen waren tendenziell Mitte fünfzig, hatten bereits halb erwachsene Kinder, die bald schon studieren und außer Haus sein würden, und wollten sich bestimmt keine Frau mit einem Kleinkind aufhalsen. (Aber sie wollten auch keine im gebärfähigen Alter ohne Kinder – das Thema Kinder war einfach abgehakt). Wendy arbeitete ausschließlich mit Kunden, die sie gründlich auf wichtige Eigenschaften hin überprüft hatte – liebenswert, verantwortungsbewusst, charakterlich stabil, heiratswillig, guter Leumund. Insofern tauchten die Männer, die nichts Ernsthaftes suchten, ihr Leben nicht im Griff hatten oder emotional labil waren (weil sie ihre Scheidung noch nicht verkraftet hatten, depressiv oder unreif waren), erst gar nicht in ihrer Kartei auf.

Leider hatten ihre Bemühungen nichts gebracht.

Wo waren bloß all die geschiedenen Väter in meinem Alter? Wenn man sich die Scheidungsrate ansah, dann musste es sie doch haufenweise geben, oder nicht? Wendy erzählte mir, dass es jüngere, geschiedene Väter sehr wohl gäbe, aber die blieben nicht lange Single. Die geschiedenen Mütter hingegen schon, was zu einem Überschuss an Single-Frauen führe. Wendy war auch auf ein paar geschiedene Väter gestoßen, die nicht wieder heiraten oder sich gar auf eine feste langfristige Lebenspartnerschaft einlassen wollten, weil ihre Exfrauen sie bis aufs Hemd ausgezogen hatten – gegen eine Freundin hätten sie aber nichts einzuwenden.

Außerdem seien jüngere Single-Väter durchaus vermittelbar, da Frauen kinderliebe Männer besonders schätzten. Jüngere Single-Mütter hingegen seien weniger gefragt, da die Männer meist nicht gut damit klarkämen, die Kinder eines anderen aufzuziehen.

Na großartig! Dass sich die Partnersuche einmal derart schwierig gestalten würde, hätte ich vor zehn Jahren nie gedacht. Doch langsam kapierte ich es – dachte ich jedenfalls.

In der gleichen Woche bot Julie Ferman, die Inhaberin der Partnervermittlung Cupid's Coach, mir einen kostenlosen Partnervorschlag an. Ich war begeistert. Ich füllte den Profilbogen aus und vereinbarte einen Termin mit ihr.

Sheldon lässt grüßen

Wir trafen uns wie verabredet, und als Allererstes stellte Ferman mir alle möglichen Fragen, die nicht auf dem Profilbogen standen: Mit welcher Art Männer war ich in der Vergangenheit ausgegangen? Mit welchen hat es funktioniert? Mit welchen nicht? Wie war meine Familie? Wie war meine Kindheit? Was war mir wichtig? Wo lagen meine Leidenschaften? Das Ganze dauerte ungefähr eine Stunde. Dann begann sie, in ihrem Computer zu suchen. *Klick, klick, klick.* Sie ging ihre Datenbank durch.

»Ich suche nach den Top fünf für Sie«, sagte sie und klickte weiter. »Mehr schlage ich nie auf einmal vor, denn das überfordert die Leute. Zu viel Auswahl bringt gar nichts. Da können die Leute gleich auf Match.com suchen, wo sie nach einem Jahr eine Menge Geld los sind, aber mehr auch nicht.«

Ich sah auf den Bildschirm, von dem mir fünf Männer entgegen lächelten. Zwei waren richtig süß. Zwei sahen eher alt aus, obwohl sie nur wenige Jahre älter waren als ich. Wahrscheinlich wirke ich auf sie ebenfalls »alt«. Das ist ein Phänomen, das mir auffällt, seit ich ungefähr vierzig bin – jeder in meiner Altersklasse sieht in meinen Augen irgendwie alt aus, weil mein gedankliches Selbstbild irgendwo bei dreißig stehen geblieben ist und ich es nie auf den aktuellen Stand gebracht habe.

Das ist ein Problem, da ich mich einfach nicht zu Männern im mittleren Alter hingezogen fühle. Bilder, die man in der Erinnerung trägt, altern hingegen nicht. Hätte ich mich in einen zwanzig- oder dreißigjährigen Mann verliebt, eine Familie mit ihm gegründet und zehn oder 15 Jahre mit ihm verbracht, dann würde ich mich – und da bin ich ganz sicher – heute noch genauso zu ihm hingezogen fühlen wie damals, denn ich würde in seinem

Gesicht den jugendlichen Mann sehen. So, wie ein siebzigjähriger Mann in den Augen seiner gleichaltrigen Frau nach vielen gemeinsamen Jahren noch immer adrett und jugendlich ist. Aber den siebzigjährigen Mann kennenzulernen, ohne auf all die Erinnerungsbilder zurückgreifen zu können – wie soll man da auf Anhieb heiß entflammen?

Aber was half's. Ich musste mich mit Fermans kleiner Auswahl abfinden und suchte mir einen der Kandidaten aus – einen Drehbuchautor, in den Dreißigern, jungenhaft, nie verheiratet, keine Kinder. Der sei am wenigsten passend, meinte Ferman, sie habe ihn nur mit hineingenommen, weil sie mich noch nicht so gut kenne wie ihre Stammkunden, und so habe sie den Altersrahmen etwas weiter gesteckt, um meine Vorlieben herauszufinden. Doch während wir noch über den Drehbuchautor plauderten, versuchte sie mich auf einen anderen Mann aufmerksam zu machen, den ich bis dahin übergangen hatte: Sean.

Sean, so klärte sie mich auf, sei östlichen Philosophien zugetan und auf seinem beruflichen Gebiet sehr erfolgreich: Schädlingsbekämpfung. Gut, dachte ich. Ich habe wirklich große Angst vor Spinnen, insofern könnte er passen. Aber ich hatte mich beim besten Willen nie an der Seite eines Mannes gesehen, der mit dem Töten von Ungeziefer seinen Lebensunterhalt verdient. Er hatte eine Glatze, sah aber jugendlich aus und war eindeutig ein süßer Typ. Sein Alter, 46, sah man ihm nicht an. Er wohnte eine Stunde von mir entfernt. Er war über dreißig Zentimeter größer als ich. Und überhaupt – wie brachte ein Anhänger östlicher Philosophien es übers Herz, Ungeziefer zu töten?

Nein. Ich weiß nicht. Ich klickte zurück auf den süßen, jungen Drehbuchautor.

Ferman ließ nicht locker – redete bestimmt, aber in freundinnenhafter Art auf mich ein und versuchte mir Seans Vorzüge näherzubringen.

Ich versuchte mir vorzustellen, wie es wäre, mit Sean zusammen zu sein und beim Abendessen einander von unserem Tag zu erzählen. »Und was soll ich mit all den Kakerlaken?«, fragte ich. Nein. Wirklich nicht. Der Drehbuchautor hingegen mochte die gleichen Fernsehshows wie ich. Er war humorvoll, und falls ich es noch nicht erwähnt haben sollte – einfach hinreißend.

Ferman meinte, ich solle trotzdem offen sein für die anderen Männer, die sie ausgesucht hatte. Chris zum Beispiel, ein 45-jähriger Unternehmer, der geschieden war und Vater eines Teenagers. Er hatte das klassische gute Aussehen eines Filmstars. Eigentlich gar nicht mein Typ. Ich stehe mehr auf Ecken und Kanten.

Ich weiß, ich weiß – nun schließe ich auch noch einen Mann aus, weil er *zu* attraktiv ist. Aber ich hielt ihn auch für nicht intellektuell genug, weil er ein Baustoffunternehmen leitete und seinen Abschluss an der San Diego State University gemacht hatte, und nicht an einer renommierten Privat-Uni. (So viel zum Thema, voreilige Schlüsse ziehen.) Dann war da noch Robert, freiberuflicher Künstleragent, ein eher lässiger als ambitionierter Typ. Er war 1,68 m groß, aber die Körpergröße war für mich kein Ausschlusskriterium mehr. Vielmehr hatte ich ein Problem damit, dass er ein Durchschnittstyp zu sein schien, ohne viel Grips im Kopf. Doch Grips sollte ein Mann schon haben.

Dan hatte ihn. Er war fünfzig Jahre alt, leitete ein Unternehmen für die Entwicklung biomedizinischer Geräte, kam von einer Elite-Uni und war sehr sportlich. Er schrieb intelligent und sachlich, hatte aber offenbar keinen Sinn für Humor und lebte gute anderthalb Stunden entfernt. Etwas schwierig, um sich spontan zu treffen.

Es gab noch Scott, einen geschiedenen, 49-jährigen Fachanwalt für Umweltrecht, der nicht weit von mir entfernt wohnte. Auch er schrieb sehr interessant, hatte aber bereits zwei Töchter im jugendlichen Alter und wirkte etwas alt auf mich.

Ferman drängte mich zu Scott – intellektuell waren wir auf einer Ebene, hatten ähnliche Einstellungen und Interessen und wussten beide, was es hieß, Kinder großzuziehen. Aber es half nichts. Ich wählte am Ende den Drehbuchautor.

Wie es ausging, muss ich nicht lange erzählen. Ich brachte Ferman dazu, mich und Mister Drehbuchautor zu vermitteln. Wir telefonierten. Er klang spaßig, war kreativ, hatte den gleichen kulturellen Hintergrund wie ich und war herzlich und nett. Doch er musste sich in seinem Freiberufler-Dasein ständig mit mehreren Aufträgen über Wasser halten, lebte in einer kleinen Wohnung in einer unsicheren Gegend der Stadt und hatte keinerlei Erfahrung mit Kindern und auch keinerlei Interesse daran. Nachts zog er durch die Klubs und hing mit seinen jungen Single-Freunden herum bis in die Puppen. Unsere kleine Plauderei am Telefon schien uns beiden zwar Spaß zu machen, doch je länger wir redeten, desto klarer wurde, dass wir uns in verschiedenen Lebensphasen befanden. So schlug weder er noch ich ein Treffen vor.

Die anderen Vorschläge, die Ferman mir gemacht hatte, verfolgte ich danach nicht weiter, bis ich mir ein paar Wochen später Scotts Profil noch einmal genauer anschaute.

Und plötzlich war ich wie vom Schlag getroffen. Er war genau die Art Mann, von dem ich immer dachte, es gäbe ihn nicht. Er teilte nicht nur fast all meine Interessen. Nein, er wirkte auf mich so, dass ich wirklich große Lust bekam, mich mit zu treffen. Dass er älter aussah und Vater von zwei Teenagern war – was machte das schon? Wir hatten ähnliche Wertvorstellungen. Wir hatten ähnliche Lebensstile und Ziele. Unsere Kinder kamen an erster Stelle. Wir waren beide intellektuell und kreativ (er fotografierte in seiner Freizeit). Ich mochte seinen selbstironischen Sinn für Humor, und er wollte wieder heiraten.

Für Julie Ferman war das alles nichts Neues: Sie hatte mich ja bereits mit ihm verkuppeln wollen, aber ich war an jenem Tag wie verblendet gewesen von diesem jungen Drehbuchautor (der vom Typ her genau in mein altes Beuteschema passte, auf Dauer aber nichts für mich war).

Ich schrieb Ferman eine Mail und teilte ihr mit, dass ich Scott gerne treffen wolle – nur um eine Stunde später zu hören: Scott sei jetzt mit einer anderen ihrer Kundinnen zusammen. Er sei vom Markt. »Natürlich, wie konnte es auch anders sein!«, dachte ich. Sheldon lässt grüßen!

Was zum Kuckuck war mein Problem? Rational gesehen wusste ich sehr wohl, dass meine Entscheidungen letzten Endes nicht in eine glückliche Beziehung führten. Ich wusste, dass die Experten absolut recht hatten. Aber da war diese völlig irrationale Seite in mir, die anscheinend ständig die Führung übernahm, sodass ich am Ende immer wieder frustriert und enttäuscht war. Wann, so fragte ich mich, würde ich es endlich begriffen haben?

Etwas musste sich ändern. Und dieses Etwas war ich.

14.
Montags mit Evan

Dritte Sitzung
Fakten über Alphamänner

Freitagabend. Ich war ein paar Minuten zu früh im Café, wo ich mich zu einem ersten Date mit Mike verabredet hatte, dem Deadhead-Single-Dad. Nach meiner letzten Coaching-Sitzung mit Evan hatte ich ihm eine Mail geschickt. Ich hatte bereits Platz genommen und nippte an meinem Kaffee, als ich plötzlich jemanden fragen hörte. »Lori?«

Ich sah auf. Mike war ausgesprochen gut aussehend. Ich war überrascht. Seine Online-Fotos hatten das gar nicht so vermittelt. Er war galant und lud mich auf noch einen Kaffee ein. Er fragte, ob ich lieber draußen sitzen wolle, weil es drinnen recht laut war, und so setzten wir uns draußen an einen kleinen Tisch, plauderten über die bevorstehende Wahl, das Eltern-Dasein und unsere Arbeit. Wir stellten sogar fest, dass wir einen gemeinsamen Bekannten hatten.

Evan hatte recht. Man sollte nicht voreingenommen sein: Denn wie sich herausstellte, war Mike kein ausgemachter Deadhead, der in einem Kleinbus mit tausend Fan-Aufklebern durch die Gegend fuhr und seine Tage zugekifft verbrachte, ihm gefiel einfach nur die Musik von Grateful Dead. Er plauderte ganz locker und machte keine Kalauer; wahrscheinlich war er am Telefon einfach nur nervös gewesen. Er schien fröhlich und gescheit zu sein, auch wenn er sich selbst nicht als »Schlaukopf« bezeichnete und gestand, dass er auch nie der beste Student gewesen sei. Was ich mir im Vorfeld unbesehen über ihn zusammengereimt hatte, traf allesamt nicht zu.

Trotzdem hatte ich den Eindruck, dass wir in einem größeren Rahmen nicht auf der gleichen Welle waren. Das erzählte ich Evan in unserer dritten Sitzung. Praktische Dinge oder Karriereziele ging Mike eher locker an. Er schien nicht sehr zielorientiert. Er war einfach kein …

»Alphamännchen«, fiel Evan mir ins Wort.

»Ja, genau«, sagte ich. »Aber ich denke nicht, dass ich unbedingt ein Alphamännchen haben muss. Ich stehe nicht auf Investmentbanker oder irgendwelche Supermachos. Ein Intellektueller ist eher mein Fall. Ein Arzt, Anwalt, Wissenschaftler oder Bühnenautor fände ich interessant. Keinen jedenfalls, der bei Arbeitsantritt die Stechuhr stempelt. Einen, der seine Arbeit mit Leidenschaft macht.«

»Ganz genau«, sagte Evan. »Alphamänner. Für viele Frauen sehr attraktiv. Aber auch schwer zu kriegen, wie viele Frauen beklagen. Schüchterne Männer oder Männer ohne Führungsqualitäten haben schlechte Karten. Souveräne, erfolgreiche Männer dagegen kommen bei Frauen gut an.«

Das sah ich genauso. Ein souveräner, selbstsicherer Mann wirkt auf Frauen unglaublich anziehend. Wer kann eine Firma gründen? Einen Prozess gewinnen? Eine Krankheit heilen? Wer macht Pläne mit Hand und Fuß? Hat sein Auskommen? Packt die Dinge an? Wer ist stark genug, um all die eingebildeten bösen Jungs zu schlagen? Wer – und ich geniere mich fast, es zu sagen – kann uns Frauen vor dieser bösen Welt beschützen?

Ein lieber Kerl mit Eiern in der Hose

Ich erinnere mich an ein Gespräch mit einer 35-jährigen Single-Frau, einer Werbefachfrau. Sie hatte sich fünf Jahre zuvor von einem Mann getrennt, der musikalische Früherziehung mit Kleinkindern machte, weil er in ihren Augen einen Job für Schwächlinge hatte. Inzwischen hatte er eine andere geheiratet und sich als großartiger Vater entpuppt, denn er liebte Kinder einfach. Bei ihr hingegen hatte es mit keinem der Anwälte oder Banker geklappt, mit denen sie seither zusammen gewesen war. Keiner dieser Alphamänner hätte einen so guten Ehemann und Vater abgegeben wie der Musiklehrer, davon war sie überzeugt. Sie waren nicht flexibel genug, was zu ständigen Streitereien geführt hatte, doch der sanfter veranlagte Musiklehrer war ihr *zu* verträglich erschienen. Das hatte sie gestört. Warum hatte der Lehrer seinen Kopf nicht häufiger durchgesetzt? Warum hatte er ständig gesagt: »Klar, wenn du meinst, dann machen wir es so.«?

»Das lässt sich nicht rational erklären, aber wenn er hier und da mal die Regie übernommen hätte, so wie er das als Musiklehrer ja auch kann, dann hätte ich vielleicht anders empfunden«, sagte sie über ihren Exfreund. »Wenigstens hätte er dann – wie soll ich sagen – stärker gewirkt. Als kleines Mädchen habe ich mir immer vorgestellt, dass ich einmal einen Mann heiraten werde, der genauso viel oder noch mehr verdient als ich – doch er verdiente sehr viel weniger. Zudem hatte er zwischen seinen Unterrichtsstunden immer jede Menge freie Zeit, während ich arbeitete. Es kam mir vor, als wäre er Hausmann und ich würde die Brötchen verdienen und jahrein jahraus in der Arbeitswelt *meinen Mann stehen*. Ich weiß, es klingt mies, aber es war mir immer peinlich, wenn er mich auf die Weihnachtsfeier meiner Firma begleitete und den Leuten dort erzählte, dass er Zweijährigen beibringt, auf Plastiktrommeln herumzuschlagen.«

Evan sagte, er höre solche Geschichten ständig: Frauen, die jammern, dass Alphamänner egozentrisch oder unzuverlässig seien, die netten Männer sie aber einfach nicht antörnen.

»Frauen wollen einen Alphamann, der obendrein lieb und nett ist«, sagte Evan. »Oder einen lieben und netten Kerl, der trotzdem Eier in der Hose hat. Einen, der ihnen beides beschert: Aufregung und Sicherheit.«

Die Werbefachfrau formulierte es so: »Ich will einen Mann, der Ehrgeiz hat, aber auch die Eigenschaften, die einen Lehrer für musikalische Früherziehung so reizvoll machen – er muss herzlich sein, einfühlsam, großzügig und Nestwärme bieten. Diese Eigenschaften soll er zu Hause entfalten, den Ehrgeiz draußen in der Welt – wenn Sie wissen, was ich meine.«

Ja, das wusste ich.

»Aber ist dir schon mal aufgefallen«, sagte Evan daraufhin, »dass diese Männer sehr, sehr dünn gesät sind? Selbst wenn du einen findest – ist es wirklich das, was du willst?« Evan meinte, dass Alphamänner so wären wie all die bösen Jungs, auf die Frauen anspringen, wenn sie um die zwanzig sind. Doch anstatt den rebellischen Rocker zu nehmen, der dreißig Wochen im Jahr durch die Lande tourt, entschieden sie sich am Ende für den charmanten, nie verheirateten Vierzigjährigen, der sechzig Stunden in der Woche arbeitet – nur um sich dann zu beschweren, dass sie immer an zweiter Stelle kommen, hinter seiner Arbeit.

Die netten Männer dagegen sind – nett. Sie wollen den Frauen gefallen. Sie sind glücklich, wenn sie tun können, was die Frauen wollen. Doch einige Frauen, so meinte Evan, wollen gar keinen Mann, der sie derart verwöhnt. Sie wollen, dass er sagt, wo es lang geht, dass er das Auto lenkt, dass er Entscheidungen trifft, anstatt immer nur zu allem Ja und Amen zu sagen.

»Aber genau diese Machertypen sind mitunter diejenigen, die am arrogantesten, schwierigsten und heikelsten sind. Es ist schwer, einen Mann zu finden, bei dem du an erster Stelle kommst und der dazu noch gerne sagt, wo es langgeht.«

Evan erzählte mir von einer seiner Kundinnen, die zunehmend genervt sei von ihrem neuen Freund. Er hatte sie in ein Lokal mit ziemlich lauter Musik eingeladen, und als er merkte, dass sie sich unwohl fühlte, fragte er sie, wo sie stattdessen hingehen wolle. Doppelfehler! Er hatte nicht nur das falsche Lokal ausgesucht, er verlangte auch noch von ihr, einen *besseren* Vorschlag zu machen. Wieso konnte er nicht einfach bestimmen und eine Entscheidung treffen – eine gute noch dazu?

Evan plauderte weiter aus dem Nähkästchen: Eine Frau will einen ganzen Mann, einer der entscheiden kann, ihre Gefühle ernst nimmt und obendrein ihre Gedanken lesen kann. Oder sie will, dass der Mann die Hosen anhat, solange sie ein Vetorecht behält.

»Das einzige Problem dabei ist«, so Evan, »dass man sich irgendwann mit seinem Alphamann nur noch streitet, weil er der Boss ist, und nur er. Du willst, dass er dir alles recht macht, aber die netten Typen, die genau das versuchen, respektierst du nicht.«

Evan stellte nicht selten fest, dass Frauen Eigenschaften auf ihre Wunschliste setzten, die ein Mann aber nur selten in sich vereint: Sie hätten gerne einen Mann, der unglaublich engagiert und ehrgeizig ist, dazu aber über jede Menge freie Zeit verfügt, um spontan etwas zu unternehmen; oder sie wünschen sich einen unglaublich attraktiven Charmeur, der auf Partys aber nicht die Aufmerksamkeit anderer Frauen auf sich zieht.

»Es kann sein, dass du beide Eigenschaften bei einem Partner haben möchtest«, erklärte Evan. »Aber dann musst du dich eben entscheiden, welche dir wichtiger ist. Wenn man die Sache so betrachtet, ist die Entscheidung eigentlich klar. Und übrigens, diese Alphamänner suchen möglicherweise auch gar nicht nach den Eigenschaften, die du mitbringst.«

Ein Alphamann heiratet mich bestimmt nicht

Was soll das denn heißen? Wieso sollte sich ein Alphamann nicht für mich interessieren?

»Nun«, sagte er, »überleg doch mal. Wie sind deine Exbeziehungen mit Alphamännern verlaufen?«

Ich erzählte Evan von einigen. Von dem Strafverteidiger etwa, der auch außerhalb des Gerichtssaals jeden Streit gewinnen wollte. Oder von dem erfolgreichen Unternehmer, der es gewohnt war, seine Angestellten herumzuscheuchen und nicht gewillt war, in einer Beziehung Zugeständnisse zu machen.

Evan nickte. »Wenn wir uns auf Partnersuche begeben, dann suchen wir oft Menschen, die unser Spiegelbild sind«, sagte Evan. »Eine erfolgreiche Karrierefrau sucht für gewöhnlich einen erfolgreichen Karrieremann. Aber genau die Eigenschaft, die Frau oder Mann erfolgreich macht, lässt Spannungen aufkommen. Darum hat man am Ende oft zwei willensstarke Menschen, die ständig streiten. Zwei Führungspersönlichkeiten, die alle Aufmerksamkeit für sich fordern. Zwei, für die der Job immer vor der Beziehung kommt. Aber statt nach jemandem zu suchen, der uns ergänzt und nicht mit uns konkurriert, versuchen wir ständig, eine ›bessere‹ Version von uns selbst zu finden – zu unserem eigenen Nachteil. Ein Mann kann auch in anderen Lebensbereichen Qualitäten haben, nicht nur im Beruf.«

»Willst du damit sagen, dass Karrierefrauen sich nicht mit einem ebenbürtigen Mann einlassen sollten?«, fragte ich.

Evan schüttelte den Kopf. »Nein, ich sage, du musst einen ebenbürtigen Partner finden, dessen Stärken die deinen ergänzen. Die Eigenschaften, die du bei einem Mann beeindruckend findest, taugen nicht unbedingt für die Ehe: Ehrgeiz, Konkurrenzdenken, Meinungsstärke.«

»Aber Männer von diesem Schlag heiraten doch andauernd«, sagte ich.

»Ja, aber heiraten sie *dich*?«

Natürlich gab es in meinem Freundeskreis auch Alphamänner, und ich überlegte, mit wem sie verheiratet waren: Da gab es Vollzeitmütter, die ihre Karrieren für die Familie aufgegeben hatten (und durchaus glücklich damit waren), oder Frauen, die flexible Jobs ohne große Karriereaussichten hatten, häufig in Pflegeberufen. Leider traf keine der Beschreibungen auf mich zu.

»Überleg mal«, sagte Evan, »Was hätte ein Alphamann von einer festen Beziehung mit dir? Tagsüber dreht sich die ganze Welt um ihn. Intellektuell ist er gefordert. Herausforderungen spornen ihn an. All das hat er den ganzen Tag. Was ihm seine Arbeit nicht geben kann, sind Herzenswärme, liebevolle Unterstützung und Fürsorge. Du könntest ihm das bieten, aber du bist nicht gerade die entspannteste Person. Doch zu Hause will dein Alphamann genau das, Entspannung. Du willst einen Mann mit Führungsqualitäten, der aber auch kompromissfähig ist und dir die Führung überlässt. Das bietet Konfliktpotenzial.«

Es stand also eine Entscheidung an: Wollte ich ein zweites Mal mit Mike ausgehen?

»Was willst du mehr?«, fragte Evan. »Willst du den Typ Mann, auf den du früher schon geflogen bist, obwohl am Ende nie etwas dabei herauskam? Oder willst du Mike näher kennenlernen, der ein netter Mensch und ganz wunderbarer Vater ist, aber nicht gerade ausgesprochen karriereorientiert? Ich sage nicht, dass Mike der Richtige für dich ist. Er könnte auch völlig falsch für dich sein. Ich sage nur, dass du ihn nach einem ersten Date vielleicht noch nicht gut genug kennst, um das zu entscheiden.«

Evan hatte mal wieder recht. Wir hatten erst ein Date. Ich nutzte erste Dates immer als eine Art Test, bei dem die Männer entweder bestanden oder durchfielen. »Bestanden« bedeutete, dass die Funken sprühten. Alles andere war »durchgefallen«. Mag sein, dass ich die Bedeutung eines ersten Dates überbewertete. Immerhin hatte ich mich mit Mike gut amüsiert – er hatte mich nur nicht umgehauen. Möglicherweise hatte ich ihn auch nicht umgehauen, aber ich ging davon aus, dass er mich wieder einladen würde, denn alles in allem war das erste Date ganz gut gelaufen. Was sprach also gegen ein zweites Treffen?

Welche Bedeutung kann man ersten Dates überhaupt zumessen?

15.
Was ein erstes Date wirklich verrät

»Oh, dann mochtest du ihn ja wirklich!«, rief meine Freundin Lucia, als ich ihr erzählte, dass ich mich ein zweites Mal mit Mike treffen würde. Ich versuchte, ihr zu erklären, dass ich ihn weder mochte noch nicht mochte. Im Grunde genommen war ich neutral.

Aber Lucia, die wie von »Amors Pfeil getroffen« war, als sie ihrem heutigen Mann zum ersten Mal begegnete, glaubte, dass ich nur kokettierte.

»Willst du dich nur schützen?«, fragte sie. »Ich wette, du magst ihn viel mehr als du zeigst.«

Bestimmt nicht. Aber sie konnte einfach nicht verstehen, warum ich zu einem zweiten Date ging, obwohl ich so gleichgültig war. Wozu dann die ganze Aufregung?

Geschichten verändern sich

Das fragte ich mich auch: Wozu die ganze Aufregung? Natürlich kannte ich glücklich verheiratete Paare, die kein supertolles erstes Date hatten. Aber irgendwie erwartete ich, dass es etwas ganz Besonderes sein würde, wenn ich meinen Zukünftigen träfe. Ich war nie frei davon, irgendwelche Dinge in ein erstes Date hineinzudeuten. Einmal war ich wirklich hin und weg nach einem ersten Date mit einem Mann, da wir festgestellt hatten, dass wir beide die gleichen ausgefallenen Schokoladenkekse zum Frühstück aßen (»Wie verrückt ist das denn? Muss Schicksal sein!«). Aber das hieß nicht, dass wir Seelenverwandte waren; es hieß lediglich, dass wir die gleichen ungesunden Essensgewohnheiten hatten. Bis zum dritten Date hatten wir eingesehen, dass wir bis auf die Kekse wenig gemeinsam hatten. Trotzdem, je öfter ich von Leuten hörte, die sich gleich bei der ersten Begegnung »sicher« gewesen waren, desto mehr bildete ich mir ein, dass ein solcher Start zu einer glücklicheren Ehe führte.

Diane Holmberg, eine kanadische Professorin, die Beziehungen erforscht, verneinte dies und sagte mir, dass diese Erste-Date-Storys, von denen ich gehört hatte, möglicherweise gar nicht so genau stimmen. Sie hat herausgefunden, dass verheiratete Paare im Laufe der Zeit ihre »Kennenlernstory« oft ändern. In ihrem Buch *Thrice Told Tales. Married Couples Tell Their Stories (Dreimal erzählt. Verheiratete Paare erzählen ihre Geschichten)*, analysiert sie mit ihrer Koautorin, wie Paare ihre Kennenlernphase im ersten, dritten und siebten Ehejahr beschreiben. Die Geschichten fielen immer anders aus.

»Ich wählte zwei Gruppen von Paaren. Bei der ersten hatte im Lauf der Jahre ein wesentlicher Einbruch ihres Eheglücks stattgefunden«, erklärte sie. »Die zweite Gruppe war der ersten in puncto Eheglück während des ersten Ehejahres vergleichbar, aber das Glück blieb dauerhaft stabil. Danach untersuchte ich, wie diese Paare die frühen Phasen ihrer Beziehung schilderten.«

Ergebnis: Bei der stabilen Gruppe fielen die Schilderungen dieser frühe Phase im dritten Jahr positiver aus als im ersten Jahr, während sie bei der weniger glücklichen Gruppe negativer wurden. Im ersten Jahr klangen beide Gruppen gleich positiv.

Es ging in der Studie nicht nur um die Erinnerungen an das erste Date, sondern um die ganze Zeitspanne vom ersten Date bis zum Heiratsantrag. Die Studie zeigt, so Holmberg, dass eine Art Umdeutung der Vergangenheit stattfindet.

Ist Lucias Geschichte vom ersten Date also wirklich korrekt? Ich weiß es nicht – ich kannte sie vor zehn Jahren noch nicht, als sie ihren Mann kennenlernte. Aber so oder so wusste ich jetzt, dass ich meine ersten Dates künftig nicht mehr als Vorboten für eine (glückliche) Zukunft mit einem Mann sehen sollte.

Grace, seit sechs Jahren verheiratet, weiß, dass erste Dates irreführend sein können. »Ich hörte buchstäblich eine Stimme, als ich meinen Mann das erste Mal traf«, sagte sie. »Und diese Stimme flüsterte mir zu: ›Du wirst ihn heiraten und einen Sohn mit ihm haben.‹ Jedes Mal, wenn ich in seiner Nähe war, stand die Welt still, und ich fühlte mich mit ihm fest verbunden.«

Heute haben sie einen Sohn, so wie die Stimme es gesagt hatte. Die »feste Verbindung« jedoch erwies sich als nicht von Dauer, und die beiden lassen sich gerade scheiden.

»Letztlich habe ich ihn nicht wirklich gekannt«, sagt sie heute.

In einer Radioshow hörte ich kürzlich die Geschichte eines Paares, das durch die berühmte Liebe auf den ersten Blick zueinandergefunden und eine geradezu filmreife Verliebtheitsphase hatte, auf die eine Ehe folgte, die sich weit problematischer gestaltete, als sich beide das je hätten vorstellen können. Es wurde derart unerträglich, dass sie kurz vor der Trennung standen, dann aber beschlossen, sich durchzubeißen, um die Ehe zu retten, die heute glücklich und stabil ist. Der Mann erklärte in dem Interview, er und seine Frau hätten eine so unglaubliche Liebe auf den ersten Blick erlebt, dass man sie bis heute immer wieder darauf anspräche – doch seiner Ansicht nach stellten die Leute die falsche Frage.

»Alle wollen immer wissen, wie wir uns kennengelernt haben«, sagte er. »Aber nie fragt jemand, wie wir es geschafft haben zusammenzubleiben.«

Das Überraschungspaket

Julie hatte nicht gleich Schmetterlinge im Bauch, als sie Jeff, ihren heutigen Mann, das erste Mal traf. Eigentlich wollte sie nicht einmal einen Kaffee mit ihm trinken. Sie lernten sich am Krankenbett eines Patienten auf der Intensivstation in einem Krankenhaus in North Carolina kennen. Julie war Ärztin und Jeff Krankenpfleger.

Nach diesem ersten Treffen hinterließ Jeff ein paar Nachrichten auf Julies Anrufbeantworter, aber sie rief nicht zurück, weil sie nicht wusste, wie sie ihm höflich absagen sollte. Sie war sicher, dass sie kein romantisches Interesse an ihm hatte, und da sie sich in der Klinik immer wieder über den Weg laufen würden, wollte sie sich und ihm die peinliche Situation ersparen.

Eines Abends dann, Julie machte sich gerade fertig, um mit ein paar befreundeten Kollegen zum Basketball zu gehen, rief Jeff wieder an. Später sagte er ihr, dass es sein dritter und letzter Versuch gewesen wäre.

»Das war die perfekte Gelegenheit, das Date, das ich eigentlich nicht wollte, freundlich zu umgehen«, sagte Julie. »Ich lud Jeff einfach ein mitzukommen – die Leute kannte er ja alle von der Arbeit.« Mit anderen Worten: Das perfekte Nicht-Date.

Doch als sie auf einem kleinen Grashügel am Rande des Spielfelds beisammensaßen, verloren sie das Spiel komplett aus den Augen.

»Wir plauderten wie alte Freunde«, sagte sie. »Wir lachten über Ähnlichkeiten in unserer Erziehung. Er war mir angenehm vertraut. Nach jenem Abend gingen wir beide nie wieder mit jemand anderem aus.«

Inzwischen sind die beiden zwölf Jahre verheiratet.

»Jeff war das Paket, das schon ein paarmal vor meiner Haustür gelegen hat«, sagte Julie. »Aber erst als ich es auspackte, sah ich, was für ein Schatz darin war.«

Der Froschkönig

Helena Rosenberg, Psychotherapeutin in Los Angeles, die sich auf die Beratung von Single-Frauen auf der Suche nach dem Richtigen spezialisiert hat, nennt Männer wie ihren eigenen Ehegatten *Froschkönige* – Männer, die man sich auf den ersten Blick nie als potenzielle Partner hätte vorstellen können, die sich aber als wahre Märchenprinzen erwiesen, sobald man sie näher kannte.

So erging es auch der 36-jährigen Jennifer. Sie ist mit so einem Froschkönig verheiratet, den sie vor sieben Jahren getroffen hatte.

»Ich war auf einer Party und hatte Danny noch nicht einmal wahrgenommen«, sagte sie. »Dafür einen anderen Mann umso mehr, mit dem ich dann auch etwas anfing. Mit Danny dagegen war ich zunächst nur befreundet. Doch bald erkannte ich, dass

Danny der viel interessantere Mann war. Er hatte nur nicht die Art von Eigenschaften, die einem sofort ins Auge springen. Aber die besten Männer sind die, die verborgene Qualitäten haben, die man erst mit der Zeit entdeckt, wie etwa Güte, Geduld, Großmut und Aufrichtigkeit.«

Diese Meinung teilt auch Scott Haltzman, Psychiater an der Brown University und Autor von *The Secrets of Happily Married Women. How to Get More Out of Your Relationship by Doing Less (Die Geheimnisse glücklich verheirateter Frauen. Wie Sie mehr von Ihrer Beziehung haben, indem Sie weniger tun)*. Er erzählte mir, wie wichtig es für die Frauen sei, das möglichst in jungen Jahren zu Beginn ihres Liebeslebens zu begreifen.

»Aus meinem therapeutischen Alltag weiß ich, dass erste Eindrücke keine aussagekräftigen Anzeichen für das spätere Eheglück sind«, sagte er. »Ich habe eine 17-jährige Tochter. Sie hat mir von einem Jungen erzählt, mit dem sie ausgegangen ist und den sie sterbenslangweilig fand, woraufhin ich ihr sagte: ›Ist doch prima, langweilig ist gut! Besser als ein Aufreißer. Wenn er dir nicht gleich den Kopf verdreht hat oder dir vor lauter Herzflattern ganz flau im Magen wurde, solltest du noch einmal mit ihm ausgehen. Viele verwechseln das Herzflattern nämlich mit Interesse. Aber wenn du ganz objektiv einige gute Eigenschaften an ihm feststellen kannst, wo ist das Problem? Dann triff dich noch einmal mit ihm.‹ Manchmal braucht es eben mehrere Dates, um das eigentlich Interessante an einem Mann herauszufinden. Doch dann kann es durchaus die wahre Liebe sein.«

Er wirkte klein (auf einem Passfoto!)

Ganz klar: Das erste Date ist nicht entscheidend. Wenn die *Cosmopolitan* einen Artikel mit Geschichten über erste Dates bringen und ihre Leserinnen auffordern würde zu schätzen, welche Geschichten zu glücklichen Ehen führten und welche ins Leere liefen, dann würden sich wohl viele irren. So wie bei Tracey und Phil zum Beispiel. Tracey wollte sich erst gar nicht mit dem Mann treffen, der heute ihr Ehemann ist, denn er wirkte klein – auf einem Passfoto!

Tracey ist mittlerweile 32, lebt in Philadelphia und erzählte mir, dass ihre Mutter Phils Mutter kannte und Phil gerne als Schwiegersohn gesehen hätte.

»Meine Mutter sagte immer, er sei ein anständiger Junge aus gutem Haus, studiere Jura und praktiziere bereits als Anwalt.« Sie klickte also auf seine Homepage und entschied kurzerhand, dass Phil nicht infrage käme – zu klein, befand sie (aufgrund eines drei mal vier Zentimeter großen Passfotos!)

»Dabei sagte meine Mutter immer, Phil sei groß, aber das glaubte ich nicht«, erklärte Tracey. »Ob jemand groß oder klein war, interessierte meine Mutter sowieso nie. Sie suchte nur nach einem guten Gefährten. Dagegen habe ich auch nichts, aber ich muss mich auch zu einem Mann hingezogen fühlen, und ich stehe nun mal auf große Männer.«

Phil hatte unterdessen ähnliche Vorbehalte. »Meine Mutter erzählte mir, Tracey sei sehr gescheit, habe einen Masterabschluss von der New York University. Sie sagte, sie sei eine anständige Person und hätte schöne Augen. Daraus schloss ich, dass der Rest von ihr wohl nicht viel hermacht.«

Als die beiden sich dann schließlich trafen – auf einer Weihnachtsparty in ihrer Heimatstadt –, fühlten sich beide in ihren Annahmen zunächst bestätigt. Keiner war sonderlich beeindruckt vom anderen, obwohl Tracey feststellen musste, dass Phil gute 1,90 m maß.

»Ich kam mir blöd vor, weil ich angenommen hatte, er sei klein«, sagte sie. »Aber gefunkt hat es definitiv nicht. Ich fühlte mich nicht spontan zu ihm hingezogen.«

Auch Phil überschlug sich nicht gerade bei Traceys Anblick. »Sie hatte dicke Locken. Gar nicht mein Ding. Sie sah aus wie ein Pudel.«

Nach einer ersten netten, aber keinesfalls denkwürdigen Unterhaltung fragte Tracey, die von Natur aus sehr kontaktfreudig ist, Phil nach seiner Visitenkarte. Sie fand ihn ganz nett, und vielleicht könnte man sich wieder einmal treffen, wenn beide in ihrer Heimatstadt wären.

»Ich hatte keinerlei romantische Erwartungen, nicht nur, weil es nicht prickelte zwischen uns, sondern auch, weil wir in verschiedenen Bundesstaaten lebten«, sagte Tracey. Sie lebte in der Nähe von Washington, er in New Jersey. »Ich hatte definitiv keine romantischen Absichten, aber da unsere Familien gut bekannt sind, dachte ich, wir könnten vielleicht Freunde werden.«

Irgendwann rief Tracey ihn dann an, und sie plauderten ganz unbeschwert. »Wenn sie mich nicht angerufen hätte«, sagte Phil, »hätte ich mich von mir aus nicht bei ihr gemeldet.« Von da an telefonierten sie einen Monat lang regelmäßig miteinander.

Phil rief sie fast täglich an, aber selbst da kam Tracey noch immer nicht auf die Idee, dass sich eine Romanze entspinnen könnte. »Ich dachte einfach nur, er sei ein netter Typ und wir könnten richtig gute Freunde werden«, sagte sie.

Phil hingegen war nicht so sicher, was er denken sollte. Eines

Tages fuhr Phil nach Maryland, um seine Mutter zu besuchen, auf dem Rückweg schaute er bei Tracey vorbei und führte sie zum Abendessen aus. Diesmal prickelte es zwar ein wenig, aber der Blitz schlug trotzdem nicht ein. Die Anziehung war »eher sanft spürbar«, erzählte Tracey.

»Da wir den Monat zuvor fast täglich telefoniert hatten, kannte ich sie nun ein wenig besser. Ich fand, sie sah auch besser aus, aber nur, weil ich sie besser kannte.«

»Mir ging es genauso«, fügte Tracey hinzu. »Wir waren Freunde geworden, und das machte enorm viel aus, was die Anziehung angeht. Wenn wir uns die Zeit nicht genommen hätten, um einander besser kennenzulernen, dann hätte sich wohl nie irgendein Gefühl entwickelt.«

Nach diesem Wiedersehen telefonierten die beiden etliche Male am Tag. Phil fuhr jedes freie Wochenende nach Washington, um sie zu besuchen. Sie scherzten oft darüber, dass sie trotz (oder vielleicht gerade wegen) der Entfernung mehr miteinander redeten als die meisten Paare, die in der gleichen Stadt lebten.

»Er war immer erreichbar«, sagte Tracey. »Das bedeutete mir eine Menge. Die Männer, mit denen ich vor ihm zusammen war, hatten mich nicht so gut behandelt. Sie sahen zwar gut aus, hatten gute Jobs, kamen aus ordentlichen Verhältnissen, hatten aber keinen Anstand. Sie waren arrogant. Phil war immer nett zu mir, immer für mich da. Ich musste mir nie Sorgen machen, ob er mich zurückrufen würde oder irgendwelche Spielchen machte.«

Die beiden wirkten wie zwei vor Glück strahlende Jungvermählte, doch sie hatten beide auch Kompromisse machen müssen, wie sie mir erzählten.

»Sie ist eine wundervolle Person, denn ich sehe sie als wahre

Partnerin, die auf einer Stufe mit mir steht«, sagte Phil. »Sie steht mir in nichts nach, hat einen großartigen Sinn für Humor. Wir haben jede Menge Spaß zusammen. Sie gibt mir viel, und ich nehme es gern von ihr an. Aber manchmal ist sie etwas überempfindlich – eine Eigenschaft, die ich nicht auf meine Wunschliste setzen würde, wenn ich eine hätte. Aber wir arbeiten an uns, da wir ein echtes Interesse daran haben, einander zu verstehen.«

Tracey weiß, dass sie manchmal zu empfindlich ist, und schätzt es sehr, dass Phil so geduldig mit ihr ist. Wenn sie etwas an Phil ändern könnte, würde sie sich mehr »Initiative« von ihm wünschen.

»Ihm gefällt es, dass ich der aktivere Typ von uns beiden bin. Ich sehe zu, dass die Rechnungen pünktlich bezahlt sind und auch sonst alles läuft«, sagte sie. »Da geht mir seine lasche Art schon manchmal gegen den Strich. In einer perfekten Welt würde ich ihn mir ein bisschen dynamischer wünschen. Aber dafür erträgt er auch mich. Also gleicht es sich aus. Wir verstehen uns eben als Team.«

Phil und Tracey versprühten diese romantische Energie, nach der ich mich sehne – sie führten die Sätze des anderen zu Ende, gingen selbst mit den kleinen Fehlern des anderen behutsam um und konnten sogar über ihre jeweils weniger reizvollen Eigenschaften herzlich miteinander lachen.

Wie schade wäre es gewesen, dachte ich bei mir, wenn es diese zwei bei jener ersten, weniger prickelnden Begegnung hätten bewenden lassen.

Auch Tracy denkt manchmal darüber nach. »Ich sage meinen Single-Freundinnen immer, wenn der Mann halbwegs nett aussieht und auch sonst anständig und aufgeweckt zu sein scheint, solltest du dich ein zweites Mal mit ihm treffen, auch wenn er nicht dein Typ ist, das erste Date langweilig war oder er dich bloß nicht angetörnt hat. Und wenn sie immer noch abwiegeln, sage ich nur ›Sieh mich und Phil an‹.«

Dreihundert Fehler beim ersten Date

Er ist nicht mein Typ. Das Date war langweilig. Er hat mich überhaupt nicht angetörnt. Drei Gründe, die für Frauen Grund genug sind, einen Mann nach dem ersten Date nicht wiederzutreffen. Evan Marc Katz, mein Dating-Coach, erzählte mir, dass diese Liste sich endlos lange fortsetzen ließe.

»Ich bitte meine Kundinnen immer um Feedback, weil ich herausfinden will, was Männer beim ersten Date alles falsch machen«, sagte Evan. »Ich dachte, ich würde eine kleine Fehlerliste zusammenbekommen, wie zum Beispiel: Er hat sie nicht eingeladen; er war unfreundlich zur Bedienung; er hat sich nicht dafür interessiert, was sie macht. Stattdessen habe ich dreihundert verschiedene Dinge zu hören bekommen! Ich wusste gar nicht, dass es so viele Dinge gibt, die man beim ersten Date falsch machen kann. Wie pingelig muss man sein, um so viele Gründe zu finden, die *gegen* ein zweites Date sprechen? Aber ich hörte Gründe wie: ›Er sollte seine Stimme nicht verstellen, auch wenn er der weltbeste Austin-Powers-Imitator ist‹ oder ›Er sollte nicht erwähnen, dass er für ein großes Spiel alles stehen und liegen lässt‹ oder ›Er sollte keinen braunen Gürtel zu schwarzen Schuhen tragen oder umgekehrt‹. Ich hake auch bei den Männern nach, schicke Ihnen ebenfalls eine Mail mit der Bitte um ein Feedback zum ersten

Date. Die Männer benennen nur wenige Dinge, die einem zweiten Date im Wege stehen: nicht attraktiv genug; nicht inspirierend genug; nicht herzlich.«

Frauen scheinen nicht zu verstehen, sagte Evan, dass es sich bloß um ein Date handelt. »Eine Frau fragt sich sofort: ›Ist er mein zukünftiger Ehemann?‹ Damit legt sie die Latte deutlich höher als mit: ›Kann ich mir ein zweites Date mit ihm vorstellen?‹ Männer sind da etwas unkomplizierter und verabreden sich gern für ein zweites Treffen, wenn sie die Frau einigermaßen hübsch gefunden und sich gut amüsiert haben. Nach allem, was ich erlebt habe, beurteilen Frauen ein erstes Date sehr viel rigoroser.«

Tolles Date heißt nicht toller Ehemann

Dr. Michael Broder, der Therapeut aus Philadelphia, mit dem ich auch über das weibliche Anspruchsdenken gesprochen hatte, sagte ebenfalls, dass überzogene Erwartungen schon beim ersten Date beginnen.

»Fast jeder kennt doch ein glücklich verheiratetes Paar, bei dem nicht gleich auf Anhieb die Funken geflogen sind«, sagte er. »Aber viele Frauen gehen genau mit dieser Erwartungshaltung zum ersten Date. Es muss sofort funken, wenn nicht – tschüss. Sie wollen nicht abwarten, ob sich beim zweiten oder dritten Date vielleicht doch noch etwas entwickelt. Sie wollen auf der Stelle alles haben und bringen keine Geduld auf für einen Mann, der nicht den besten ersten Eindruck macht.«

Dr. Broder meint, dass viele Frauen aus einem guten ersten

Date schließen, dass der Datepartner auch einen guten Ehemann abgeben wird und umgekehrt (schlechtes Date gleich schlechter Ehemann). Dabei ist der Mann beim ersten Date vielleicht nur deshalb unbeholfen, nervös, schweigsam oder weniger witzig, weil die Frau ihn fasziniert, nicht weil er ein Trottel ist. Er kann sich trotzdem als toller Typ und liebevoller Ehemann entpuppen. Ebenso wie der charmante Unterhalter, der beim ersten Date so überzeugt hat, als Ehemann ein Totalausfall sein kann. Das erste Date, egal wie es läuft, garantiert für nichts. Erste Eindrücke sagen wenig darüber aus, ob ein Mann als Ehepartner taugt oder nicht.

Auch Lisa Clampitt, Mitinhaberin des Matchmaking Institute in New York, ermutigt ihre Kundinnen stets zu einem zweiten Date. Sie dränge nicht darauf, sagte Clampitt, aber sie mache beiden Parteien klar, dass sie sich mit einem zweiten Date nichts vergeben, wenn die erste Begegnung ›neutral‹ verlaufen sei. Schließlich sei man beim ersten Date oft nervös. Oder man denkt, man habe nur die eine Chance, wie bei einem Bewerbungsgespräch. Gibt es aber die Chance auf ein zweites Date, kann man das erste sehr viel unverkrampfter angehen. Selbst wenn beim ersten Date nicht gleich die Funken sprühen – wie bei Mike und mir –, kann das zweite eine ganz andere Dynamik entwickeln, sodass man den anderen »auf den zweiten Blick« buchstäblich mit ganz anderen Augen sieht.

Stellt sich das erste Date jedoch als Super-GAU heraus, so versucht Clampitt, im Gespräch mit ihren Kundinnen den Gründen auf die Spur zu kommen.

»Manchmal verstehe ich es«, sagte sie. »Aber ich möchte auch nicht, dass sie sich vor lauter Erwartungen eine Chance verbauen.«

Durch die Leitung drang ein tiefer Seufzer an mein Ohr. »Was erwarten die Leute bloß immer von einer ersten Begegnung?«, meinte Clampitt. »Dass man die gleiche Vertrautheit empfindet wie mit jemandem, den man schon lange kennt? Manchmal findet man gleich einen Anknüpfungspunkt, aber oft braucht es zwei, drei oder vier Dates, bis man sich lockerer und unbefangener fühlt. Neue Kollegen oder Freunde muss man doch auch erst mal beschnuppern. Warum tun wir das nicht auch bei potenziellen Partnern?«

Clampitt ist der Meinung, dass man aus einer ersten Begegnung nicht viel schließen könne. Man müsse den Mann ja nicht gleich heiraten, aber es spreche auch nichts dagegen, noch einmal ein paar Stunden mit ihm zu verbringen. Wer weiß, vielleicht versteht man sich ja doch.

»Liebe wächst mit der Zeit, sie ist nicht gleich auf Höchststand«, sagte sie. »Wahre Liebe entwickelt sich. Es geht darum, Vertrauen aufzubauen, ein Band zu knüpfen. Am besten, man denkt am Anfang gar nicht zu viel darüber nach. Besonders Frauen neigen dazu, viele Chancen zu schnell wieder sausen zu lassen. Meiner Erfahrung nach sind es überwiegend die Frauen, die ein zweites Date vorschnell ausschließen, nicht die Männer.«

Clampitt war nicht die Erste, die diese Beobachtung machte: Frauen scheinen wählerischer zu sein als Männer. Ist das wirklich so? Nicht nur bezogen auf erste Dates, sondern ganz allgemein?

Das wollte ich herausfinden.

16.

Sind Frauen wählerischer als Männer?

»Ach, was«, sagte ich zu meinem Freund Kyle, einem verheirateten New Yorker Journalisten, als wir uns über wählerisches Verhalten bei der Partnersuche unterhielten. Ich konnte seine Theorie einfach nicht glauben: Wenn eine Frau einigermaßen attraktiv und normal ist, dann geben ihr die meisten Männer eine Chance.

Er erklärte das so: »Wenn eine Frau nicht den Eindruck macht, dass sie dauernd unerklärliche Heulkrämpfe bekommt, ständig Antidepressiva schluckt, einen unentwegt in endlose Beziehungsdiskussionen über die kleinsten Kleinigkeiten verstricken will oder unsere E-Mails durchstöbert oder gar die Namen von Exfreundinnen googelt – dann ist das für uns ein riesiges Plus! Wie ein Hauptgewinn!«

Mag sein, dass er das halb im Scherz gesagt hat, aber es war schon etwas dran: Männer stellen nicht ganz so strikte Ansprüche wie Frauen.

In einer Umfrage von *Time/CNN* aus dem Jahr 2007 gaben achtzig Prozent der befragten Männer und Frauen an, dass sie überzeugt seien, irgendwann ihren Traumpartner zu finden. Auf die Frage, ob sie auch jemand anderen heiraten würden, sollten sie ihren Traumpartner doch nicht finden, antworteten 34 Prozent der Frauen mit Ja, bei den Männern waren es dagegen 41 Prozent.

Lisa Clampitt, die Partnervermittlerin aus New York, überrascht dies nicht. Ihre männlichen Kunden seien zumeist aufgeschlossener als die weiblichen. Schlägt sie einem Mann vor, den Altersrahmen seiner Partnersuche von 30 auf 35 anzuheben, dann tut er das für gewöhnlich. Und wenn sie ihm vorschlägt, doch auch einmal einen Blick auf eine 1,57 m statt 1,70 m große Frau zu werfen, so ist das ebenfalls kein Problem.

»Männer sind weniger festgelegt«, meinte Clampitt. »Sie sind allgemein flexibler, was unterschiedliche Frauentypen angeht, gerade in diesem Punkt tun Frauen sich enorm schwer. Sie haben klare Vorstellungen, welcher Typ Mann für ein Date infrage kommt und welcher nicht. Und davon rücken sie nicht ab.«

Dan Ariely, der Verhaltensökonom vom MIT, hat mehr als zwanzigtausend Online-Dater unter die Lupe genommen und fand ebenfalls heraus, dass Frauen wählerischer sind als Männer. Brachte eine Frau ein gewisses Maß an Attraktivität und Ausstrahlung mit, zeigte der Mann Interesse an ihr. Im Unterschied zu den Männern filterten die Frauen ihre potenziellen Dates weit mehr nach Einkommen, Bildungsstand, Beruf, Körpergröße oder ethnischer Herkunft.

»Frauen haben eine viel konkretere Vorstellung davon, wie er sein soll«, erklärte mir Ariely. »Männer haben eher eine ungefähre Ahnung, und mit Details nehmen sie es nicht so genau.«

Das gilt vielleicht für den berühmten »ersten Eindruck«, aber nicht mehr in einer Beziehung. Ich kannte eine Menge Männer, die ihre Frauen aus, wie ich finde, nichtigen Gründen verlassen hatten. Ben, 45 und Banker, erzählte mir, er habe einmal mit einer Frau Schluss gemacht, weil er ihre Knöchel zu dick fand. Ein anderer teilte den Möbelgeschmack seiner Freundin nicht (»Ich hatte das Gefühl, wir würden uns nie auf eine gemeinsame Einrichtung einigen können.«). Wieder ein anderer nannte doch tatsächlich als Grund, dass sie sich »zu ähnlich« waren.

Ich fragte Ben, was seine Freundinnen an ihm auszusetzen gehabt hätten, und Ben zitierte Dinge wie mangelnde Aufmerksamkeit, wenn sie ihm etwas erzählt; schreckliche Zögerlichkeit; sich körperlich gehen lassen. (Und er hat ein Problem mit den Knöcheln seiner Freundin?)

Ein niedlicher Anwalt hatte mit zwei Frauen Schluss gemacht, in deren Gesellschaft er sich eigentlich sehr wohlgefühlt hatte, außer wenn sie ihn auf Partys begleiteten: Die eine redete ihm zu viel (»Sie ließ die anderen kaum zu Wort kommen«), die andere war ihm zu schüchtern (»Ich hatte ständig das Gefühl, ich müsse für sie einspringen und das Gespräch am Laufen halten«). Es schien ihm nicht bewusst zu sein, dass Partys für einen verheirateten Mann mit Kindern keine so große Rolle mehr spielen würden, die traute Zweisamkeit mit seiner Ehefrau dafür aber umso wichtiger wäre.

»Ich suche eben, bis es passt«, erklärte er mir. »Wie Goldlöckchen in der Hütte der drei Bären.« (Sieht so aus, als seien wir Frauen nicht die Einzigen, die an Märchen glauben.)

»Na ja«, meinte Ariely daraufhin, »manchmal geht es weniger darum, wählerisch zu sein, als vielmehr um emotionale Vorbehalte. Das gilt für Männer und Frauen gleichermaßen. Doch Frauen treffen beim Thema Heirat im Allgemeinen überlegtere Entscheidungen als Männer. Damit Männer sich verlieben, bedarf es weit weniger. Frauen lassen sich durchschnittlich auf weniger Beziehungen ein als Männer. Warum ist das so? Es lässt sich evolutionsgeschichtlich erklären. Aber ich denke, es hat auch kulturelle Gründe.«

Aus evolutionsgeschichtlicher Sicht, so führte er aus, hätten

Frauen ihre Wahl sehr viel überlegter treffen müssen, weil sie einen verlässlichen Partner brauchten, um ihre Kinder großzuziehen. In jüngerer Zeit jedoch hätten kulturelle Umstände die Frauen außerordentlich wählerisch gemacht – und das nicht nur in Punkten, die mit dem Nachwuchs zusammenhängen, wie etwa Einkommen oder gute Gene. »Um dies zu überprüfen, habe ich Dutzende Frauen gefragt, was sie von einem Partner erwarten, und bekam die üblichen Antworten: Er sollte attraktiv sein, humorvoll, intelligent, liebenswert und finanziell abgesichert. Doch wenn ich ein bisschen nachhakte, dann wollten – oder *verlangten* – sie außerdem einen Mann mit emotionalem Tiefgang, der ein Gespür für ihre Gefühlslage hatte und seinerseits seine Gefühle mit ihr teilte, wie eine gute Freundin es tun würde. Auf meine Frage, warum ihnen das so wichtig sei, sagten etliche, dass emotionale Tiefe auf einen aufmerksamen und rücksichtsvollen Menschen schließen ließe.«

Das schien mir durchaus legitim. Aber wollen Männer denn nicht auch eine aufmerksame und rücksichtsvolle Partnerin? Ja und nein, meinte Ariely. Er glaubt, dass Männer emotionale Tiefe tendenziell anders betrachten: Emotional tiefgründige Frauen machen auf viele Männer einen neurotischen, komplizierten und anstrengenden Eindruck. Was die Frau als emotionale Tiefe ansieht, sieht der Mann als emotionale Labilität.

Meine Freundin Melissa, 33 Jahre alt und »emotional tiefgründig«, wie sie von sich selbst behauptet, teilt Arielys Meinung.

»Es heißt immer, dass Männer sich mit anspruchslosen Frauen zufriedengeben«, sagte sie. »Aber das ist falsch. Ich glaube, dass die meisten Männer genau das *suchen* – eine unkomplizierte Frau, die sie anhimmelt, die pflegeleicht und anspruchslos ist. Eine, die nicht alles hinterfragt. Das lässt die Männer weniger wählerisch *erscheinen*. Aber sind sie das wirklich, oder wollen Männer und Frauen einfach nur andere Dinge?«

Alles aus einer Hand

Die Männer, mit denen ich gesprochen habe, waren sich in dieser Frage einig. Frauen hätten einfach viel zu viele Erwartungen, welche die Männer niemals alle erfüllen können. Auch Kyle, der Journalist aus New York, teilt diese Meinung – auch er habe immer Freundinnen gehabt, die *alles* wollten, einen großen, reichen Mann, der aber gleichzeitig auch wie eine gute Freundin all ihre emotionalen Bedürfnisse befriedigt.

»Die Frauen hätten am liebsten einen Mann, der ein echter Kerl und eine beste Freundin in einer Person ist«, sagte er. »Das erzeugt bei Männern eine Menge Frust und Unmut. ›Echte Kerle‹ haben keine Lust, über Mode zu schwatzen, so wie Freundinnen das vielleicht tun.«

Das erinnerte mich an eine Unterhaltung, die ich eines Abends mit einer guten Freundin hatte. Ich erzählte ihr, dass ich mir das wünschte, was sie mit ihrem Ehemann hatte – die ideale Kombination, Liebespaar und beste Freunde.

»Eigentlich«, so sagte sie, »bist du meine beste Freundin.«

Sie fuhr fort: »Wenn ich meinem Mann nur die Hälfte von dem erzählen würde, was ich dir erzähle, würde er eingehen vor Langeweile und abschalten; und dann hätten wir einen Mordsstreit, weil er mir nie zuhört. Anstatt ihm jeden Tag die Ohren vollzuschwatzen, komme ich lieber zu dir.«

Ich war verwirrt. »Wenn ich deine beste Freundin bin, heißt das dann, dein Ehemann ist nicht dein bester Freund?«

»Gut möglich«, grinste sie. »Aber ich liebe ihn immer noch mehr als dich.«

Das sei ein Unterschied, sagte sie, den sie wenige Jahre zuvor noch nicht begriffen hatte. Eines schönen Tages dann, frustriert, weil ihr Mann sich nicht so in die Gespräche einfühlte, wie sie es gerne gehabt hätte, dämmerte es ihr. »Ich denke, selbst unsere allerbesten Freunde werden nicht all unseren Wünschen und Bedürfnissen gerecht. Und deshalb haben wir *viele enge* Freunde, nicht nur einen. Warum also soll der eigene Ehemann ein Megafreund sein, der sämtliche Bedürfnisse erfüllt und sämtliche Interessen teilt? So einen Druck hält doch kein Mensch aus!«

Dies zu erkennen, würde auch vielen Single-Frauen guttun, meinte sie.

Da fiel mir etwas ein, was mein Freund Andy (der aus Kapitel 12) einmal über seine Frau gesagt hatte: »Ich finde, Partnerschaft nach dem Motto ›Alles aus einer Hand‹ wird überschätzt«, erzählte er mir. »Ich gehe mit Leidenschaft meiner Arbeit nach, telefoniere oder plaudere mit Freunden – aber das ist nicht das Gleiche. Natürlich wäre es toll, wenn ich das auch mit meiner Frau hätte. Andererseits verbringe ich mehr Zeit mit den Kollegen im Büro als mit meiner Frau.«

Ich fragte ihn, ob er deswegen das Gefühl hatte, auf etwas verzichten zu müssen. »Überhaupt nicht«, sagte er. »Meine Frau hat eine Menge Eigenschaften, die ich sehr schätze. Und ständig nach Dingen zu suchen, die sie nicht hat, war ich irgendwann leid.«

Ein einziger Mensch kann einem anderen unmöglich in allen Belangen die absolute Erfüllung bieten. Er würde an seine Grenzen stoßen. Das sahen die meisten Männer, mit denen ich gesprochen habe, sehr realistisch.

Ich sah das ganze Problem inzwischen so: In einer Beziehung müssen beide Kompromisse machen, Mann und Frau, nur machen sie das auf unterschiedliche Weise. Für verheiratete Männer ist der größte Kompromiss die sexuelle Monogamie, für verheiratete Frauen ist der größte Kompromiss der Mangel an emotionaler Monogamie. Anders ausgedrückt: Der Kompromiss für die Frauen besteht darin, auf eine allumfassende emotionale Beziehung mit ihrem Partner zu verzichten und sich die fehlenden Stücke außerhalb der Ehe zu holen. Sie müssen akzeptieren, dass ein einziger Mensch nicht die ganze Palette emotionaler Tiefe bieten kann, die die meisten Männer von vornherein sowieso nicht wollen.

Es geht auch anspruchsloser (theoretisch)

Annie ist 34 und wieder auf Partnersuche. Drei Jahre lang war sie mit einem gut aussehenden, intelligenten, humorvollen und interessanten Typen verheiratet, mit dem sie vor der Heirat eine super Beziehung hatte, der sich aber als furchtbarer Ehemann entpuppte. Im Nachhinein, sagte sie, habe sie die Warnsignale übersehen. Sie sei immer wählerisch gewesen, aber nach ihrer Scheidung wolle sie nun versuchen, die Wahl ihrer Partner anders anzugehen.

»Natürlich möchte ich verliebt sein und ihn interessant finden, aber es muss nicht mehr himmelhoch jauchzend und mit Schmetterlingen im Bauch sein. Das hatte ich bei meinem Exmann und weiß inzwischen, wie trügerisch ein solches Gefühl sein kann.«

Heute, so sagte sie, habe sie eingesehen, dass andere Qualitäten wichtiger seien.

»Heute versuche ich, andere Dinge mehr zu schätzen wie Freundlichkeit oder gute Kameradschaft. Dinge, die sehr grundlegend sind, die ich früher aber nie so beachtet habe, wie ich es vielleicht hätte tun sollen. Ich will eigentlich nur jemanden, der relativ gescheit ist, freundlich, finanziell abgesichert und *jetzt* bereit für eine Familie. Beim Aussehen kann ich Abstriche machen. Glaube ich zumindest, aber manchmal falle ich in meine alten Muster zurück.«

Erst neulich wollte eine verheiratete Freundin sie mit einem Kollegen aus der Anwaltskanzlei ihres Mannes verkuppeln. Annie hatte ihn sich bei Facebook angesehen und sein Foto hatte ihr ganz gut gefallen, aber nicht, was er über sich geschrieben hatte.

»Er hatte diese typische Juristen-Vita«, sagte Annie. »Und ich dachte ›Oje, wie langweilig!‹ Meine Freundin hatte ihn nicht als dröge bezeichnet, sie hatte ihn aber auch nicht als interessant beschrieben. Sie hatte nur gesagt: ›Was spricht gegen ein Treffen mit ihm? Er ist ein toller Typ.‹ Aber im Stillen habe ich gedacht: ›Will ich mit dem Typen wirklich Smalltalk über Sushiröllchen machen?‹ Aber jeder sagt, ich müsse meine Einstellung ändern, die Dinge laufen lassen und abwarten, was sich entwickelt.«

Ich fragte Annie, ob sie das anders sehen würde, wenn sie in ein paar Jahren noch immer Single wäre. Würde sie dann noch immer ein Date ausschlagen, nur weil ihr die Vita eines Mannes nicht gefiel?

Sie überlegte kurz. »Du meinst, ob ich mit diesem Typen ausgehen würde, wenn ich 35 bin? Falls er dann noch zu haben ist?

Ich weiß es nicht. Aber wenn sich in zwei Jahren noch nichts an meiner Situation geändert hätte, dann würde ich denken, dass es an *mir* liegt und ich Selbstsabotage betreibe.« Es sei nicht nur die biologische Uhr, die sie bewegen könne, ihre Einstellung zu ändern, sagte Annie. Viele ihrer Freundinnen seien glücklich verheiratet, und das hätte sie auch gerne.

»Ich möchte mein Leben mit jemandem teilen. Dafür muss ich von ein paar Traumvorstellungen Abschied nehmen, ich weiß. Jeder muss Kompromisse machen. Rein theoretisch kann ich nachvollziehen, dass ich weniger wählerisch sein sollte. Aber in der Praxis fällt mir das ziemlich schwer.«

Rein theoretisch weiß das auch Jocelyn, 39. »Ich bin keine Heilige, die allein in ihrer Zelle sitzt und auf das perfekte Szenario wartet«, erzählte sie mir. »Das Leben ist nicht perfekt, ich weiß. Aber ich weiß genauso gut, dass ich einen Mann mit emotionaler Tiefe und Verständnis brauche, und wenn er meine charakterlichen Feinheiten nicht wirklich zu schätzen weiß, dann kommt er auf lange Sicht auch nicht infrage.«

Wie Annie und Jocelyn gingen auch die meisten seiner Kundinnen die Partnersuche an, sagte Evan, meinen Dating-Coach – ich kann es mir nicht aussuchen, auf wen ich fliege; ich will ja Kompromisse machen, aber es klappt nicht. Diesen Frauen sagt Evan: »Gut, dann verzichte auf Kompromisse. Aber bitte wundere dich nicht, wenn alle anderen ihren Weg in eine erfüllte »Kompromissbeziehung« finden, während du weiter einem Traum nachhängst.«

Frauen wollen mehr

»Soweit ich das sehe, sind Frauen unzufrieden, weil sie immer mehr wollen«, erzählte mir Edna Pollin, Scheidungsanwältin aus Denver. Sie wollen zum Beispiel mehr Romantik, mehr Hilfe im Haushalt, mehr Leidenschaft. Einige wollen einen »Besserverdiener« – wie sie es bezeichnet. Sicherlich, so sagte sie, gäbe es Männer in der Midlife-Crisis, die die Scheidung einreichen, aber häufiger wären es die Frauen, die ausbrechen und die Männer verwirrt zurücklassen.

»Die Männer sind wie vor den Kopf gestoßen nach dem Motto ›Dass wir Probleme haben, hat mir keiner gesagt, ich dachte, alles sei prima‹«, erklärte sie.

Das ist möglicherweise ein Grund dafür, dass laut einer Umfrage des National Marriage Project der Rutgers University zwei Drittel aller Scheidungen von Frauen eingereicht werden. Oft erwarten Frauen von ihren Männern, dass sie »alles« seien, und hätten dann das Gefühl, dass ihnen etwas fehle – ihr Seelenpartner beispielsweise, sagte Edna. Keith, 36, erzählte mir, seine Frau habe vor einem Jahr die Scheidung verlangt und ihm gesagt: »Ich liebe dich, aber ich bin nicht verliebt in dich.«

Wie sich herausstellte, war sie in einen anderen »verliebt«.

»Ich habe einen Abschluss in Betriebswirtschaftslehre, einen guten Job in der Computerbranche, einen Pilotenschein, ein eigenes Haus, ich bin einigermaßen gut in Form und bin ehrenamtlich tätig. Ich gehe in die Kirche. Ich bin kein Typ für aufregende Achterbahnfahrten. Ich gehe mit meinem verdienten Geld sorgsam um und deichsle alles ganz gut. Ich bin kein aufregender Romeo. Darum hat mich meine Frau verlassen.«

Ich fragte den Soziologen Paul Amato, der Studien über geschiedene Paare anstellt, warum Frauen so oft aus einer Ehe ausbrechen.

Das hinge mit geschlechtsspezifischen Unterschieden in der Erwartungshaltung zusammen, erzählte er mir. Die Frauen, die er befragt hat, gaben häufig an, sie hätten geglaubt, dass die Ehe anders verlaufen würde – aufregender oder einfacher. Folglich denken sie, das Problem sei der Ehemann: Sie meinen, *er* sei langweiliger geworden, in Wirklichkeit aber ist es die Ehe, die im Vergleich zur ersten verliebten Phase »langweilig« ist.

Ich fragte ein paar Männer, was sie sich von der Ehe erwartet hätten. Alex, 39 und seit vier Jahren verheiratet, erzählte mir, es erfülle sich zwar nicht alles, was er auf seiner Ehe-Wunschliste hat, aber das mache ihm nichts aus, schließlich liebe er seine Frau von ganzem Herzen.

»Ich wünschte, sie wäre im Alltag nicht immer so angespannt«, sagte er. »Ich wünschte, sie wäre mir gegenüber toleranter, wenn ich die Dinge langsamer angehe als sie, und ich wünschte, sie wäre jünger und aufreizender. Aber ist das in einer langjährigen Beziehung nicht normal?«

Graham, 34 und in einer festen Beziehung, erzählte mir, dass es immer Dinge gäbe, die er gern anders hätte. Aber die meisten seien nicht so schwerwiegend, dass sie für ihn ein Trennungsgrund wären. Wenn er früher mit einer Freundin Schluss gemacht habe, dann lag das stets an unterschiedlichen Vorstellungen, was die Werte für eine gemeinsame Zukunft anging – wie Karriereziele, Geld, Sicherheit, Religion, Eltern-Dasein. Nie hätte er gesagt: »Ich hätte lieber eine Frau, die die gleichen Interessen hat wie ich, die Sport, Musik oder Theater mag, die gerne klettern geht; die auch nach der Geburt unserer Kinder in der Lage ist, finanziell zum Auskommen beizutragen; die klein genug ist, um sie beim Sex hochheben zu können; die genauso oft Sex will wie ich; die lieber zu mir in meine Wohnung nach Brooklyn kommt, sodass ich nicht ständig zu ihr nach Manhattan fahren muss.«

Während ich ihm zuhörte, musste ich an all die Frauen denken, die mit ihren Männern Schluss gemacht hatten – oder es kurzerhand tun würden –, wenn es andersherum wäre: Wenn er nicht die gleichen Interessen hätte wie sie; wenn er nicht genug Geld verdienen würde; wenn er öfter Sex wollte als sie; wenn er zu faul wäre, zu ihr zu kommen. Doch dieser Mann akzeptierte all das.

Grahams aktuelle Freundin ist bei Weitem nicht perfekt. Aber deswegen Schluss zu machen, so sagte er, käme ihm nicht in den Sinn. »Ich finde mich damit ab«, sagte er, »denn die Dinge, die mir wichtig sind, bringt sie mit. Sie ist schlau, wir fühlen uns zueinander hingezogen, wir lachen zusammen, wir haben ähnliche Wertvorstellungen, Respekt und Bewunderung für den anderen.«

Jack, ein dreißigjähriger Webdesigner, der in Kürze heiraten wird, erzählte mir, wie schlecht es ihm vor zehn Jahren ging, als er seiner besten Freundin aus Studienzeiten seine Liebe offenbart und sich eine Abfuhr geholt hatte. Doch über die Jahre hörte er sich ihre Dating-Storys an und ihm wurde klar, dass ihre Abfuhr nicht persönlich gemeint war. Es brauchte offenbar nicht viel, und sie ließ einen Mann abblitzen (»Er war einen Monat lang nicht krankenversichert. Wie verantwortungslos ist das denn!«; »Er hatte schon jede Menge Frauen vor mir«; »Sein Kosename für mich war ›Kumpel‹«).

»Ich mag sie als gute Freundin. Aber für eine Beziehung wäre sie mir viel zu anspruchsvoll. Sie findet an jedem Mann was auszusetzen«, sagte er.

Das hätte man früher auch mir vorwerfen können. Heute dagegen hatte ich das umgekehrte Problem: Was, wenn man nicht genau bezeichnen kann, was es auszusetzen gibt? Eine Frage, die mich nach meinem zweiten Date mit Mike beschäftigte. Ich musste unbedingt mit Evan darüber sprechen. Ich musste mir darüber klar werden, worauf es wirklich ankommt.

TEIL IV

Was wirklich zählt

Liebe ist etwas Ideelles.
Heirat etwas Reelles;
und nie verwechselt man ungestraft
das Ideelle mit dem Reellen.

JOHANN WOLFGANG VON GOETHE

17.
Montags mit Evan

Vierte Sitzung
Wünsche vs. Bedürfnisse

In unserer vierten Coaching-Sitzung brachte ich Evan auf den neucsten Stand, was Mike anbelangte.

»Ich wünschte, ich könnte sagen, dass ich ihn beim zweiten Treffen interessanter fand«, sagte ich. »Ich wünschte, ich könnte sagen, er ist ein attraktiver, netter Mann mit guten Absichten, ungefähr in meinem Alter, ein großartiger Vater, der gerne wieder heiraten möchte. Aber das kann ich nicht.«

Das hatte nichts mit dem Alphamann-Thema zu tun. Davon hatte ich mich weitgehend gelöst. Es war vielmehr so, dass wir generell keine gemeinsame Welle fanden. Das blieb auch so, als wir uns nach dem zweiten Treffen noch ein paar E-Mails schrieben und telefonierten, erzählte ich Evan. Wir plauderten nett, aber abgesehen davon, dass wir beide gerne Eltern waren, hatten wir nichts gemeinsam. Ich weiß, das ist doch schon einmal was, aber darüber hinaus waren unsere Unterhaltungen eher verkrampft, und je mehr wir redeten, desto mehr ging uns der Gesprächsstoff aus. Was will man auch lange reden, wenn man eindeutig keinen Draht zueinander findet.

Ich erzählte Evan von einem weiteren Mann, den ich online entdeckt hatte. Wie Mike war auch Rick geschieden und ein engagierter Vater. Seinem Profil und einem halben Dutzend E-Mails nach zu urteilen, schien er mir ganz interessant zu sein: witzig, selbstkritischer Humor, gebildeter Geschichtsprofessor. Die Mails, die wir austauschten, hatten eine kokette Leichtigkeit, einen flirtenden Beiklang. Wir verstanden die scherzhaften Anspielungen des anderen, und wir schienen ähnliche Ansichten und Lebensstile zu haben. Ein paar Negativpunkte gab es dennoch – er war fünfzig, was man ihm auch ansah; seine Kinder waren bereits im Teenageralter, während ich einen zweijährigen Sohn hatte. Aber das war egal. Ich versuchte, mich nicht mehr an Kleinigkeiten aufzuhängen, und war gespannt, wie es mit uns weitergehen würde. Er hatte mich nach meiner Nummer gefragt, und ich hatte sie ihm gegeben.

Noch am gleichen Tag hatte er mich angerufen, aber ich war nicht zu Hause gewesen, also hatte er eine Nachricht auf meinem Anrufbeantworter hinterlassen. Noch ehe ich dazukam, ihn zurückzurufen, hatte er sich noch dreimal gemeldet – und nicht etwa aufgehängt, als wieder der Anrufbeantworter dranging, sondern jedes Mal eine Nachricht aufgesprochen. Als wäre es das Normalste der Welt, sagte er: »Hi, hier ist Rick, die Online-Bekanntschaft! Wollte nur mal hören, ob du gerade Zeit hast zum Plaudern.« Danach hinterließ er noch seine Nummer. Jedes Mal.

Ich hörte die Nachrichten erst spät am Abend ab und nahm mir vor, ihn am folgenden Tag nach der Arbeit zurückzurufen – bis dahin hatte Rick wieder dreimal angerufen – dreimal! – und jedes Mal eine Nachricht hinterlassen: »Hi, hier ist Rick, die Online-Bekanntschaft! Ich habe dich vermisst. Hoffe, du meldest dich bald.« Tags zuvor hatte ich noch gedacht, er sei vielleicht nervös oder übereifrig und war bereit gewesen, das einfach zu übersehen. Aber jetzt war er mir fast schon unheimlich. Wer ruft denn jemanden *sechsmal innerhalb von vierundzwanzig Stunden* an, obwohl er ihn noch nie im Leben gesehen hat? Ich rief ihn nicht zurück.

Ein paar Tage später klingelte das Telefon. Ich war schon fast aus der Tür, nahm aber noch ab. »Hi, ich bin es, Rick«, sagte er lässig, als seien wir alte Freunde. »Wie geht's?« Ich sagte ihm, ich sei gerade auf dem Sprung, würde ihn aber später zurückrufen. Das meinte ich in diesem Augenblick ganz ehrlich, ich wollte ihm eine zweite Chance geben. Aber als ich wenige Stunden später nach Hause kam, sah ich auf dem Display, dass er schon wieder angerufen hatte! Das war mir wirklich nicht mehr geheuer.

»Klingt doch nach Stalker, oder zumindest nach jemandem, der keinen blassen Schimmer von grundlegenden sozialen Verhaltensweisen hat«, sagte ich zu Evan.

Auch Evan fand Ricks Verhalten etwas unheimlich. »Am häufigsten beklagen Frauen sich bei mir darüber, dass Männer ihnen nicht genug Aufmerksamkeit schenken. Aber wenn sie ihnen zu viel Aufmerksamkeit entgegenbringen – zu oft anrufen, vorschnell anrufen oder ihr Interesse allzu offensichtlich bekunden –, sind die Frauen abgetörnt. Meist rede ich ihnen dann zu, etwas nachsichtiger mit diesen ungeschickten Kerlen zu sein. Aber Nachsicht mit ungeschickten Kerlen ist nicht das Gleiche, wie mit Verrückten auszugehen.«

Immerhin warf er mir diesmal nicht vor, zu wählerisch zu sein!

Wie Evan mir ordentlich die Leviten las

Okay, mit einem Verrückten wollte ich nun wirklich kein Date! Trotzdem hätte ich gerne Dates mit Männern, zu denen ich auf Anhieb einen besseren Draht hatte als zu Mike.

Das war doch nicht zu viel verlangt. Aber als ich Evan erzählte, dass es meiner Meinung nach Zeitverschwendung sei, auf eine E-Mail von einem Immobilienmakler zu antworten, der auf dem Foto in seinem Online-Profil eine rosa getupfte Fliege trug, seufzte er nur und schüttelte den Kopf – wie ein Lehrer, der einen hoffnungslosen Fall von Schüler vor sich hatte. Er sah mir fest in die Augen und war zum ersten Mal, seit wir mit unseren Sitzungen begonnen hatten, mit seiner Geduld am Ende.

»Es ist jede Woche das Gleiche mit dir, du lernst kein Stück dazu!«, rief er. »Du willst dich für nichts anderes öffnen, als das, was du in den letzten zwanzig Jahren schon hattest! Du bist wie jemand, der abnehmen will, aber nicht gewillt ist, seine Ernährungs- oder Bewegungsgewohnheiten zu verändern. Du musst aber etwas verändern, wenn du ein anderes Ergebnis haben willst. Männer wie diesem eine Mail zu schreiben, ist keine Zeitverschwendung. Zeitverschwendung wäre es, Männer wie diesem keine zu schreiben. Ob er dein Traummann ist? Keine Ahnung. Es ist ein Lotteriespiel, und bei irgendeinem dieser Männer macht es irgendwann vielleicht Klick! Was du aber nie herausfinden wirst, wenn du deine Zeit damit verschwendest, *keinem* eine Chance zu geben!«

Puh! Ein paar Minuten lang saßen wir schweigend nebeneinander. Ich kam mir vor wie der letzte Idiot. Dabei hatte ich mir eingebildet, dass ich bereits im Begriff sei, mich zu ändern. Theoretisch vielleicht. Aber nicht, was meine *Taten* anging. Da saß ich nun und wollte nicht einmal einem Typen eine E-Mail schreiben, der auf viele meiner Suchkriterien passte, der möglicherweise auch an jemandem wie mir Interesse hatte, trotz meiner Umstände, meiner Fehler und Schwächen, nur weil er den falschen Beruf hatte (Immobilienmakler – genauso langweilig wie Buchhalter!) und eine Fliege trug (mit rosa Tupfen!).

Ich unterbrach die Stille und begann auf der Tastatur zu klappern. Ich schrieb dem »Fliegen«-Mann eine Mail, während Evan mir dabei über die Schulter schaute.

Fertig. Ich schickte die Nachricht ab. Die Lehre, die ich aus meinem »Stalker«-Erlebnis ziehen sollte, sagte Evan daraufhin, sei folgende: Ein Mann, der seinem Profil nach supertoll erscheint, kann sich am Ende als Riesenenttäuschung erweisen; aber genauso kann ein Mann, der auf den ersten Blick nicht dein Typ ist, sich am Ende als durchaus reizvoll entpuppen.

»Keiner dieser Männer ist real. Das werden sie erst, wenn du dich näher auf sie einlässt«, sagte Evan. »Andernfalls projizierst du immer etwas in sie hinein. Hör auf, dir den Richtigen auszumalen, denn der reale Mann wird so nicht aussehen.«

Aus diesem Grund sagte Evan mir jedes Mal, wenn ich mich nicht mit einem Mann treffen wollte, der mir zu ernst oder zu alt erschien: »Es ist nur ein Date!« Und einmal, als ich einwandte, dass es nicht gerade ideal sei, dass der Typ über eine Stunde weit weg wohnt, sagte Evan nur: »Nichts ist ideal. Menschen erwarten das Ideale und verpassen dadurch viele Chancen, den Richtigen zu finden. Was du für ideal hältst, muss am Ende nicht ideal laufen. Etwas Ideales gibt es nicht. Also vergiss es.«

... womit wir wieder bei Mike wären

Ich war bereit, mich von Idealen zu lösen. Aber was genau bedeutete das? Mike war ein toller Mann und in der gleichen Lebensphase wie ich, also ebenfalls damit beschäftigt, Kinder großzuziehen. Er war freundlich und verlässlich. Aber seine energetischen Schwingungen waren grundverschieden von meinen. Es fiel uns richtig schwer, überhaupt etwas zu finden, worüber wir reden konnten. Ich war von Natur aus überaus wissbegierig und lebhaft, er hingegen war von eher ruhiger und entspannter Natur. Wir fanden einfach keine Verbindung.

»Ich denke nicht, dass es unsinnig ist, beides zu wollen – intellektuelle Anregung *und* einen aufopfernden Vater«, sagte ich zu Evan. »Einige meiner Freundinnen haben Männer, die genauso sind. Es ist also nicht unmöglich, so einen zu finden.«

»Nein, das ist es nicht.« Evan stimmte mir zu. »Wenn das deine beiden wichtigsten Bedürfnisse sind, dann solltest du danach Ausschau halten. Aber dann kannst du keine Typen verwerfen, die aufopfernde Väter *und* intellektuell anregend sind, nur weil sie eine rosa getupfte Fliege tragen. Du kannst nicht alles haben.«

Ich war nicht der Meinung, dass ich »alles haben« wollte. Aber als Evan mich aufforderte, meine Bedürfnisse aufzuschreiben – nicht meine Wünsche wohlgemerkt –, brachte ich 14 Dinge zusammen. Danach wollte Evan, dass ich die Liste auf drei Bedürfnisse zusammenstreiche, um das Ganze realistisch zu halten.

Was, bloß drei? Ich war überrascht.

»Der Unterschied zwischen Bedürfnissen und Wünschen ist äußerst wichtig«, erklärte er. »Also zwischen dem, was du unbedingt brauchst, und dem, was du gerne hättest. Wenn du 14 Bedürfnisse hast, dann heißt das, dass der Typ passé ist, wenn er nur

13 von deinen genannten 14 Eigenschaften mitbringt. Und selbst wenn er fast alle Vorgaben erfüllt, darfst du nicht vergessen, dass viele gute Eigenschaften eine schlechte Kehrseite haben können. Jemand, der hochintelligent ist und einen analytischen Verstand besitzt, kann auch rechthaberisch, stur und besserwisserisch sein. Jemand, der lässig und locker scheint, hat möglicherweise keine eigenen Standpunkte oder ist ein Faulpelz.«

Er erzählte mir von einer seiner Kundinnen, der ein charmanter, aber bindungsunfähiger Mann das Herz gebrochen hatte. Als sie schließlich wieder flirtbereit und offen für andere Männer war, ging sie online auf die Suche und war gespannt, wer sich melden würde. Von einem, der sie an ihren Ex erinnerte, war sie ganz begeistert. Sie trafen sich zu einem ersten Date. Er sagte, er würde sie bald wieder anrufen, tat es aber nicht.

Dafür meldete sich ein anderer. »In ihren Augen zwar nicht der Spitzenreiter unter den Kandidaten«, sagte Evan, »aber er blieb am Ball und lud sie immer wieder ein, mit ihm auszugehen. Also hat sie sich ein paarmal mit ihm getroffen und hatte jedes Mal eine Menge Spaß mit ihm. Aber mir gegenüber jammerte sie, dass er nicht das sei, wonach sie suche.«

Er war ihr zu klein. Er hatte ihr zu wenige Ecken und Kanten. Aber er hat ihre *Bedürfnisse* erfüllt: Er war aufmerksam und verlässlich, er hatte die gleichen Wertvorstellungen wie sie und einen ähnlichen Lebensstil. Als es ihr gelang, ihre Wünsche von ihren Bedürfnissen zu unterscheiden, verliebte sie sich in ihn. Sie glaubte, sich einen charmanten, männlichen Typen zu *wünschen* – und vielleicht wünscht sie sich den immer noch –, aber was sie *brauchte*, war jemand, der humorvoll war, der aufmerksam und verlässlich war, der ähnliche Ziele und Werte hatte.

Ihre Geschichte sei ein bisschen so, sagte Evan, wie wenn man seinen Job verliert und glaubt, das Leben sei zu Ende, nur um dann zu begreifen, dass es die perfekte Chance ist, noch einmal von vorne anzufangen und das Leben so zu gestalten, wie man es sich immer erträumt hat. Natürlich wünscht sich niemand, den Job zu verlieren. Man käme auch nie auf die Idee, dass es das Beste für einen sein könnte. Aber am Ende ist man glücklicher denn je, weil sich damit ganz neue Möglichkeiten eröffnet haben, auf die man sonst nie gekommen wäre. Darum sagen auch viele verheiratete Paare »aufgrund des Online-Profils hätte ich mir meine bessere Hälfte nie ausgesucht«, weil sie glaubten, etwas ganz anderes zu wollen – bis sie sich dann getroffen haben.

Bedürfnisse eingrenzen

»Was du willst, ist nicht zwangsläufig gut für dich«, sagte Evan. »Indem du dem Mann nachläufst, von dem du denkst, dass du ihn willst, übersiehst du, was du wirklich brauchst.«

Aber herauszufinden, was man braucht, ist gar nicht so einfach.

Wünsche von Bedürfnissen zu unterscheiden, sei schon verwirrend genug, sagte Evan, aber manchmal widersprächen sich die Wünsche auch noch: Ich will jemanden mit klaren Meinungen und festen Standpunkten – der aber nie streitet. Ich will jemanden, der spontan ist und chaotisch – der aber einen sicheren Job hat.

Er erzählte mir von einem männlichen Kunden, der auch nicht herausfinden konnte, was er brauchte. Der Kunde war um die vierzig, intelligent, erfolgreich und hatte ernste Heiratsabsichten. Seine Partnerin sollte intelligent und reif sein, aber auch locker, umgänglich und gertenschlank. Er hatte ein paar Dates, beklagte sich aber danach, dass die jüngeren Frauen mit tollen Körpern oft viel zu unreif und in einer ganz anderen Lebensphase seien, die geistreichen Anwältinnen etwas zu hohe Ansprüche hatten und die Frauen, die reifer waren, üblicherweise nicht mehr die Figur hätten, die ihm vorschwebte.

Wie ist dieser Fall zu retten? Ganz einfach: Wünsche und Bedürfnisse auseinanderhalten. Evan gab mir ein paar Beispiele:

Du *wünschst* dir jemanden, der kreativ ist.
Du **brauchst** jemanden, dem du vertrauen kannst.

Du *wünschst* dir jemanden, der Jazz genauso liebt wie du.
Du **brauchst** jemanden, der einige deiner Interessen zu schätzen weiß.

Du *wünschst* dir jemanden, der gut gebaut und sportlich ist.
Du **brauchst** jemanden, der dich mit all deinen Launen akzeptiert.

Ein paar Minuten später gelang es mir, meine Liste bis auf drei Bedürfnisse zusammenzustreichen, die mir wichtig waren: intellektuell anregend, kinderlieb, finanziell gesichert. Das war's.

Das waren natürlich nicht die einzigen Eigenschaften, nach denen ich bei einem Partner suchte, aber die einzige Grundlage, um jemanden für ein erstes Date auszuschließen oder nicht. Mit anderen Worten: Ich konnte nicht mehr Nein sagen zu einem Typen, der eine rosa gepunktete Fliege trug, wenn er diese drei Bedürfnisse erfüllte.

Nun, da ich meine Bedürfnisse klar zu Papier gebracht hatte, wies mich Evan darauf hin, wieso es zwischen Mike und mir nicht gefunkt hatte. Kinderlieb war er eindeutig, aber intellektuell anregend nicht, und als freier Wirtschaftsberater, der zwei Kinder zu versorgen hatte und sich von Auftrag zu Auftrag hangelte, um über die Runden zu kommen, war auch die finanzielle Sicherheit fraglich. Er hatte viele wunderbare Eigenschaften, aber von meinen drei Grundbedürfnissen erfüllte er nur eines. Für eine Frau mit drei völlig anderen Grundbedürfnissen wäre er bestimmt eine prima Partie.

Es war ein gutes Gefühl, diese Unterscheidung so klar getroffen zu haben. Gut, eine Zauberformel war das nicht, taugte aber als Selektionsmittel allemal besser als mein übliches »Entweder es kribbelt oder nicht«. Sicherlich war es auch besser, als den Mann nach einer mentalen Wunschliste mit 14 »entscheidenden« Punkten zu bewerten. Endlich hatte ich das Gefühl, langsam ein Stück weiterzukommen.

An jenem Abend schrieb der Immobilienmakler mit der rosa Fliege eine Mail zurück, und ich war schlauer. Er war 46 Jahre alt, verwitwet und Vater eines achtjährigen Sohnes. Er verkaufte die Immobilien nicht nur, er entwarf sie auch selbst, und seine Arbeit schien seine Leidenschaft. Er war knappe 1,70 m, hatte lichtes Haar, und seine Mails klangen humorvoll und aufmerksam. Er schien kultiviert und intelligent, wenn auch nicht hochgebildet. Er schlug vor, dass wir mal telefonieren, aber ich ging gleich einen Schritt weiter. Wenn er intellektuell anregend war, ein guter Vater und finanziell gesichert, was brauchte ich mehr für ein erstes Date? Warum ihn also nicht gleich treffen?

Das mag nicht wie eine große Sache erscheinen, war für mich aber ein echter Fortschritt. Ich hatte bei diesen ersten Telefonaten immer so viele Fehler gemacht, hatte voreilige Schlüsse gezogen, die alles andere als hilfreich, geschweige denn korrekt waren. Dabei hatte mich Dan Ariely vom MIT in Cambridge doch gewarnt, wie irreführend solche ersten Telefonate sein können – wie schnell sie zu unrealistischen Erwartungen verleiten, wenn das Gespräch gut läuft, oder zur Ablehnung eines Dates, wenn es weniger gut läuft als erwartet (so wie es mir bei dem Hobbytaucher passiert war).

Erfüllt von dem Gedanken, ab jetzt anders zu handeln, schlug ich ihm also sofort ein Treffen vor; und zwar nicht zum Kaffeetrinken, wo man nach zwanzig Minuten wieder gehen kann, sondern auf eine Klettertour am Nachmittag, wo man sich ein paar Stunden lang unterhalten muss. Ich wollte ihn auf diesem ersten Date nicht ausfragen, ich wollte einfach versuchen, die Zeit zu genießen.

Wir verabredeten uns für den kommenden Dienstag. Oh – und jetzt kommt der Hammer –, sein Name war Sheldon! Gut, er hieß natürlich nicht wirklich Sheldon, aber er hatte den gleichen Vornamen wie der Typ, den ich Sheldon getauft hatte. Ich war überrascht, aber auch erfreut. Denn dieses Mal war ich nicht voreingenommen, sondern betrachtete es vielmehr als ein Geschenk des Universums, als eine zweite Chance. Ich beschloss, ihn »Sheldon 2« zu nennen.

Ein Ehemann, der heiraten will

Als ich meiner Freundin Maggie von Sheldon 2 erzählte und von der Eingrenzung meiner Bedürfnisse auf nur drei, erzählte sie mir, dass sie den gleichen Prozess unlängst selbst durchgemacht hatte – mit ihrem jetzigen Verlobten.

»Meine Mutter hat mir einmal gesagt, dass man bei der Suche nach dem passenden Ehemann vor allem auf eine Eigenschaft achten sollte, nämlich darauf, dass er auch geheiratet werden will«, sagte sie. »Such nach jemandem, der dem Lebensstil, den eine Ehe mit sich bringt, etwas abgewinnen kann. Ich weiß noch, wie ich damals dachte ›wie unromantisch‹. *Ich* müsste meinem Zukünftigen doch Grund genug zum Heiraten sein? Aber irgendwie hatte ich die leise Ahnung, dass an den Worten meiner Mutter etwas Wahres dran sein könnte.«

Wie ich, so hatte auch Maggie in jungen Jahren nach einer festen, innigen Bindung gesucht. Sie fand sie schließlich in einer Langzeitbeziehung mit einem älteren Mann, der in vielerlei Hinsicht super zu ihr passte – sie waren beide talentierte, kreative Filmproduzenten –, aber je länger sie zusammenblieben, desto mehr stellte sich heraus, dass sie unterschiedliche Dinge im Leben wollten.

»Als mir dann klar war, dass es nicht mehr ging«, sagte sie, »war ich richtig geschockt, weil ich immer glaubte, die Liebe würde alles besiegen. Aber fundamentale Unterschiede in deinen Lebenszielen kann sie wohl doch nicht überwinden.«

Mit dreißig lernte sie dann Will kennen.

»Ich konnte mir nicht einmal vorstellen, mit so einem zusammen zu sein«, sagte sie »und ich war rund sechs Monate damit beschäftigt, ihn mir vom Leib zu halten, weil er meinen ›Wünschen‹ nicht entsprach. Er war Wissenschaftler, und ich verstand die ersten drei Monate gar nicht, was er überhaupt machte. Er war total ungepflegt, wie so ein verlotterter Student – als ich ihn das erste Mal traf, hatte er seit sechs Monaten die Haare nicht mehr geschnitten, und in seiner Wohnung gab es keine richtigen Möbel. Nur Bananenkisten und einen Futon. Das war alles. Er war echt schüchtern und nicht gerade ein sprühender Unterhalter.«

Will entsprach also nicht ihren »Wünschen«. Aber, so erzählte sie mir, er habe ihre »Grundbedürfnisse« erfüllt: 1. Er war interessant und intellektuell anregend, 2. sie hatten gemeinsame Werte und Ziele, 3. er war verlässlich und treu.

»Inzwischen«, so fuhr sie fort, »finde ich es witzig und interessant, dass wir so verschieden sind.« Die beiden hatten nicht viele gemeinsame Interessen, als sie sich kennenlernten, doch sie hatten eine Menge Spaß dabei, einander neue Sachen näher zu bringen. Und so geht sie jetzt mit ihm auf Mountainbike-Touren und zum Klettern, und er begleitet sie zu Filmvorführungen. Aber, und das ist das Entscheidende, sie harmonierten auf praktischer Ebene.

»Wir sind uns im Großen und Ganzen meist einig, was Finanzen und Kinder angeht. Zwei überaus wichtige Punkte, die meiner Meinung nach die partnerschaftliche Verträglichkeit auf eine harte Probe stellen. Insofern bin ich sehr erleichtert, dass wir auf dieser Ebene von vornherein auf gleicher Wellenlänge waren.«

Maggie hat für sich ein gutes Gleichgewicht zwischen Wünschen und Bedürfnissen gefunden. Sie hat mit Anfang dreißig etwas ganz Wichtiges gelernt, etwas, was ich erst jetzt mit über vierzig begriff: »Liebe« ist nicht losgelöst von den praktischen Dingen des Alltags, und wenn wir eine glückliche Beziehung führen wollen, dann müssen wir lernen, diese praktischen Dinge zu bedenken.

Aber wie praktisch sollten wir bei unserer Suche nach der wahren Liebe denken?

18.
Das Geschäft der Liebe

Kurz nach meinem Gespräch mit Maggie bot ein Mann namens John Curtis an, mir ein Freiexemplar seines Buches zu schicken. Auf dem Buchumschlag stand ein Zitat aus der *New York Times*: »Dieses provokante, bahnbrechende Buch ist das wichtigste Beziehungsbuch des Jahrzehnts.«

Das Buch hatte den Titel *The Business of Love. 9 Best Practices for Improving the Bottom Line of Your Relationship (Das Geschäft der Liebe. Die 9 besten Methoden, um Ihren Beziehungsgewinn zu erhöhen).* Sollten Sie von diesem Buch noch nie etwas gehört haben, machen Sie sich nichts daraus, da sind Sie nicht allein. Als ich Curtis in seinem Büro in North Carolina anrief (er war früher als Ehe- und Familientherapeut tätig, später als Unternehmensberater), räumte er ein, dass das Wort »Business« in einem Buch über Beziehungen viele Leute eher abschreckt.

»Offen gesagt, es war gar nicht so leicht, es an den Mann zu bringen«, sagte er. »Die Leute wollen lieber die seichte Seite der Liebe. Sie begeben sich völlig unbedacht in dieses Beziehungsdenken ›Wir sind so verliebt, nichts kann uns etwas anhaben.‹ Und dann streiten sie sich die ganze Zeit, weil sie nie über Arbeitsteilung geredet haben oder darüber, wie sie ihre Finanzen aufteilen wollen, denn das ist ja so unromantisch. Nun, wie romantisch ist es denn, sich zu streiten, nur weil man nie einen praktischen Beziehungsplan aufgestellt hat?«

Curtis' Buch lehrt Paare, wie sie einen Zukunftsplan für ihre Beziehung erstellen, bestimmte Ziele aufgrund gegebener Umstände skizzieren (Familie, Finanzen, Freizeit, Karriere), beiderseitige Vorstellungen in puncto Job und Karriere entwickeln oder Entscheidungen aufgrund von Beziehungsausgleich und Beziehungsnutzen treffen. Eine Ehe sei immer schon eine sozioökonomische Verbindung gewesen, sagte Curtis, aber die gesellschaftlichen Erwartungen haben sich seit den 1960er- und 1970er-Jahren gewandelt.

Oder wie Stephanie Coontz es in ihrem Buch *In schlechten wie in guten Tagen. Die Ehe – eine Liebesgeschichte* formuliert: »Die ältere Ansicht, dass Ehefrauen und Ehemänner Arbeitsgenossen waren, machte der Idee Platz, sie seien Seelengefährten.« Doch Coontz bemerkt auch: »Nur selten in der Geschichte ist Liebe als Hauptgrund für eine Heirat angesehen worden.«

Darum meint auch Curtis, dass die Liebe allein nicht ausreicht für eine glückliche Ehe. »Die Ehe ähnelt in vielerlei Hinsicht dem Führen eines Unternehmens – wer kocht, wer sammelt die Wäsche ein, wer zahlt die Rechnungen, welches Budget steht uns zur Verfügung –, und zwei Unternehmensführer werden nie ein Unternehmen starten, ohne vorher abzuklären, wer für dies und wer für jenes zuständig ist oder wie es mit der Zeitvorgabe zur Erlangung bestimmter Ziele aussieht. Geht man heute eine Partnerschaft ein – und damit meine ich auch eine ›Liebespartnerschaft‹ –, dann besteht eine höhere Wahrscheinlichkeit, sie zum Erfolg zu führen, wenn man sich frühzeitig zusammensetzt und gemeinsame Visionen klar artikuliert.«

Das leuchtete mir ein. Früher ließ ich mich nur auf Männer ein, die mich vom Fleck weg umhauten (ohne irgendwelche praktischen Dinge zu erwägen). Dabei machte ich mir nie klar, dass die

Dinge, die eine gute unverbindliche Liebesbeziehung ausmachen, nicht automatisch auch eine gute Ehe garantieren. Nach allem, was meine verheirateten Freundinnen mir erzählen, geht es in der Ehe nicht mehr so sehr darum, mit wem man am liebsten einen Traumurlaub unter Palmen verbringen will; es geht darum, mit wem man einen gemeinsamen Haushalt führen will. Die Ehe ist kein Festival der Leidenschaft, sondern eine Partnerschaft, die man eingeht, um ein sehr kleines, unspektakuläres, oft langweiliges, gemeinnütziges Unternehmen zu führen.

Und das, so sagen sie, kann sehr schön sein. Einen zuverlässigen, gleichgesinnten Partner an der Seite zu haben, ist auf eine ganz eigene Art angenehm, und für die meisten Menschen ist es gewiss besser, als überhaupt niemanden zu haben.

Älter, übergewichtig und kahl (werden alle früher oder später)

Klingt unromantisch? Wenn ich mir die Ehen meiner Freundinnen so betrachte, mit all dem täglichen Einerlei, dann scheinen sie mir, wenn ich ehrlich bin, weit romantischer als jede unverbindliche Beziehung es sein könnte. Auf Partnersuche sein, Flirtbeziehungen haben – das *scheint* romantisch, gleicht aber meistens einem ausgedehnten Vorsprechen. Ehen *scheinen* langweilig, bieten aber meistens Behaglichkeit und gegenseitige Akzeptanz. In einer Flirtbeziehung geht es oft um große romantische Gesten, die auf Dauer aber wenig bedeuten. In der Ehe geht es um die kleinen Liebesgesten, die ein Leben lang verbinden. Glück und Romantik gehen auf leisen Sohlen. Er kocht ihr einen Tee. Sie begleitet ihn zum Arzt. Sie erzählen sich die täglichen Kleinigkeiten und hören einander zu. Sie ertragen die Eigenheiten des anderen. Sie sind füreinander da.

»Ich möchte einfach jemanden haben, der an meiner Seite steht und mit mir kämpft«, erzählte mir meine 41 Jahre alte Freundin Jennifer. »Auf die Ehe bin ich dabei nie gekommen.«

Ich auch nicht. Als ich Ende dreißig war, gab mir meine Freundin Renée, die schon etliche Jahre verheiratet war, in einer E-Mail folgenden Rat:

> *Er muss nicht die Liebe deines Lebens sein, aber frage dich, ob du seinen Intellekt achtest, ob er dich zum Lachen bringt, ob er dich wertschätzt… Ich wette, es gibt jede Menge solcher Männer unter den älteren, übergewichtigen und kahlen (was sie alle früher oder später werden).*

Damals dachte ich, sie macht Witze (machte sie aber nicht), aus heutiger Sicht aber klingen ihre Worte sehr klug. Sich die Ehe als eine romantische Luftblase vorzustellen, ist wohl eher naiv gedacht (in etwa so, als würde ein unbedarftes Schulmädchen, das von seinem Schulfreund schwanger wird, in alle Welt posaunen: »Wir lieben uns und werden das Kind schon schaukeln.«). Im wahren Leben kann die Liebe nicht immer alle Hürden überwinden.

Hätte ich in jungen Jahren praktischer gedacht, wäre ich möglicherweise mit Männern zusammen gewesen, die eher meinen heutigen Wünschen entsprächen – einen intelligenten, gleichgesinnten Partner und engagierten Vater. So einen Mann wollte ich schon immer, aber gleichzeitig wollte ich auch 15 weitere Dinge, die nicht nur traumtänzerisch waren, sondern auch das absolute Gegenteil von ebenjenen praktischen Eigenschaften, nach denen ich eigentlich suchte. Ich hatte eine Phase, da stand ich auf »künstlerische« und »unkonventionelle« Typen, doch die meisten von ihnen hatten weder das Temperament noch die Mittel, um mit mir einen gemeinsamen Haushalt zu führen, wie ich es mir wünschte.

Langsam dämmerte mir, dass beinahe jeder Aspekt einer Liebesbeziehung ein praktisches Stützwerk braucht – und das fängt schon mit der Partnersuche an.

Das Preisschild am Traumprinzen

Eines Abends saß ich mit einer verheirateten Freundin beisammen, und wir machten uns den Spaß, eine (finanzielle, logistische und emotionale) Kostenvergleichsrechnung aufzustellen: ein Jahr Partnersuche jenseits der dreißig vs. ein Jahr Ehe. Das Ergebnis sah folgendermaßen aus:

Angenommen, man ist Single und möchte jemanden kennenlernen. Wenn das soziale Leben größtenteils aus unersprießlichen Dates, kurzlebigen Affären und Single-Freundinnen besteht, wird einem klar, dass man Eigeninitiative zeigen und aktiv werden muss. Man meldet sich bei einer Online-Partnerbörse an ($200). Wenn man die Seiten dort durchkämmt hat, meldet man sich eventuell bei einem zweiten Online-Portal an ($200). Man verbringt fünf Stunden pro Woche damit, mit Leuten zu korrespondieren und neue Kontakte zu suchen (Kosten: üblicher Stundenlohn plus emotionale Erschöpfung). Wenn die biologische Uhr bereits tickt und man alle Hebel in Bewegung setzen will, engagiert man vielleicht sogar einen Ehevermittler (ab $500 aufwärts bis in die Tausende).

Obendrein sollte man beim ersten Date gut aussehen und braucht eine entsprechende Garderobe – Röcke, Hosen, Blusen, Pullis, Dessous, Mäntel, Schuhe, Handtaschen, Jacken, Schmuck. Man muss auf alles eingerichtet sein, vom schicken Restaurant über ein legeres Café bis hin zu einem Basketballspiel oder einer Klettertour bei Wind und Wetter ($1000 für sechs Outfits für alle vier Jahreszeiten). Dazu braucht man eine gepflegte Frisur ($450 für sechs Friseurbesuche im Jahr inklusive Trinkgeld), eventuell mit Färben, um die grauen Ansätze abzudecken ($400 für viermal färben). Augenbrauen müssen gezupft werden, und ab Mitte dreißig ist möglicherweise auch eine Entfernung der Barthärchen nötig ($25 pro Monat). Schmink- und Hautpflegeprodukte sind ebenfalls nicht billig (jeweils $300 pro Jahr). Einige Frauen gönnen sich noch Maniküren ($15 pro Behandlung), Pediküren ($25), Gesichtsbehandlungen ($50) oder auch Zahnaufhellungen ($650).

Für jedes Date sind Fahrtkosten und etwa eine Stunde Fahrzeit zu rechnen, dazu eine weitere Stunde, um sich zurechtzumachen, das Date selbst nimmt rund zwei Stunden in Anspruch und zieht nicht selten eine Therapiestunde nach sich, um sich von der Seele zu reden, wie deprimierend es ist, nach wie vor solo zu sein ($100 pro Sitzung).

Sagen wir mal, man hat großes Glück und lernt jemanden kennen, mit dem es zum ersten Date kommt. Nennen wir ihn Brad. Mit Brad stimmt die »Chemie«! Er ist intelligent, lustig, attraktiv, cool und mag die gleiche Musik wie man selbst. Und plötzlich schnellen die Kosten für die Garderobe in die Höhe (schließlich kann man nicht zu jedem Date den gleichen Fummel tragen). Liebestöter bringen es nicht, also braucht man Reizwäsche, BH und Slip (selbst in einem preiswerteren Laden sind $ 100 schnell weg). Wenn man über 35 ist, dann fordert möglicherweise auch die Schwerkraft ihren Tribut, sodass man an diesen supertollen Wunder-BHs nicht vorbeikommt ($ 50 pro Stück). Auch die Kosten für die Enthaarung sind jetzt höher (es geht nämlich nicht mehr nur um die Augenbrauen).

Dann hat Brad zwei Monate später auch noch Geburtstag, und man will sich dafür ordentlich ins Zeug legen. Entweder man bereitet ihm ein Abendessen zu ($ 50 für Essen, $ 50 für Wein, plus eine Menge Zeit fürs Einkaufen, Vorbereiten und Kochen). Oder man lädt ihn in ein nettes Lokal ein oder ein Konzert, was jeweils auch nicht gerade billig ist. Dazu Kuchen und Geschenk ($ 100). Man trifft sich weiterhin mit ihm, weshalb man weiterhin Ausgaben für Garderobe und Kosmetik hat. Dann kommt die Weihnachtszeit, und erneut macht man ihm Geschenke ($ 75). Man verbringt immer mehr Zeit mit Brad, was einen davon abhält, auch andere potenzielle Partner kennenzulernen, während man noch einigermaßen jung und gut aussehend ist.

Doch nach vier Monaten ist die Luft aus der Beziehung raus, man trennt sich und muss folglich wieder von vorne anfangen. Außer dass man Zeit, Geld, emotionale Energie und verpasste Chancen in eine weitere gescheiterte Beziehung investiert hat, hat man nichts gewonnen.

Gesamtkosten: rund $ 2000 ohne Therapie; $ 3600 mit Therapie.

Man versucht, neue Kontakte zu knüpfen, und sieht sich erneut im Netz um (ein Fixkostenpunkt). Man bittet Freunde, einen zu verkuppeln (Kosten: Zeit, Mühe, Beschämung). Man geht in Bars und Kneipen ($15 für Getränke, eine Stunde, um sich hübsch zu machen, eine Stunde Fahrtzeit plus Fahrtkosten, $40 Reinigungskosten, weil irgendein Trottel einem versehentlich sein Bier über die Wildlederstiefel gekippt hat). Man ist fortwährend unterwegs und sucht Orte auf, wo man neue Bekanntschaften machen könnte: Partys ($20 für eine Süßspeise, die man mitbringt), Basketballspiele ($20 für die Eintrittskarte plus schlechte Laune, weil man Basketball nicht ausstehen kann), Kurse in Fotografie ($100), Museumseröffnungen ($10 für die Eintrittskarte, nur um herauszufinden, dass jeder Besucher entweder schwul oder verheiratet ist), sowie Lesungen (dito).

Dann lernt man einen neuen Mann kennen! Steve. Er entspricht nicht dem Traumbild – ist nicht sportlich gebaut, und es funkt auch nicht gleich so, wie man es gerne hätte –, aber er ist nett, intelligent und interessiert. Also investiert man in diese aufkeimende Beziehung (finanziell, emotional, logistisch). Man lernt Steves Eltern kennen, freundet sich mit seiner Schwester an und verbringt eine Menge Zeit mit seiner Familie. Nach fünf Monaten jedoch bekommt man Bedenken. Nein, auch er ist nicht das, wonach man sucht. Er ist einfach nicht, nicht ... Man kann es nicht genau benennen, ist sich aber sicher, dass man solche Zweifel nicht haben wird, wenn der Richtige vor einem steht. Also noch einmal von vorne!

Drei Wochen später trifft man ihn dann – den Zukünftigen! Endlich, denkt man! Man geht mit dem Mann aus, von dem man meint, er sei der Richtige, nur um zwei Monate später festzustellen, dass er egozentrisch, arrogant, dumm, humorlos, langweilig, gemein ist oder einfach nicht auf einen steht.

Kosten am Ende des Jahres: rund $4000 ohne Therapie; $9000

mit Therapie, wobei man sich die Sitzungen inzwischen sparen kann, da selbst der Therapeut bei all den Verflossenen nicht mehr auf dem Laufenden bleiben kann.

»Versenkte Kosten« und Opportunitätskosten

Was man nach alledem zu verschmerzen hat, sind die »versenkten Kosten«, wie sie in der Wirtschaft bezeichnet werden – Zeit, Geld und emotionale Reserven, die man investiert hat, ohne irgendeinen Erfolg zu verbuchen. Mit jeder neuen Beziehung hat man Anlaufkosten zu tragen (Geld, Zeit und Mühe, die ganze Lebensgeschichte wieder von vorn aufzurollen, Infos wie etwa den Lieblingsbelag auf der Pizza zu übermitteln und das Gleiche von der neuen Bekanntschaft zu erfahren), die allerdings nicht auf die nächste Beziehung übertragbar sind. Indem man einen immer noch »besseren« Partner finden will, verliert man also Eigenkapital, gewinnt aber nichts dabei außer dem Stress, immer älter zu werden und immer noch Single zu sein.

»Halt, *einen* Gewinn gab es doch«, mögen Sie einwenden. »Mit jeder Beziehung ist man innerlich gewachsen.« Ja, aber zu welchem *Preis*? Ist das innerliche Wachsen in einer realistischen, glücklichen Ehe nicht sehr viel kostbarer? Mit 25 bedeutet das Aus einer Beziehung vor allem Herzschmerz und Einsamkeit; mit 35 geht es auch um die Angst, möglicherweise allein zu bleiben.

Natürlich haben auch Männer »versenkte Kosten«, wenn sie sich nicht mit einer Partnerin abfinden wollen, die »gut genug« ist – insbesondere, da sie oft die Rechnung übernehmen, wenn sie mit einer Frau ausgehen. Aber was sie nicht in gleichem Maße haben sind »Opportunitätskosten«, die die Suche nach einem »besseren« Partner mit sich bringen. Während eine Frau ihre Zeit in Beziehungen investiert, die sich am Ende als nicht lohnend erweisen, verpasst sie Chancen, andere Ressourcen zu nutzen, sprich andere Männer kennenzulernen. Männer hingegen haben kein biologisches Zeitfenster zum Kinderkriegen, das sich irgendwann schließen wird. Überdies verlieren die Männer nicht an Marktwert so wie Frauen jenseits der dreißig, wenn sie ein halbes Jahr oder länger in einer fruchtlosen Beziehung verbringen. Wenn überhaupt, dann steigt ihr Wert jenseits der dreißig sogar noch an; und selbst wenn ihr Marktwert irgendwann um die fünfzig langsam nachlässt, können sie immer noch eine zehn bis 15 Jahre jünger Frau heiraten und eine Familie mit ihr gründen.

Es geht nur um Angebot und Nachfrage, wie ein Betriebswirtschaftler sagen würde. Je länger man wartet, umso weiter sinkt das Angebot verfügbarer Männer bei einer gleichzeitigen Steigerung der Nachfrage, während der Heiratsmarktwert der Frauen stetig fällt. Für die Frauen bedeutet das: eine echte Flaute auf dem Heiratsmarkt.

Die Junggesellen-Auktion

Anhand einer Analogie erläuterte Mark Gimein 2008 in einem Artikel im *Slate Magazine* das immer knapper werdende Angebot an Männern, je älter die Frauen werden. Vergleicht man die Partnersuche mit einer Auktion, so könnte man meinen, dass die stärkeren Bieterinnen – die attraktiveren Frauen also – den Zuschlag erhalten, sprich »gewinnen« würden. Stattdessen aber, so Gimein, seien die starken Bieterinnen derart überzeugt davon, am Ende einen Partner abzubekommen, dass sie *zu spät* bieten. Sie warten und warten auf die bestmögliche Chance, während die schwachen Bieterinnen – die im herkömmlichen Sinne weniger attraktiven Frauen – bereits sehr viel aggressiver bieten, da sie wissen, dass sie leicht überboten werden können.

Was passiert? Mehr und mehr ansprechende Männer, ausgeschlagen von den starken Bieterinnen, verschwinden vom Partnermarkt, werden von schwachen Bieterinnen weggeschnappt. Was am Ende bleibt, ist Ausschuss, sprich die unattraktivsten Männer – all jene, auf die selbst die schwachen Bieterinnen nicht boten! – nebst den attraktivsten (aber allzu sehr von sich überzeugten) Frauen.

Nachdem ich den Artikel gelesen hatte, dachte ich an die Männer, die Freundinnen oder Bekannte im fortgeschrittenen Alter in den letzten paar Jahren geheiratet hatten: darunter ein Schauspieler jenseits der vierzig, der immer noch versuchte, ganz groß herauszukommen; ein deprimierter Witwer mit drei albtraumhaften Kindern; ein Workaholic, der die ganze Zeit dabei ist, irgendwelche neuen Firmen zu gründen, die er regelmäßig vor die Wand fährt, sich aber stur weigert, sich irgendwo fest anstellen zu lassen. Es ist nicht so, dass diese Männer keine guten Eigenschaften hätten oder die Frauen, die sie geheiratet haben, total bescheuert wären. Es ist nur so, dass man bei den wenigen übrig gebliebenen Männern, die ihrerseits gewillt sind, sich auf eine ältere Frau einzulassen, mehr Zugeständnisse machen muss als bei denen, die gern mit uns ausgegangen wären, als wir jünger waren (aber zu eingebildet, um in der Auktion mitzubieten).

»Wo sind all die attraktiven Männer hin?«, schreibt Gimein.

»Die meisten von ihnen haben jung geheiratet – nicht selten Frauen, deren auffälligste Eigenschaft nicht etwa ihre Schönheit, ihre Leidenschaft oder ihr Intellekt war, sondern ihre Entschlossenheit.«

Vergleichsrechnung – ein Jahr Eheleben

Nehmen wir nun an, anstatt mit über dreißig ein Jahr lang Single zu sein, verbringt man das Jahr verheiratet mit einem netten Mann (wohlgemerkt nicht mit einem der Fantasie entsprungenen Traumprinzen). Wie sieht die Kostenrechnung aus? Man muss ein Badezimmer teilen. Man muss ein Stück Unabhängigkeit und private Zeit aufgeben. Aber mal ehrlich, wie viel private Zeit blieb einem zuvor wirklich zwischen Sportstudio, Vollzeitjob und Partyleben, um nach Männern Ausschau zu halten?

Man geht immer noch zum Friseur, kauft immer noch Klamotten oder lässt sich lästige Härchen entfernen. Aber man kann auch mal im Freizeitdress und mit Pferdeschwanz den Tag verbummeln, ohne dass es dem Mann, der seine Unterhosen auf dem Boden liegen lässt oder auch mal ungeniert pupst, viel ausmachen würde. Man muss nicht mehr unbedingt regelmäßig ein Sportprogramm absolvieren, um bei der Partnersuche buchstäblich eine gute Figur zu machen und mit jüngeren und attraktiveren Frauen um die gleichen Männer buhlen zu können. Der Göttergatte wünscht sich vielleicht insgeheim, man würde noch so aussehen wie damals, als man sich kennenlernte, aber da er einen nun schon eine ganze Weile liebt, wird er über das kleine Bäuchlein hinwegsehen.

So ein Eheleben kann den Alltag durchaus angenehm machen. Man kann abends zu Hause entspannen und hat einen Partner zum Reden, anstatt in die Stadt fahren zu müssen, um wildfremde Männer kennenzulernen und sich von seiner besten Seite zu zeigen, um sie zu beeindrucken. Man wird sich weiterhin um Weihnachts- und Geburtstagsgeschenke und Ferienreisen kümmern, aber dafür bekommt man lebenslange Erinnerungen an gemeinsam verlebte Zeiten, die die Investition wert sind. Selbst wenn man $3000 pro Jahr für Garderobe, Maniküren, Enthaarungen, Friseur, Wochenendurlaub oder Geschenke für den Mann aufwendet, sind das langfristige Investitionen. Es gibt keine »versenkten Kosten«, Opportunitätskosten oder Kosten für ein Album voller Fotos, die man alle in der Mitte durchschneiden muss (um diesen Typen loszuwerden, mit dem man kein Wort mehr wechseln will.

Nicht zu vergessen: Das Geld, das man während der Ehe ausgibt, ist faktisch sowohl das eigene als auch seines. Selbst wenn man getrennte Konten hat, als Paar führt man einen gemeinsamen Haushalt und hat insofern nicht so viele Ausgaben wie eine Einzelperson ohne die wirtschaftliche Sicherheit und den Rückhalt einer festen Partnerschaft. In der Wirtschaft nennt man das risikoarme Investitionen.

Als wir, meine verheiratete Freundin und ich, fertig waren mit unserer zugegebenermaßen sehr unwissenschaftlichen Kalkulation, schien die Sache klar: Aus der Kosten-Nutzen-Perspektive kommt man eindeutig besser weg, wenn man jenseits der dreißig verheiratet ist, anstatt noch immer Single. Natürlich kann man die »versenkten Kosten« ausgleichen, wenn man über ein überdurchschnittlich hohes Einkommen verfügt. Die emotionalen Kosten können ebenfalls verschmerzt werden, falls man eine beste Freundin mit der Geduld einer Mutter Teresa hat. Aber um die Opportunitätskosten kommt man einfach nicht herum.

Die höchsten Opportunitätskosten entstehen, wenn man wirklich nette Männer übersieht, um am Ende ohne einen dazustehen.

Zu früh verkauft

Genau das passierte Emily, die mit 27 mit Mitch Schluss gemacht hatte, einem netten, liebenswerten und klugen, jedoch nicht besonders »coolen« Techniker, um sich danach Jonathan anzulachen, einen unwiderstehlich heißen Filmagenten, der all ihre Interessen teilte. Drei Jahre später verlief auch diese Beziehung im Sande, und sie erkannte, dass Mitch am Ende doch der Richtige für sie war. Inzwischen aber, Mitch war jetzt über dreißig, war sein Marktwert rasant gestiegen, und seine Aktien standen mehr als gut. Viele Frauen interessierten sich jetzt für ihn. Er hatte Emily nie verziehen, dass sie ihn abserviert hatte, und so versuchte sie vergeblich, ihn zurückgewinnen. Drei Jahre später war er verheiratet. Emilys Problem: Sie hatte die Aktie Mitch zu früh verkauft.

In der Wirtschaft ergibt das, was Emily getan hat, keinen Sinn. Wenn das Ziel finanzielle Sicherheit heißt, dann investiert man nicht in riskante, schwankungsanfällige Aktien, nur weil sie die »heiße Ware« der Woche sind. Jeder weiß, dass sie sich selten als gute langfristige Anlage entpuppen (wie die »heißen« Männer, die selten so toll sind, wie sie scheinen).

Aber viele von uns gehen das Risiko trotzdem ein. Wir riskieren etwas, weil wir glauben, dass alles umkehrbar ist, dass keine einzelne Entscheidung »alles oder nichts« bedeuten kann. Doch mit der biologischen Uhr im Nacken könnte eine einzige falsche Wahl durchaus darüber entscheiden, ob man Kinder haben wird (möglicherweise mehr als eines) oder nicht. Wir müssen lernen, mit dem Spekulieren aufzuhören, solange wir noch etwas auf der Habenseite vorweisen können, sonst lassen wir unsere beste (und vielleicht letzte) Chance auf ein erfülltes Eheglück sausen.

Emily ist heute 37 und Single. Sie hat viele Dates mit älteren, geschiedenen Männern mit Kindern. Zu spät hat sie erkannt, dass allzu langes Warten auf den Traumprinzen selten zu einer Traumfamilie führt. Sie hat nicht davon geträumt, einen geschiedenen Mann mittleren Alters zu heiraten mit schmollenden Kindern, die keine Stiefmutter wollen, und einer Exfrau, die abends um zehn anruft, um den Fahrdienst für den nächsten Tag zu besprechen.

In jungen Jahren hatte Emily gedacht, Kompromisse zu schließen, sei ein zu hoher Preis. Heute zahlt sie einen weit höheren Preis dafür, dass sie nie Kompromisse geschlossen hat.

Ein verlustbringender Posten

Beziehungen aus der wirtschaftlichen Perspektive zu betrachten, hat etwas Ungehöriges. In unserer heutigen post-feministischen Zeit glauben wir, dass die Wahl des Partners nur eine Frage der Liebe sein sollte. Doch erst 2007 stellte eine 25-jährige Frau, die sich selbst als »wortgewandt« und »stilvoll« bezeichnete und ihr Aussehen als »überragend schön« beschrieb, in einem Online-

Forum folgende Frage: Warum nur, so wollte sie wissen, könne sie keinen reichen Ehemann finden? Hier in Auszügen die Antwort eines Mannes:

> *Weil dein Angebot, von meinem männlichen Standpunkt aus, schlicht und einfach ein mieses Geschäft ist: Du bringst dein Aussehen mit, ich mein Geld. Prima, ganz einfach. Aber es gibt einen Pferdefuß: Dein Aussehen vergeht, während mein Geld wahrscheinlich ewig hält... Tatsächlich ist es sogar überaus wahrscheinlich, dass mein Einkommen zunehmen wird, wohingegen es absolut sicher ist, dass du nicht schöner werden wirst!*
>
> *Wirtschaftlich gesehen bist du ein verlustbringender Posten, ich hingegen ein gewinnbringender. Du bist aber nicht nur ein verlustbringender Posten, sondern einer mit ansteigendem Wertverlust! Ich erkläre es mal so: Du bist jetzt 25 und die kommenden fünf Jahre wahrscheinlich auch noch sehr ansehnlich, wenn auch mit jedem Jahr ein bisschen weniger. Doch dann beginnt der ernsthafte Verfall. Mit 35 ist es dann vorbei mit deiner Schönheit!*
>
> *Falls du jetzt denkst, ich sei grausam, dann sage ich dir noch etwas: Wenn ich kein Geld mehr hätte, wärst du schnell weg, wenn also deine Schönheit verschwindet, tue ich es auch. So einfach ist das. Ein sinnvoller Handel aus männlicher Sicht ist also eine Affäre, keine Ehe.*

Mit derlei Ansichten mag dieser Mensch die Damenwelt nicht gerade entzücken. Doch viele Männer, mit denen ich gesprochen habe, räumen ein, dass er damit gar nicht so verkehrt liegen würde. Aber bevor die Damenwelt sich darüber erbost, sei gesagt, dass eine derart krasse Sichtweise nicht typisch männlich ist. Laut einer Studie von Dan Ariely (MIT) messen auch Frauen den körperlichen Eigenschaften durchaus einen wirtschaftlichen Wert bei.

20 000 Dollar pro Zentimeter

Für eine Studie ließ Ariely Online-Fotos von Männern auf einer Dating-Seite von unabhängigen männlichen und weiblichen Betrachtern nach ihrer Attraktivität bewerten. Anschließend untersuchten die Forscher den Grad der Aufmerksamkeit, den diese Männer bekamen. Wie sich herausstellte, muss ein durchschnittlich aussehender Mann, dessen Foto mit einer mittleren Attraktivität bewertet wurde, 143 000 Dollar im Jahr mehr verdienen als ein Mann, dessen Foto unter die Top Ten fiel, um ähnlich viel Aufmerksamkeit zu erhalten. Gehört das Foto zu den unteren zehn Prozent der Bewertungsskala, muss der Mann 186 000 Dollar mehr verdienen als sein Konkurrent, der in der obersten Liga der Top Ten spielt.

»Frauen legen so viel Wert auf die Körpergröße«, erzählte er mir, »dass man als Mann mit einer Größe von 1,75 m pro Jahr 40 000 Dollar mehr verdienen muss, als der durchschnittlich große Geschlechtsgenosse mit 1,77 m, um für das weibliche Geschlecht genau so attraktiv zu sein.« Nach Arielys Studie müsste ein 1,62 m großer Mann 229 000 Dollar mehr verdienen als ein 1,82 m großer Mann, um die gleiche Attraktivität zu haben, ein 1,67 m großer Mann 183 000 Dollar mehr, ein 1,77 m großer Mann hingegen nur 32 000 Dollar mehr.

Natürlich kann es sein, dass ein groß gewachsener Workaholic sich als Ehemann nicht so gut macht, wie ein kleiner geratener engagierter Vater. Ebenso wie die sexy 26-Jährige als Ehefrau weniger gut geeignet sein kann, als eine reifere 42-jährige Frau. Wir alle wissen, dass die Partnerwahl nach oberflächlichen Kriterien in den wenigsten Fällen zu einer glücklichen Beziehung führt. Aber wir wollen, was wir wollen, Vernunft hin oder her – wie der Markt der Partnersuche es immer wieder belegt.

Der Marktwert der Geschlechter verschiebt sich mit der Zeit folgendermaßen: Männer zwischen zwanzig und dreißig sind wie Frauen zwischen dreißig und vierzig; Frauen zwischen zwanzig und dreißig sind wie Männer zwischen vierzig und fünfzig.

Alles eine Frage des gefühlten Werts.

Marktwert bemisst sich nach Marktchance

Genau darum erinnerte mich Evan immer wieder daran, dass meine eigene Auffassung von meinem »Marktwert« überhaupt gar keine Rolle spielt. Bei der Partnersuche bemisst sich mein Wert allein nach meinen Chancen.

»Du kannst so wählerisch sein, wie du willst, solange deine Chancen es dir erlauben«, sagte er. »Doch das Problem beginnt, wenn wir meinen, wir müssten Konjunktur haben, dem aber nicht so ist. Es ist wie in der Wirtschaft.«

Aber wie schätzt man seinen eigenen Marktwert realistisch ein?

Evan zuckte mit den Schultern. »Vier Liter Milch sind prima.

Aber für zehn Dollar wird sie keiner kaufen. Der Preis ist schlicht zu hoch. Viele Frauen setzen ihren Preis so hoch an, dass sie sich damit aus dem Markt kegeln.« Seinen Marktwert, so Evan, könne man folgendermaßen bemessen: Quillt das E-Mail-Postfach über vor lauter Anfragen von Männern, denen man eine Mail geschickt hat, lag man richtig, der Preis war konkurrenzfähig. Wenn nicht, hat man den Preis zu hoch angesetzt.

»Wenn ein Mann vierzig ist, gut aussieht, sein Auskommen hat und heiraten will, dann ist es für ihn weitaus sinnvoller, sich eine 32-Jährige zu suchen als eine Gleichaltrige«, fuhr Evan fort. »Aber das leuchtet vielen Frauen nicht ein, die sagen: ›Ich bin etwas wert. Drunter mache ich es nicht. Ich nehme nur Männer in meinem Alter, die so und so groß sind.‹ Wirklich nett gesagt. Aber die Käufer werden dann nicht gerade Schlange stehen. Ich erlebe auch eine Menge jüngerer Frauen, die sich gnadenlos überschätzen. Wenn sie sich fünf Jahre später dann realistischer bemessen, ist es oft nicht mehr so einfach.«

Ganz genau. Ich konnte es mir nur allzu gut vorstellen: Frauen unter dreißig haben vielleicht einen großartigen Mann an ihrer Seite, bis sie dann doch wieder irgendetwas finden, was sie an ihm vermissen. Sie sind mit einer 8 zusammen, wollen aber eine 10. Und plötzlich sind sie vierzig und alles, was sie jetzt noch kriegen können, ist eine 5 – oder gar nichts! Die 8 wäre prima gewesen – ein klasse Fang! Was man aber erst begreift, wenn außer einer 5 nichts mehr zu haben ist.

Als ich 22 war, hätte niemand mir Vorwürfe gemacht, wenn ich mit meinem intelligenten, netten, witzigen und süßen Freund Schluss gemacht hätte, nur weil er Science-Fiction-Fan ist. Doch mit 37 hätte man mich für anspruchsvoll und überdreht gehalten, wenn ich immer noch intelligent, nett, witzig und süß in einer

Person gewollt hätte. Aber es war mir nicht eingefallen, ein gutes Geschäft zu machen, solange noch Nachfrage bestand.

In der Geschäftssprache ausgedrückt, sagte Evan, funktioniere der romantische Marktwert so: »Die Suche nach nichts Geringerem als einer 10, ist so, als würde man sagen, dass sich niemand mit weniger als 500 000 Dollar Lohn zufriedengeben sollte, weil man diesen Preis schließlich *wert* ist. Wenn aber nur wenige 500 000-Dollar-Jobs zur Verfügung stehen, wird es viel Arbeitslosigkeit geben. Es sei denn, man geht Kompromisse ein und nimmt einen geringer bezahlten Job an – wie eine 7 zum Beispiel –, der sehr viel mehr Vorteile hat und eine bessere Lebensqualität bietet als die Arbeitslosigkeit.«

Wer die eigene Marktfähigkeit nicht in Betracht zöge, so Evan, mache sich Illusionen und betrüge sich selbst.

»Ich wäre sehr viel marktfähiger, wenn ich Millionär wäre«, sagte er. »Das läuft unseren Vorstellungen von Liebe und dem hohen Stellenwert der inneren Werte natürlich zuwider, und eine Menge Leute werden das gar als anstößig empfinden. Schließlich will jeder als etwas ganz Besonderes gesehen werden. Aber entweder man tut so, als sei es nicht wahr, oder man lernt, die eigenen Chancen besser einzuschätzen, damit man auch tatsächlich einen passenden Partner findet.«

Er hatte recht. Wenn wir ganz ehrlich sind, dann müssen wir zugeben, dass wir uns auf unserer Suche nach der wahren Liebe nicht immer hundertprozentig von reinen und lauteren Motiven leiten lassen. Attraktivität ist ein feines, unterschwelliges Addieren von romantischer Anziehung und der erwarteten Lebensqualität, die man mit einer Person haben würde.

Zum Beispiel würden die meisten Frauen zwischen dreißig und vierzig einen großartigen, aber arbeitslosen Mann völlig anders bewerten als einen, der einen lukrativen Job hat – auch wenn beide Männer gleichermaßen intelligent, reizend und interessant sind. Diese Diskrepanz hat weniger mit beruflichen Ambitionen und Leidenschaft zu tun (könnte ja sein, dass der arbeitslose Mann gerade eifrig an seiner Musikkarriere bastelt oder eine Firma auf die Beine stellen will, während der mit dem lukrativen Job keine Leidenschaft aufbringen kann für seine Arbeit), als vielmehr mit der Vorstellung, in Zukunft mit einer Familie in diesen Verhältnissen zu leben. Selbst für die größten Romantiker unter uns sind diese praktischen Überlegungen von Bedeutung.

Die Ehe ist ein gutes Geschäft

Wirtschaftliche Erwägungen in Sachen Partnersuche mögen abstoßend scheinen, wirtschaftliche Erwägungen in Sachen eheliche Partnerschaft hingegen erscheinen mir zumindest sehr tröstlich. Die Ehe bietet eine Infrastruktur für die Erziehung von Kindern, wirtschaftliche Sicherheit, ein Gemeinschaftsleben und, wie Studien zeigen, bessere Gesundheit. Als Paar durchs Leben zu gehen, ist leichter und macht mehr Spaß. In ihrer Studie *The Case For Marriage. Why Married People are Happier, Healthier and Better off Financially (Plädoyer für die Ehe. Warum Verheiratete glücklicher, gesünder und finanziell besser gestellt sind)* haben die Soziologinnen Linda J. Waite und Maggie Gallagher Ergebnisse aus jahrzehntelanger soziologischer Eheforschung zusammengetragen mit einem erstaunlichen Ergebnis: Eheleute sind insgesamt glücklicher.

Die Ehe ist gewiss ein gutes Geschäft, aber eben immer noch ein Geschäft. Erst kürzlich stieß ich im Internet bei MSN Money.com auf einen Artikel mit dem Titel »Get Real. Marriage Is a Business« (»Machen wir uns nichts vor. Die Ehe ist ein Geschäft«) von Liz Pulliam Weston. Der Untertitel lautete: »Die romantische Vorstellung, dass Liebe alles besiegt, ist ein alter Hut – zücken Sie lieber Ihre Taschenrechner. Erfolgreiche Partnerschaften brauchen einen Plan, einen Finanzchef (normalerweise) und regelmäßige Fortschrittsberichte.« Pulliam Weston führt in ihrem Artikel an, dass Eheleute tatsächlich bedeutend mehr Reichtum anhäufen als Singles; dass die Ehe nicht nur romantische, sondern auch rechtliche und finanzielle Auswirkungen hat; und dass man dafür (wie auch John Curtis sagt) einen Geschäftsplan braucht.

Fragt man aber junge Singles nach dieser Idee von einer sozio-ökonomischen Untermauerung in der modernen Liebe, dann werden die meisten dies weit von sich weisen. Sie werden darauf beharren, dass wirtschaftliche Aspekte bei der Partnerwahl der Vergangenheit angehören und allenfalls ein primitives Überbleibsel sind aus alten Tagen, in denen man wenig oder gar keine Wahl hatte, wen man heiratete (oder ob überhaupt) – wie etwa in arrangierten Ehen. Aber wenn diese praktischen Auswahlkriterien derart verpönt sind, wie kommt es dann, dass viele arrangierte Ehen so gut funktionieren?

Was haben uns die Eheleute dieser arrangierten Ehen voraus? Was wissen sie, was wir in unserer liebesbesessenen Kultur nicht wissen?

19.
Liebe auf den 27. Blick

Jayamala Madathil ist gebürtige Inderin und Forscherin an der Sonoma State University in Kalifornien und Expertin auf dem Gebiet der arrangierten Ehen. Ich rief sie an, um sie nach ihrer wissenschaftlichen Studie zu befragen, die mich sehr überrascht hatte. Sie hat die Zufriedenheit in arrangierten Ehen mit der Zufriedenheit in Wahl-Ehen verglichen und herausgefunden, dass Eheleute in arrangierten Ehen genauso zufrieden, wenn nicht gar zufriedener sind, wie Eheleute in Wahl-Ehen. (Die Studie bezog sich auf in Amerika geschlossene Ehen.)

Ich bin nicht so realitätsfremd zu meinen, arrangierte Ehen seien die Lösung aller weiblichen Partnersuchprobleme. Aber ich fand Madathils Studie wirklich faszinierend: Ist es tatsächlich möglich, dass ein Mann, den die Eltern für die Tochter auswählen, diese genauso glücklich machen kann wie der Mann, nach dem sie selbst jahrelang Ausschau hält?

Falls ja, warum?

Die Gründe hat sie in ihrer Studie nicht untersucht, sagte Madathil (das ist ihr nächstes Projekt). Aber sie erzählte mir die Geschichte ihrer eigenen arrangierten Hochzeit im Alter von 14 Jahren als Beispiel.

Es gab nichts an ihm auszusetzen

Das erste, was Madathil mir über ihren Ehemann erzählte, war, dass sie »total in ihn verliebt« ist – in seine Wärme, seine Herzlichkeit, seine Intelligenz, sein Aussehen und so weiter und so fort. In dem Moment, in dem sie über ihn zu sprechen begann, schien sie sich von einer wortgewandten Wissenschaftlerin in einen schwärmerischen Teenager zu verwandeln.

»Tut mir leid«, sagte sie. »Wir haben eben eine sehr romantische Ehe. Aber wenn ich Ihnen jetzt erzähle, wie wir uns kennengelernt haben, dann werden Sie das wahrscheinlich alles andere als romantisch finden.«

Damit hatte sie recht.

»Unsere Familien trafen sich«, erzählte sie, »und sie waren sich einig, dass wir beide später geeignete Ehepartner abgeben würden. So beschlossen sie, die Ehe anzubahnen. Sie machten uns miteinander bekannt, und wir mochten uns auf Anhieb. Wir hatten die gleichen Grundwerte und Lebenseinstellungen. Auch das körperliche Erscheinungsbild spielte natürlich eine Rolle – aber ich fand ihn süß! Er musste nicht umwerfend schön sein. Eine Ehe mit ihm schien realistisch und möglich zu sein. Also war ich einverstanden.«

Einfach so?! Ich versuchte mir vorzustellen, einem wildfremden Mann gegenüberzusitzen und mir zu sagen: »Ja, eine Ehe mit ihm scheint realistisch und möglich zu sein. Klar, den heirate ich!«

In meiner westlichen Denkweise fragte ich mich, warum Madathil nicht auch andere Heiratskandidaten kennenlernen wollte. Schließlich hatte sie mir erzählt, es hätte ihr freigestanden, weitere Männer zu treffen, bis sie den passenden gefunden hätte. Woher wusste sie, dass er der Richtige war?

»Nun, es gab nichts an ihm auszusetzen«, erwiderte sie ganz sachlich.

Das klang in meinen Ohren urkomisch. »Es gab nichts an ihm auszusetzen« – dieser Grund fällt nicht vielen westlichen Frauen ein, wenn es um Heiratsentscheidungen geht. (Im Gegenteil, wir finden an einem Mann meist etwas auszusetzen.) Außerdem hätten wohl einige Frauen auf ein zweites Date mit Madathils Mann verzichtet – geschweige denn einer Heirat zugestimmt –, da die Funken anfangs gar nicht sprühten, wie sie mir berichtete.

»Ich denke, der Unterschied ist, dass wir gar nicht nach solchen Funken oder Ähnlichem suchen«, sagte sie. »Es ist eher so, dass man dem Mann zunächst auf freundschaftlicher Ebene begegnet und dann ziemlich schnell merkt, ob man mit ihm mehr und öfter Zeit verbringen möchte. Die Romantik steht am Anfang nicht im Vordergrund. Es geht mehr darum herauszufinden, ob er wertemäßig gut zu einem passt.«

Sie glaubt, dass genau dies ein Punkt ist, den die Paare in einer Liebesheirat bisweilen übersehen.

»Ich kenne amerikanische Paare, die zwei Jahre lang zusammen sind und nicht wissen, ob sie die gleichen Werte haben«, sagte sie. »Sie *denken*, sie wüssten es, aber so richtig geredet haben sie nicht über wichtige Fragen und Themen, die in einer Ehe auf sie zukommen. In einer arrangierten Ehe werden alle Pflichten und Ansprüche von vornherein klar ausgebreitet. Man spielt keine Spielchen. Es ist so, wie es ist – und wenn man zusammenzupassen scheint, prima. Man heiratet. Was soll man da erst noch ein zweites, drittes oder gar viertes Mal miteinander ausgehen? Was verspricht man sich davon?«

Madathil war tatsächlich schon mit einem anderen potenziellen Bräutigam bekannt gemacht worden, bevor sie ihren heutigen Mann traf. An diesem ersten Kandidaten war sie aber nicht interessiert. Sie heiratete ihn nicht, weil ihr jenes erste Treffen bereits alle nötigen Informationen für ihre Entscheidung geliefert hatte. Wo in der westlichen Kultur eine Frau einen Mann beim ersten Date möglicherweise aus oberflächlichen Gründen abblitzen lässt – etwa weil er zu haarig ist oder komisch kaut –, so erzählte mir Madathil, waren es bei ihr und jenem ersten Kandidaten bedeutende Lebensfragen, die sie an einer Beziehung gehindert hätten: Sie hatten unterschiedliche Erwartungen an die Ehe. Er wollte eine Partnerin für Heim und Herd, sie aber strebte eine akademische Laufbahn an.

»Es ist eine sehr realistische Herangehensweise«, sagte sie. »Wir wissen sehr wohl, dass man Zugeständnisse machen und auch flexibel sein muss, aber nicht in den grundlegenden Dingen – Karriere, Kinder, Lebensmittelpunkt. Es geht um das größere Gesamtbild und nicht um so etwas wie: ›He, er spielt Golf, ich hasse Golf, also vergiss es‹.«

Bindung heißt Befreiung

Madathil erzählte mir von ihrer Heirat. »Es war, als hätten wir just in diesem Moment unser Date begonnen – nein, es war besser als ein Date, weil wir wussten, egal was passiert, wir sind auch morgen noch füreinander da. Ich muss nicht ewig auf einen Anruf warten und mich ständig fragen, ob er überhaupt noch etwas von mir will. Ironischerweise ist es die feste Bindung, die befreiend wirkt!«

Der Fokus verschiebt sich. Man fragt nicht: »Wird es funktionieren?«, sondern: »Was können wir tun, damit es funktioniert?« Im Laufe der Zeit, als Madathil ihren Ehemann immer besser kennenlernte, entdeckte sie viele Dinge an ihm, die sie mochte. Die Art, wie er über Dinge sprach. Die Art, wie sie miteinander umgingen. Aber verliebt war sie noch immer nicht in ihn. Verliebt hat sie sich später, wegen seiner Art, sich mit ihr zu streiten.

»Wenn alles super läuft, ist es leicht, sich zu verlieben«, sagte sie. »Aber wenn man mal nicht einer Meinung ist, dann ist es äußerst aufschlussreich, wie man schließlich zu einem Konsens findet. In diesem Punkt hat mein Mann alle meine Erwartungen nicht nur erfüllt, sondern weit übertroffen. Ich habe noch kein einziges Mal gedacht, dass ich es besser hätte treffen können.«

Wie sehr sich diese Sichtweise doch von unserer Kultur unterscheidet, wo Streitigkeiten in der Anfangsphase einer Beziehung wie ein Totengeläut scheinen. Wo der Anfang einer Beziehung wie eine einzige rosa Wolke sein soll und jegliche Abweichung von größter Harmonie als Zeichen dafür gilt, dass man nicht zusammenpasst. Doch laut Madathil geht es nicht darum, *ob* man sich streitet, es geht darum, *wie* man Streitereien hinter sich bringt. Je mehr Übung man darin bekäme, sie mit Anstand beizulegen, so erzählte sie mir, desto weniger würde man sich danach wieder streiten.

Madathil gibt Frauen auf Partnersuche folgenden Rat: Zuerst einen geeigneten Kandidaten finden und sich *dann* verlieben. Aber vor allem nicht gleich meinen, man »hätte sich verliebt«, nur um später festzustellen, dass es keine gute Verbindung ist.

Ein guter Rat, wie mir schien. Wir meinen in unserer Gesellschaft ja immer, uns sofort Hals über Kopf und bis über beide Ohren verlieben zu müssen. Aber haben wir uns auch einmal gefragt, warum so viele Paare sich wieder scheiden lassen oder nach ihrer Hochzeit ein Gefühl der Leere erleben, wo doch einmal alles so schön und rosig als die »wahre Liebe« begonnen hat?

Wozu einen Ehemann?

Auf diese Frage scheint eine aus New Jersey stammende Anwältin und Journalistin namens Reva Seth einige Antworten zu haben. In ihrem ersten Buch *First Comes Marriage. Modern Relationship Advice from the Wisdom of Arranged Marriages (Zuerst kommt die Hochzeit. Ratschläge für moderne Beziehungen aus der Weisheit arrangierter Ehen)* erklärt sie, dass sie selbst nach Jahren auf dem Dating-Parkett erkannt habe, dass sie irgendetwas verkehrt machte. Ihren heutigen Ehemann habe sie dann nicht etwa durch eine arrangierte Ehe gefunden, sondern indem sie die Prinzipien angewendet hatte, auf die sie durch Befragungen von Hunderten Frauen aus arrangierten Ehen gestoßen war. Ihr Rat richtet sich an Frauen wie mich – die nie und nimmer ihre Eltern bitten würden, einen Partner für sie auszuwählen, aber von den Geschichten über diese arrangierten Ehen durchaus profitieren können.

Genau wie ich, so wollte auch Seth sich früher immer verlieben und heiraten, hatte sich aber nie gefragt, warum eigentlich. Sie stellt in ihrem Buch eine wichtige Frage, die sich jede moderne Frau stellen sollte in Zeiten, wo sie auch ohne Mann gut auf eigenen Füßen stehen kann: »Wozu braucht eine Frau heute einen Ehemann, und warum will sie einen?«

Eine schwierige Frage und gar nicht so leicht zu beantworten, schon allein deshalb, weil eine Antwort so naheliegend scheint. »Weil ich mir einen Seelenpartner wünsche, mit dem ich mein Leben teilen kann«, möchte man sagen.

Gut. Aber was genau soll das bedeuten? Diane Sollee, Gründerin und Vorsitzende der Coalition for Marriage, Family and Couples Education (einem Institut für Ehe-, Familien- und Paarberatung), formulierte es so: »Man meint heute immer, man müsse seinen Seelenpartner finden, um eine glückliche Ehe führen zu können. Aber man wird den Seelenpartner nicht *finden*. Wir haben nämlich bereits Seelenpartner, jeder von uns hat sie. Dutzende davon. Mutter. Vater. Langjährige Freunde. Irgendwann heiratet man, und nach zwanzig Jahren, in denen man gemeinsam Kinder großgezogen hat und durch Höhen und Tiefen gegangen ist, ist man zu Seelenpartnern *geworden*.«

In arrangierten Ehen lässt sich die Frage nach Sinn und Zweck eines Ehemanns leichter beantworten. Die Eltern suchen nach einem Mann, mit dem sich die Tochter wohlfühlt, der möglichst auch Kinder möchte und Voraussetzungen für ein gemeinsames Familienleben mitbringt. Sie suchen nach jemandem, der Anstand, Mäßigkeit, Ehrgeiz und Großmut mitbringt – die Eigenschaften, auf die es langfristig ankommt. Wenn ein Mann Ihre Gedanken lesen kann, aber nie lange eine Arbeit hat, oder wenn er unglaublich witzig ist, aber Sie nie anruft wie versprochen – wollen Sie so einen Mann heiraten?

Ich weiß – Sie wollen, dass er Ihre Gedanken lesen kann *und* Arbeit hat, dass er witzig ist *und* verlässlich. Aber wollen Sie einen Ehepartner oder jemanden, der sich auf Telepathie versteht? Wollen Sie eine Dauerparty oder einen Mann, auf den Sie zählen können?

Wie Seth in ihrem Buch schreibt, sind Ehepartner Lebenspartner, nicht Lebensretter. Jeder Ehepartner ist zu fünfzig Prozent für das eheliche Glück verantwortlich, was viele Frauen, die heute auf Partnersuche sind, aber nicht sehen.

Eine Freundin meiner Mutter, die seit vierzig Jahren glücklich verheiratet ist, sieht das genauso: »Die Ehe allein macht dich nicht glücklich. Eine gute Ehe wird dir zwar eine Menge Glück bescheren, aber es ist nicht die Aufgabe deines Ehemannes, die Ehe unentwegt lebendig zu halten. Viele der Töchter meiner Freundinnen erwarten von Ihren Männern Unmögliches.«

In der Tat. Eine dreißigjährige Freundin von mir kann sich einfach nicht entscheiden, ob sie mit ihrem Freund, der jeden Sonntagnachmittag Fußball schaut, zusammenbleiben soll oder nicht. Ihr Freund sei zwar nett, liebevoll und klug, so sagte sie, aber sie frage sich ständig, ob sie mit diesem Couch-Potato, der während der Fußballsaison Sonntag für Sonntag vor dem Fernseher hängt, auf Dauer leben kann.

»Ich erwarte ja nicht, dass sich all unsere Interessen decken«, sagte sie. »Aber sonntags wünsche ich mir schon etwas mehr gemeinsame Aktivitäten.«

In arrangierten Ehen suchen die Eltern nach jemandem, der ihrer Tochter ähnlich ist, was nicht heißt, dass sie nach einem männlichen Zwilling suchen, der das gleiche musikalische Talent oder die gleiche Leidenschaft fürs Rollschuhlaufen mitbringt. Die Eheleute sollen sehr viel *gemeinsam* haben, aber es geht um gemeinsame Ziele, nicht um gemeinsame Hobbys: Sie sind sich einig darin, wie das Leben aussehen soll, das sie gemeinsam aufbauen wollen. Was also ist so schlimm daran, wenn Ihr Mann seine Videosammlung katalogisiert, während Sie draußen eine Runde joggen? Warum ist das ein Problem? Überlegen Sie mal:

Mit wie vielen Männern waren Sie schon zusammen, die praktisch all Ihre Interessen geteilt haben, aber die Beziehung hat trotzdem nicht funktioniert?

Farahad Zama, dessen Ehe arrangiert worden war, nachdem er seine Braut 45 Minuten lang kannte, schreibt in seinem Artikel »First Comes Marriage« (»Zuerst die Hochzeit«), erschienen 2009 in der *New York Times*, darüber, wie unterschiedlich er und seine Frau in den alltäglichen Dingen des Lebens sind – angefangen von der Reinlichkeit über Lesegewohnheiten bis hin zu Essensvorlieben.

»Ob wir wohl geheiratet hätten, wenn wir uns nach westlicher Tradition kennengelernt und uns ein paarmal verabredet hätten?«, fragt er. »Oder ob wir uns wieder getrennt und weiter nach dem ›perfekten Partner‹ gesucht hätten? Ich weiß es nicht.«

»Aber eins weiß ich gewiss«, fährt er fort. »Unsere Ehe, die aus ganz anderen Überlegungen arrangiert worden ist, hat uns von Freundschaft zu Liebe geführt und uns zusammengehalten, bis wir erkannten, dass unsere Unterschiede das Yin und Yang unserer Beziehung sind, die sie erst ganz machen. Heute wissen wir, dass wir beide absolut perfekt füreinander sind.«

Liebe ist ... Timing, ein Nomen und ein Verb

Zama ist überzeugt davon, dass arrangierte Ehen nicht zuletzt deshalb so gut funktionieren, weil Hollywood mit seiner Version von »Liebe« nicht dazwischenfunkt. Da mag er recht haben. Unsere westlichen Vorstellungen davon, was »verliebt sein« zu bedeuten hat, scheint heutzutage derart verzerrt, dass viele Single-Frauen auf die Frage, nach was für einem Mann sie suchen, antworten: »Er soll groß, witzig und erfolgreich sein« und nicht etwa: »Er soll herzlich, zuverlässig, treu, kompromissbereit und den Anforderungen des Lebens gewachsen sein.«

Ich begann mich zu fragen, ob arrangierte Ehen eine gewisse Ähnlichkeit haben mit solchen, die geschlossen werden, weil das Timing gerade perfekt scheint. Man durchschreitet eine Phase, in der man unbedingt heiraten und den Grundstein für den Verlauf der weiteren Zukunft legen will. Also heiratet man den gerade aktuellen Freund, der einem als Ehemann gut genug erscheint. Keine arrangierte Ehe im eigentlichen Sinne zwar, aber gewiss eine mit einem sehr pragmatischen Motiv.

»Ich fühlte mich bereit für die Ehe«, erzählte mir Angela, eine 35-jährige Verlegerin aus New York, die seit fünf Jahren verheiratet ist. »Er war nicht mein Seelenpartner, aber ich dachte, wir würden bestimmt glücklich miteinander. Heute ist er mein Seelenpartner. Aber hätte das auch ein anderer werden können? Sicher. Eine Frage des Timings – wir waren damals beide bereit, den Bund fürs Leben einzugehen und wollten es unbedingt. Es musste nicht der perfekte Partner sein. Hauptsache, es passte. Und es hat gepasst. Dann verliebten wir uns.«

Vimal Vora, ein 27-jähriger Unternehmensberater aus New York mit indisch-amerikanischen Wurzeln, erzählte mir, dass das Wort »Liebe« in der indischen Kultur als Verb und als Nomen benutzt wird. »Du liebst jemanden, indem du ihn ehrst, ihn schätzt, für ihn da bist«, sagte er. Für Amerikaner hingegen, so erklärte er, scheine Liebe nur ein Nomen zu sein, »eine wunderbare, von außen wirkende Leidenschaft. Diese irrationale, schwebende Empfindung fühlt sich an, als wäre man von ihr erwählt worden.«

Aha! Wenn es einem in der Beziehung also an nichts mangelt, man aber das Gefühl vermisst, dann hat man möglicherweise nur die Liebe (Nomen) im Blick und nicht, ob man sich ausreichend darum bemüht, seinen Partner zu lieben (Verb). Die Sache scheint klar: Es geht um das Verb, das Tätigkeitswort – und das heißt lieben.

Nach Vora braucht eine gesunde Ehe beides: das Nomen und das Verb. Aber eines, so sagte er, vergäßen wir meist: »Aus dem Verb kann das Nomen entstehen, und das Nomen kann das Verb inspirieren.«

20.
Montags mit Evan

Fünfte Sitzung
Chemie im Verhältnis zur Verträglichkeit

»Wir treffen uns wieder«, verkündete ich Evan in unserer letzten Sitzung. »Irgendwie seltsam, ich fühle mich gar nicht so wie sonst. Das Gefühl der gewissen Chemie war nicht da, aber ich freue mich richtig, ihn wiederzusehen.«

Evan lächelte. »Das ist doch Chemie, meinst du nicht?«, fragte er. »Wenn du dich darauf freust, jemanden wiederzusehen!«

Wir sprachen über mein Date mit Sheldon2, dem verwitweten 46-Jährigen, der Häuser entwarf und verkaufte und einen achtjährigen Sohn hatte. Dem ich zuerst gar keine Mail hatte schreiben wollen, weil er nur 1,68 m war, lichtes Haar und einen (vermeintlich) langweiligen Job hatte und auf seinem Online-Foto eine rosa getupfte Fliege trug.

Jetzt erzählte ich Evan von unserer Klettertour.

Wenige Tage zuvor hatten Sheldon2 und ich uns am Fuße eines örtlichen Wanderwegs getroffen, wo er auf einem Felsen hockend auf mich wartete. Mit Baseballmütze, Shorts und Coldplay-T-Shirt hätte man ihn locker auf Ende dreißig schätzen können. Auf einer Party wäre er mir vielleicht gar nicht aufgefallen, aber als er mich begrüßte, dachte ich gleich: He, der ist ja richtig süß. Nicht etwa: Oh, mit dem würde ich gerne mal ins Bett gehen. Nein, von der körperlichen Erscheinung her war er überhaupt nicht mein Typ. Aber er hatte was, und die Wärme, die in seiner Stimme lag, als er mich begrüßte, bereitete mir sogleich ein entspanntes Gefühl.

Hätte ich einer Freundin von dem Treffen erzählt, hätte ich eigentlich nichts Aufregendes zu berichten gehabt. Noch einen Monat zuvor hätte ich ein zweites Date mit Sheldon 2 nicht einmal in Erwägung gezogen. Er war kein Intellektueller, aber er war neugierig und gescheit, ein »heller Kopf« und ein Energiebündel. Wir teilten nicht das spritzige Geplänkel, wie ich es aus meinen früheren Beziehungen gewohnt war – der Gesprächsstoff ging uns aber trotzdem nie aus. Er half mir, über große Steine zu klettern, und brachte mich zum Lachen. Ich spürte keine Schmetterlinge flattern, es gab keinen Abschiedskuss, aber ich hatte mich gut amüsiert.

Ich erzählte Evan von der Studie über arrangierte Ehen, die mir aufgezeigt hatte, wie die »richtige Chemie« mir in der Vergangenheit immer wieder in die Quere gekommen war.

Da gab es diesen niedlichen Städteplaner, der durchs halbe Land geflogen war, um mich zu sehen, doch da ich ihn mir in meiner Fantasie so rosarot ausgemalt hatte, fand ich ihn im realen Leben nur enttäuschend.

Ich meine, er war nicht wirklich enttäuschend. Er war intelligent, witzig, interessant und selbstbewusst, wenn auch ein wenig schüchtern und leicht unbeholfen. Beim Bummel durch die Stadt verstanden wir uns prima und hatten viel Spaß. Aber nach allem, was mir meine Freunde, die uns verkuppelt hatten, über ihn erzählt hatten, erwartete ich, dass es bei unserer ersten Begegnung einfach *Bumm!* machen würde. Da waren mir »viel Spaß« zu wenig und der Aufwand einer Fernbeziehung zu groß. Aber die Typen, für die mir kein Aufwand zu groß gewesen war –

die, bei denen von Anfang an die Funken sprühten –, passten meistens nicht besonders gut zu mir.

Jetzt, mit Sheldon 2, kam ich mir vor wie die Hauptfigur in dem Film *High Fidelity* (gespielt von John Cusack), die über ihre Freundin sagt: »Ich fühlte mich mit ihr nie elend, ängstlich oder unwohl. Das klingt vielleicht langweilig, war's aber nicht. Es war auch nicht spektakulär, es war einfach gut. Dafür richtig gut.«

Und ich begann mir die gleiche Frage zu stellen wie John Cusack im Film: »Soll ich jedes Mal abhauen, wenn mir eine Frau Schmetterlinge in den Bauch zaubert? Ich höre auf diesem Bauch seit meinem 14. Lebensjahr. Und soll ich euch mal was sagen: Ich glaube mittlerweile, dass mein Bauch nur Scheiße im Kopf hat.«

Meiner auch. Ein Klick auf Match.com genügte, um zu bestätigen, dass mein Bauch mir nicht die besten Typen heraussuchte.

Sexy muss er sein

Mit Evan zusammen sah ich mir meine Favoritenliste und meine Mail-Kontakte aus den ersten Wochen unserer Sitzungen an. Darunter fanden sich zumeist Männer jenseits der vierzig, die nie verheiratet waren und ein tolles Profil eingestellt hatten. Doch entweder kam nie eine Mail von ihnen zurück, oder sie stellten sich nach einem ersten Mailwechsel alle als unpassend heraus: Sie hatten noch nie eine feste Beziehung gehabt oder nur kurze, wechselnde Beziehungen hintereinander; sie entpuppten sich als Aufschneider, machten versteckte sexuelle Anspielungen auf teilweise unheimliche Art, waren in komplizierte Familienverhältnisse verstrickt, standen vor einem Karriere-Aus oder machten generell nicht den Eindruck, als würden sie nette, normale, verlässliche zukünftige Ehepartner abgeben.

Laut Evan war das der typische Querschnitt. Single-Männer Ende dreißig, Anfang vierzig seien sehr begehrt, so erzählte er, und könnten locker unter die Haube kommen. Aber wenn sie das bis Mitte vierzig nicht geschafft hätten, dann kämen sie sehr häufig mit irgendeinem Ballast oder Problem daher.

Meine Freundin Kayla, 36, sieht das genauso.

»Die Männer, die in *dem* Alter wie ein guter Fang wirken, sind meistens faule Fische und haben einen von fünf großen Haken: Mami, Sucht, schwul, Job, bindungsunfähig. Ein Geschiedener mit Kind geht noch, das lässt zumindest darauf schließen, dass er an einem normalen Leben interessiert ist, so wie ich auch.«

Mittlerweile wusste ich, dass geschiedene Väter wahrscheinlich die bessere Wahl für mich sind. »Aber was interessant ist«, sagte Evan, »deine Favoritenliste ist voll mit Männern, die noch nie verheiratet waren. Was sagt uns das?«

»Dass ich mich bei der Partnersuche blöd anstelle? Dass ich eine schlechte Menschenkennerin bin?«

Evan schüttelte den Kopf. »Es sagt uns, dass du dich blenden lässt von dem, was du für die richtige Chemie hältst. Du hast es offenbar nur auf sexy Typen abgesehen. Aber stell dir mal vor, du bist auf einer Party, unterhältst dich gut mit einem geschiedenen Mann, der ein bisschen übergewichtig ist, graue Haare hat, in der Finanzbranche arbeitet und in einer anderen Stadt wohnt – ein echt klasse Typ, in dessen Gegenwart du dich wohlfühlst. Meinst du nicht, du würdest ihm deine Telefonnummer geben? Ich schätze schon. Vor fünf Jahren hättest du das möglicherweise nicht getan. Du lernst mit der Zeit, nicht allzu streng auszusieben.«

»Aber ich schätze auch«, fuhr er fort, »dass du, sobald du dich ein bisschen näher auf ihn einlässt, deinen Freundinnen am Telefon vorjammern wirst: ›Ich weiß nicht, ob das alles so passt – er hat Übergewicht und graue Haare.‹ Selbst wenn du dann eine Beziehung mit ihm anfängst, wirst du wahrscheinlich immer denken, dass du lieber einen kreativeren Freund hättest, der in deiner Nähe wohnt. Der Knackpunkt ist, dass wir den Menschen, den wir aus der Dating-Palette ausgesucht haben, mit dem Menschen in Einklang bringen müssen, mit dem wir tatsächlich gern unsere Zeit verbringen möchten.«

Muster aus der Kindheit

Ich erzählte Gian Gonzaga, dem Wissenschaftler von eHarmony.com von »meinem Typ« Mann. Die Menschen verwechselten häufig »die richtige Chemie« mit ihrem Typ und »ihren Typ« mit jemandem, mit dem sie oberflächlich gesehen eine Menge gemein haben, erklärte Gonzaga. Aber diese Denkweise habe einen großen Haken.

»Dic eigene Persönlichkeit oder das Temperament«, sagte er, »wird sich in einer Beziehung nicht groß ändern. Der Partner wird also nicht plötzlich großzügiger oder extrovertierter werden. Allerdings tendieren Paare dazu, die Interessen des anderen zu übernehmen. Man fixiert sich immer darauf, möglichst vieles gemeinsam zu haben, aber was man wirklich gemeinsam haben muss, ist vor allem eins: gegenseitiges Verständnis. *Das* ist die richtige Chemie.«

Genau diesen Fehler hatte Amy gemacht. Als sie Mitte zwanzig war, verließ Amy, Radio- und Fernsehjournalistin, ihren langjährigen Freund, einen Jurastudenten, weil sie dachte, mit dem neuen Mann, den sie im Job kennengelernt hatte, prickle es mehr. Sie gingen beide in ihrer Arbeit als Fernsehjournalisten auf und liebten es, sich täglich darüber auszutauschen.

»Am Ende heiratete ich ihn. Inzwischen sind wir 15 Jahre verheiratet und haben drei Kinder«, sagte sie. »Aber ich fühle mich nicht wohl. Wir haben nichts gemeinsam, was wirklich zählt. Mein Mann hat irgendwann vom Fernsehen in die Öffentlichkeitsarbeit gewechselt. Er arbeitet freiberuflich und ist nicht gerade der Ehrgeizigste.« Heute bereut sie es, mit ihrem langjährigen Freund Schluss gemacht zu haben, der später Anwalt wurde. Mit ihm hatte die »echte« Chemie gestimmt. »Wenn die Kinder groß sind, lassen wir uns wahrscheinlich scheiden und gehen getrennte Wege, denn wir haben nichts, das uns zusammenhält.«

Die vermeintlich »richtige Chemie«, die es funken lässt, so erzählte mir Lisa Clampitt, die Partnervermittlerin und ehemalige Sozialarbeiterin aus New York, habe möglicherweise mit Mustern und emotionalem Ballast aus der Kindheit zu tun. Wenn eine Kundin immer wieder auf den gleichen Typ Mann hereinfiele, so sagte sie, dann würde sie den psychologischen Wurzeln dafür auf den Grund gehen.

»Manchmal ist das, was man für prickelnde Chemie hält, eine Wiederholung dessen, was man aus der Familie der Kindheit kennt«, sagte sie. »War der Vater beispielsweise ein Workaholic, dann kann es sein, dass die Frau sich später zu Männern hingezogen fühlt, die auf irgendeine Art nicht verfügbar sind, weil sie verheiratet oder emotional unzugänglich sind. Ist aber jemand in gesunder Weise verfügbar, dann funkt es bei ihr nicht.«

In diesen Fällen richtet Lisa Clampitt ihr Augenmerk auf die guten Eigenschaften, von denen die Frau angezogen wird, und versucht, diese bei einem Mann zu finden, der gesünder für sie wäre. »Ich sage dann zum Beispiel: ›Lassen Sie uns jemanden finden, der humorvoll und leidenschaftlich, aber auch kommunikativ und bodenständig ist und der Kinder möchte – auch wenn die Chemie nicht sofort zu stimmen scheint.‹ Ich erinnere meine Kundinnen daran, dass die Chemie manchmal auch zu falschen Entscheidungen führen kann.«

Die Chemie macht süchtig

Daran erinnerte mich auch Evan.

»Was passiert, wenn plötzlich die Funken sprühen?«, fragte er. »Wie hast du das erlebt?«

Ich dachte zurück an die Zeiten, in denen ich wie im Rausch war wegen eines neuen Mannes.

»Es war fantastisch!«, sagte ich.

»Ach ja?«, fragte Evan. »Ich sage dir, wie es war: Du hast alle zwanzig Minuten deine Mailbox abgehört, konntest dich auf nichts konzentrieren, Freunde und alles andere waren dir plötzlich völlig egal, und überhaupt hast du dich aufgeführt wie eine Verrückte, stimmt's?«

Ja, das traf es eher.

»Genau«, fuhr er fort. »Hat es dich erwischt, bist du nicht mehr du selbst. Du bist nervös und unsicher. Du kannst keinen klaren Gedanken mehr fassen und triffst idiotische Entscheidungen.«

In seinem Alltag als Dating-Coach erlebte Evan solche Situationen bei seinen Kunden sehr oft: Ein intensiver Rausch, der drei Monate hält, dann aber ruckzuck wieder verflogen ist. Eine leidenschaftliche Beziehung, die sich nicht verträgt mit unvereinbaren Lebenszielen. Paare, die sich heftig voneinander angezogen fühlen, sich aber auch ebenso heftig streiten.

Treffen seine Kundinnen dann Männer, die ganz wunderbar sind, sie aber nicht prompt in Aufregung versetzen, bekommt er zu hören: »Aber es funkt nicht so wie bei Soundso«, woraufhin Evan erwidert: »Aber Soundso hat Sie abserviert. Soundso ist mit einer anderen verheiratet. Soundso wollte keine Kinder. Soundso war nicht fähig, Verantwortung zu übernehmen. Wie aufregend war das?«

Es scheint so offensichtlich, aber wie viele Frauen fühlen sich zu völlig ungeeigneten Männern hingezogen und beharren darauf, er wäre, trotz aller Hürden, ihr Seelenpartner? (Als der er sich dann höchst selten erweist.)

Wie oft ist es mir selbst schon so ergangen, wenn ich vor lauter rauschhaften Glücksgefühlen regelrecht high war, sodass ich Dinge übersehen habe, die ich besser nicht hätte übersehen sollen? Wie oft habe ich versucht, »ihn zu verstehen« – vielleicht hat er Beziehungsängste, sein Vater hat ihn nicht genug geliebt, seine Mutter hat ihn zu sehr geliebt –, statt mich einfach von ihm zu lösen und nach einem anderen zu suchen, der mir hätte geben können, was ich wirklich wollte?

Wie können intelligente Menschen so dumme Entscheidungen treffen?

Helen Fisher, Anthropologin an der Rutgers University, befasst sich mit der Physiologie der romantischen Liebe und hat eine Antwort darauf. Es könne daran liegen, so sagte sie, dass Liebe berauscht und süchtig macht – wie eine Droge. Für ihr Forschungsprojekt schob sie 49 Frischverliebte in die Röhre eines Magnetresonanztomografen, um herauszufinden, welche Gehirnregionen mit dem Gefühl des Verliebtseins aktiv verbunden sind. Wie sich zeigte, wird beim Gefühl der Verliebtheit das sogenannte Belohnungszentrum aktiviert, die Gehirnregion, die auch auf Schokolade, Zigaretten oder Amphetamine anspricht. Diese Zellen in der Nähe des Gehirnstamms produzieren Dopamin, eine Substanz, die gemeinhin als Glückshormon gilt – und für das Hochgefühl verantwortlich ist. Ihrem Gehirn ist es egal, ob sie sich nach einer Zigarette verzehren oder nach ihrem Liebsten – das Ergebnis ist das gleiche: Sehnsucht, Besessenheit, Verlangen.

Bei dieser Flut von Dopamin, sagte Helen Fisher, sei es schwer, sich vor Augen zu führen, dass dieses Hochgefühl im Schnitt nur 18 Monate bis drei Jahre hält. Bei manchen halte es ein bisschen länger, sagte sie, doch selbst in diesen Fällen ändere sich die Qualität des Hochgefühls.

»Wir haben gerade eine Studie mit Paaren beendet, die nach 21 Jahren Ehe noch immer verliebt waren«, sagte sie. »Im Magnetresonanztomografen zeigten sich keinerlei Aktivitäten in der Hirnregion, die mit Angst und Sorgen verbunden ist, stattdessen waren Bereiche aktiv, die mit Gemütsruhe und Schmerzlinderung verbunden sind. Die Leute fühlen sich noch immer zu ihrem Partner hingezogen, lachen über seine Witze, nur ist die anfängliche Angst und Unsicherheit ersetzt durch Ruhe und Gelassenheit. Man wartet nicht auf eine E-Mail von ihm und sitzt heulend herum, wenn sie nicht kommt.«

Doch wenn man davon ausgehen könne, dass die Angstgefühle aus dem frühen Stadium einer stürmischen Liebe zu einem Gefühl von Ruhe und Sicherheit führen, sagte Fischer, dann wäre auch der umgekehrte Weg möglich. Das Gefühl von Ruhe und Sicherheit, das man mit einer bestimmten Person erlebt, kann zu einer romantischen Liebe führen – etwas, was die meisten Menschen in ihrem Verlangen nach dem ersten Liebesrausch vergessen. Tatsächlich ist es Fisher selbst so ergangen.

»Da gab es mal einen Mann, der blieb hartnäckig am Ball, ein echter Quälgeist«, erzählte sie. Doch wann immer sie mit ihm zusammen war, habe sie sich absolut entspannt und wohlgefühlt. »Nach vier Jahren habe ich mich in ihn verliebt. Hätte ich selbst nie gedacht. Aber heute, zehn Jahre später, bin ich noch immer mit ihm zusammen.«

Fisher sagt nicht, dass die Chemie nicht wichtig wäre. Aber es hilft zu wissen, dass sie mitunter Zeit braucht, um sich zu entwickeln. Doch wenn sich das Gefühl dann mit der Zeit einstelle, so sagte Evan, meinen wir oft, es sei nicht stark genug, da unser Verstand aussetzt.

»Auf einer Skala von 1 bis 10 solltest du im Punkt Chemie eine 6 oder 7 anpeilen und eine Kompatibilität von 9«, sagte er. »Die meisten von uns aber peilen beim Punkt Chemie eine 9 an, und landen dann bei der Kompatibilität bei einer 4. So manövriert man sich zielsicher immer wieder selbst ins Aus, weil man sich auf der Jagd nach dem Richtigen nur von der Chemie leiten lässt.«

Konkret, so Evan, sähe das so aus: Wenn die Chemie eine Initialzündung verursacht und die Funken sprühen, hat man kein realistisches Bild von dem Menschen vor Augen. Man hängt schon am Haken, und darum ist es so überaus schwer, von so einem Mann wieder loszukommen, auch wenn er sich irgendwann als liebloser und unzuverlässiger Egoist erweist. Hätte man ihn hingegen erst einmal als Freund kennengelernt, sagt man sich beim Auftauchen der unschönen Seiten einfach: »Ich wollte sowieso noch nie etwas von ihm.« Weil die Chemie uns den Kopf verdreht, lassen wir uns auf die Falschen ein und die Richtigen sausen.

Was hat die Menstruation damit zu tun?

Martie Haselton, Forscherin an der University of California in Los Angeles (UCLA), hat Studien zum Partnerwahl- und Sexualverhalten durchgeführt. Sie erzählte mir, dass es bei dem, was wir als Chemie der romantischen Liebe bezeichnen, weniger um das »gewisse Etwas«, als vielmehr um Hormone gehe. Ihre Studien hätten gezeigt, dass der Typ Mann, den Frauen bevorzugen, sich mit der Phase ihres Zyklus verändert (wie unromantisch!).

An den fruchtbaren Tagen des Zyklus haben Frauen eine Vorliebe für sehr maskuline Männer, an anderen Tagen finden sie Männer mit eher femininen Seiten attraktiver.

»Frauen wollen alles«, erzählte Haselton mir in ihrem Büro an der UCLA. »Sie wollen einen Mann, der als Partner für eine stabile Langzeitbeziehung taugt, jemand, der nett ist, fürsorglich und ein solider Versorger. Das sind eher feminine Eigenschaften. Gleichzeitig aber wollen sie auch einen überaus sexy Typen, der gut aussehend, groß und muskulös ist – und das sind maskuline Eigenschaften. Beides zusammen findet sich aber selten im selbem Paket. Das Ganze ist noch sehr viel komplexer, denn wie attraktiv eine Frau einen Mann findet, hängt auch von feinen, hormonellen Veränderungen ab, die uns gar nicht bewusst sind.«

Interessanterweise erlebt eine Frau, die die Pille nimmt, diese feinen zyklischen Veränderungen nicht. »Aber«, so fügte Haselton hinzu »setzt sie die Pille ab – hoppla!« Möglicherweise findet sie ihren netten Freund oder Ehemann an ihren fruchtbaren Tagen dann plötzlich weniger attraktiv, und das sind dann genau die Tage, an denen sie denkt, dass ihr »etwas fehlt«.

Aber, fragte ich Haselton, wie können Frauen dann überhaupt einen guten Partner finden, wenn wir unsere Biologie nicht kontrollieren können.

»Ich glaube nicht, dass die Biologie das Problem ist«, sagte sie. »Das Problem sind die Erwartungen. Dabei ist es ganz normal, dass man sich mal mehr, mal weniger zu seinem Partner hingezogen fühlt. Heutzutage denken die Leute gleich, dass etwas nicht stimmt, wenn das Gefühl mal nachlässt, dabei durchleben sie nur eine ganz natürliche Phase. Sie erwarten aber, dass das Gefühl immer gleich stark und intensiv sein muss.«

Auch Evan hatte früher so gedacht, wie er mir sagte. Heute aber stand seine Hochzeit mit einer Frau kurz bevor, die er früher nie für die Richtige gehalten hätte. Doch nach allem, was er mir von ihr erzählt hatte, hätte er es nicht besser treffen können. Er war glücklicher denn je, und inzwischen stimmte die Chemie zwischen ihm und seiner zukünftigen Frau – auch wenn der Funke nicht sofort übergesprungen war, so wie Evan sich das früher immer vorgestellt hatte.

Berühmte letzte Worte

Evan und ich verabschiedeten uns mit einer herzlichen Umarmung. Die letzte Sitzung war vorbei, und ich war richtig traurig, als er ging. Sosehr ich mich gegen seine Ratschläge anfangs gesträubt hatte, sosehr kam ich mir ohne sie jetzt fast ein bisschen verloren vor. Ich versprach ihm, mich mit Sheldon 2 am Riemen zu reißen und keine Dummheiten zu begehen, während er in den Flitterwochen war.

»Du weißt jetzt Bescheid«, sagte er. »Mag sein, dass es dir hier und da noch schwerfallen wird, die Dinge etwas anders anzugehen, aber ich denke, du bist auf einem guten Weg.«

Er hatte bestimmt wieder recht, aber ich hätte gerne noch ein paar letzte weise Worte von ihm gehört, an die ich mich halten konnte. »Wenn du mir eine wichtige Sache mit auf den Weg geben müsstest, was wäre das?«, fragte ich ihn.

Evan überlegte kurz. »Nun, es kommt meistens anders, als man denkt. Du musst dich immer wieder selbst kritisch hinterfragen und einen Prozess durchmachen, um jemanden kennenzulernen, mit dem du zusammen sein möchtest. Und es liegt ganz bei dir, ob du diesen Prozess durchmachst oder nicht.«

Noch den ganzen Tag gingen mir seine Worte im Kopf herum. Es klang simpel und ein bisschen rätselhaft zugleich. Doch am Abend ging ich mit einer Kollegin zum Essen, und plötzlich fiel es mir wie Schuppen von den Augen.

21.
Weg mit der Liste, nicht mit dem Mann

Die Kollegin war Lauren, 31, Fernsehautorin. Wir sprachen gerade über die Arbeit, als sie zufällig erwähnte, dass sie mit ihrem Freund nach vier Monaten Beziehung Schluss gemacht hatte. Dabei hatte sie mir noch vor wenigen Wochen erzählt, wie sehr sie ihn liebte.

Was war passiert?

Gar nichts, erwiderte Lauren. Er sei einfach nicht der Richtige gewesen.

Aber es gab doch so viele Dinge, die sie an ihm mochte?

»Ja, ich fühlte mich sehr wohl mit ihm«, erklärte sie. »Er war nie wertend, hat mich so angenommen, wie ich bin. Er fand auch immer die richtigen Worte, wenn ich mal niedergeschlagen war. All die oberflächlichen Dinge waren dann gar nicht mehr wichtig.«

Mit den »oberflächlichen Dingen« meinte sie Dinge wie die Tatsache, dass er blond war (eigentlich steht sie gar nicht auf Blonde); dass er so groß war wie sie (eigentlich steht sie auf größere Männer); und dass er sich nicht zu kleiden wusste. Auch andere Dinge störten sie, zum Beispiel, dass er die Angewohnheit hatte, sich verkehrt herum aufs Bett zu legen und seine Füße auf ihr Kopfkissen zu strecken. »Das hat er einfach nicht verstanden«, sagte sie. »Ich brauche einen, der von vornherein weiß, dass sich so etwas nicht gehört.«

Es hatte sie genervt, dass er manchmal albern seine Stimme verstellte. Es hatte sie genervt, dass er öfter Sex wollte als sie, wenngleich es, wie sie gestand, der beste Sex gewesen sei, den sie je hatte.

Am Anfang ihrer Beziehung habe sie über viele Dinge hinweggesehen, sagte sie, »denn emotional war er genau das, was ich wollte – er nahm mich wahr, war rücksichtsvoll und lieb. Er hat keinen großen Wert darauf gelegt, dass die Bikinizone immer picobello rasiert ist, was sehr angenehm war. So konnte ich mich ganz natürlich geben. Die schweren Dinge in meinem Leben haben ihn nicht abgeschreckt, wie etwa, dass meine Mutter Krebs hat. Er nahm Anteil daran, war rücksichtsvoll und fragte nach, und ich konnte mich auch fallen lassen, wenn meine Stimmung im Keller war – was er dann auf die Krankheit meiner Mutter schob. Aber manchmal war meine Stimmung im Keller, einfach weil ich auf ihn stocksauer war.«

Dass sie sich über so viele Dinge ärgerte, obwohl die Beziehung doch noch so jung war, gab ihr zu denken. Ein paar Kabbeleien, ja, das hätte sie verstanden – aber so? Sollte diese Anfangszeit nicht leicht und rosig sein?

»Ich überlege die ganze Zeit, ob ich es nicht deutlicher hätte sagen sollen, wenn mich was nervte, um ihm wenigstens eine Chance zu geben, sich zu bessern«, sagte Lauren und implizierte damit automatisch, dass ihr Exfreund Verbesserungen nötig hatte. »Stattdessen habe ich ihn verlassen, weil ich dachte, ich könnte einen finden, der auf telepathische Weise all meine Bedürfnisse erahnt und erfüllt. Wahrscheinlich keine weise Vermutung.«

Lauren machte genau das Gegenteil von dem, was Evan mir geraten hatte – sie war nicht bereit, »einen Prozess durchzumachen«. Sie verhielt sich genauso wie auch ich früher. Sie orientierte sich an einer starren Wunschliste, wie ihr Traummann zu sein hat.

»Mein Typ« – vergiss es!

Susan Page, eine Beziehungsexpertin und Autorin von *Ich finde mich toll, warum bin ich noch Single? 10 Strategien, die Ihr Solo-Dasein dauerhaft beenden*, glaubt ebenfalls an diesen Prozess. Page war Hochschulpfarrerin an der Columbia University in New York und leitete die Women's Programs an der University of California in Berkeley. Sie erzählte mir, dass ihr bei den Single-Workshops, die sie im ganzen Land abhält, aufgefallen sei, dass die größte Bremse beim Durchlaufen dieses Prozesses die »Pseudo-Standards« sind, wie sie es nennt.

»Die Leute bremsen sich selbst aus, weil ihnen dies oder jenes nicht gefällt«, sagte sie. »Und so werden sie nie erfahren, wie sich eine feste Beziehung mit dieser oder jener Person tatsächlich gestalten würde. Singles würden viel leichter einen Partner finden, wenn nicht gleich alles ein Test wäre. Anstatt eine andere Haltung zu entwickeln und den Macken des Partners mit Wohlwollen zu begegnen, was durchaus zu positiven Veränderungen in der Beziehung führt, machen viele gleich Schluss. Natürlich sollte man sich über die eigenen Bedürfnisse im Klaren sein und sich nicht mit weniger zufriedengeben, aber das bedeutet nicht, dass jeder Punkt auf der Wunschliste erfüllt werden muss. Man kann nämlich nie wissen, welche Eigenschaften man an einer ganz bestimmten Person besonders schätzen wird.«

Sie selbst hat das vor fast dreißig Jahren erlebt, als sie ihren heutigen Mann kennenlernte.

»Ich war damals methodistische Pfarrerin«, sagte sie, »und ich ging ganz selbstverständlich davon aus, dass mein Zukünftiger die gleiche Religion haben und ein Akademiker mit gutem Job sein würde – Arzt, Anwalt oder Professor. Dass er Bridge mag, gerne singt und tanzt. Nun, mein Mann hat sein Studium abgebrochen, er ist Künstler und jüdischen Glaubens. Er singt nicht, tanzt nicht und spielt kein Bridge.«

Sie lernten sich bei einem gemeinsamen Freund kennen und begannen zu plaudern. »Ich fragte ihn, was er so macht«, fuhr sie fort, »und er antwortete: ›Ich habe eine Töpferwerkstatt.‹ Ich dachte daraufhin nur: Super, ein Hippie, der sein Leben nicht auf die Reihe kriegt, irgendwelche Becher töpfert und sie auf der Straße verkauft. In diesem Moment schrieb ich ihn ab. Ich plauderte zwar gerne mit ihm, aber für mich war er kein Typ zum Heiraten.«

Tatsächlich lebte der Töpfer nicht schlecht vom Verkauf seiner Kunstwerke und hatte sogar eine Ausstellung an der Madison Avenue in New York. Die beiden trafen sich ein paar Tage später zum Frühstück, doch sie rechnete nicht damit, dass daraus mehr werden könnte. Er war schlicht nicht ihr Typ.

Doch Page war begeisterte Folk-Tänzerin, und so tauchte er eines Tages unerwartet auf und schaute ihr beim Tanzen zu. Danach gingen sie in eine Bar, wo sie bis zwei Uhr nachts beisammensaßen. Es funkte zwar noch immer nicht, aber langsam begann etwas zu keimen. Danach verbrachten sie einen Samstagnachmittag in einem Kunstmuseum, und kurz darauf war es um Susan Page geschehen – zu ihrer eigenen Überraschung.

»Er hatte genau die Eigenschaften, die ich wollte, die aber kein Mensch auf die Wunschliste setzt«, erzählte sie.

Eine Wunschliste, so sagte sie, sei wie die Vorstellung, das »ganze Paket« kriegen zu können. Sie höre Single-Frauen oft sagen, dass ein Mann selbst dann nicht bei ihnen landen könne, wenn er achtzig Prozent der Wunschliste erfüllen würde.

»Aber seit wann sind achtzig Prozent ein schlechter Deal?«, fragte sie. »Wir spinnen uns Fantasiemänner zusammen – er muss den und den Beruf haben, die und die Augenfarbe, das und das Alter –, aber wie konkret kann man werden, bevor man fast alle Männer ausgeschlossen hat?«

Töpfer-Überraschung

Ich erzählte Page von Lauren, meiner Kollegin. Solche Geschichten kenne sie zur Genüge, meinte Page daraufhin.

»Wir neigen heute dazu, alles haarklein zu analysieren«, sagte sie. »Wie oft lassen wir uns von der Stimme in unserem Kopf etwas ausreden, was vielleicht gut für uns wäre. Oder umgekehrt – auch wenn jemand noch so viele Dinge von deiner Wunschliste mitbringt, wenn dein Bauch dir sagt, dass es nicht passt, sollte das wichtiger sein als die Liste.«

Page erzählte mir von einem Mann, in den sie vor ihrer Heirat einmal schrecklich verliebt gewesen war.

»Er hat alle Punkte auf meiner Liste erfüllt«, sagte sie. »Er hatte einen guten Beruf, war beliebt, charismatisch, süß, witzig, gut situiert. Aber er war auch sehr narzisstisch, wie ich schon früh bemerkte. Mit wahrer Liebe hatte das nichts zu tun. Ich war einfach nur eine Weitere in seiner Sammlung. Ja, ich war verliebt, aber ich beschloss, ihn nicht mehr zu sehen. Das hat sehr wehgetan, aber für mich selbst war es genau das Richtige.«

Eine Liste aufzustellen, so sagte sie, scheint eine gute Methode, um sich über die eigenen Gedanken klarzuwerden. Aber zugleich ist es sehr schwierig, sie nicht zu stark zu vereinfachen oder einzelne Dinge aus dem Zusammenhang zu nehmen. Selbst wenn man am Ende alle Wunscheigenschaften auf dem Zettel hat, haben sie nicht alle das gleiche Gewicht (Ist Religion genauso wichtig wie Aufrichtigkeit?). Außerdem gibt es viele Eigenschaften, bei denen es nicht darum geht, ob eine Person sie überhaupt hat oder nicht (zum Beispiel Sinn für Humor oder finanzielle Sicherheit), sondern ob sie in dem Maß und der Ausprägung vorhanden sind, die man sich vorgestellt hat.

»Außerdem sind Listen verwirrend«, sagte Page, »denn sie drehen sich nur um die Eigenschaften des Mannes unabhängig von der Situation. Damit fallen die Eigenschaften, die erst *in einer Beziehung* zum Vorschein kommen, unter den Tisch. Alles mag stimmen, Alter, Sinn für Humor, toller Job, aber wie wird er sich geben, wenn er *mit mir* in einer festen Beziehung ist? Wie werde ich mich fühlen, wenn ich mit ihm zusammen bin? Werden wir gut miteinander klarkommen? All das lässt sich nicht auf dem Papier herausfinden.«

Der Beruf ihres Mannes, die Töpferei, brachte Page schließlich auf eine Analogie, die sie für Beziehungen sehr wichtig findet.

»Wenn ein amerikanischer Töpfer ein Gefäß formt«, so sagte sie, »dann überzieht er es mit einer Glasur, gibt es in den Brennofen und hat eine genaue Vorstellung davon, wie es aussehen soll, wenn es fertig ist. Wenn ein japanischer Töpfer ein Gefäß formt, gibt er es in einen Holzbrennofen, der schwankende Temperaturen haben kann, und wenn er es herausnimmt, dann sieht es nicht immer so aus, wie er es erwartet hat. Der japanische Töpfer sagt: ›Oh, das hat das Feuer also aus dem Topf gemacht. Er ist wunderschön geworden!‹ Für die Japaner liegt Schönheit nicht in der Perfektion.

Anstatt uns vorab eine genaue Vorstellung davon zu machen, wie der Wunschkandidat sein soll, sollten wir uns lieber die Töpfer-Frage stellen: ›Was ist es, und ist es schön?‹ Die entscheidende Frage ist: ›Mag ich es so?‹, und nicht: ›Wie deckt sich das mit meinen Vorstellungen?‹ Menschen stecken voller Überraschungen.«

Ich erzählte ihr von meiner ellenlangen Wunschliste, die ich vor ein paar Monaten aufgestellt hatte. Sie schlug vor, ich solle eine neue Liste machen und zwar mit den Eigenschaften, die meine Exfreunde gehabt hatten, und mir dann überlegen ob und inwieweit diese Eigenschaften beziehungsrelevant gewesen waren. Page erzählte mir, sie befrage hin und wieder glücklich verheiratete Frauen nach ihrer Wunschliste, sehr oft bekäme sie dann zu hören, dass die Ehemänner nicht viele Punkte davon erfüllen würden – dafür aber würden sie andere, weit wichtigere erfüllen.

»Es ist gut, die persönlichen Wunschkriterien noch einmal zu überdenken und sich zu überlegen, ob sie am Ende wirklich nützlich sind«, sagte Page. »Die meisten finden so eine Liste eher irreführend, wenn nicht gar völlig nutzlos, sobald der Richtige da ist.«

Liste, ade!

Ich warf einen Blick auf meine ausführliche Einkaufsliste für das Kaufhaus »Ehemann«. Wie viele Male schon hätte ich besser diese Liste in den Wind schießen sollen anstatt den Mann, der sie nicht erfüllte? Ein typisches Beispiel: Ich hatte mich mit Sheldon 2 für ein zweites Date verabredet. Er holte mich ab, lächelte sein bezauberndes Lächeln und sah noch viel süßer aus als bei der Klettertour. Nach einem ausgedehnten Essen in einem angesagten Lokal gingen wir tanzen, danach am Strand spazieren und ehe wir uns versahen, waren sechs Stunden verflogen. Ich hatte mit ihm mehr Spaß gehabt als bei vielen Verabredungen mit Männern, die alle Kriterien meiner Wunschliste erfüllt hatten.

Mein Entschluss stand fest. Ich wollte der Liste Ade sagen. Also stieg ich an einem kalten, verhangenen Wintertag in mein Auto, platzierte die Liste – die inzwischen in einem aufgeblasenen Helium-Luftballon steckte – neben mir auf dem Beifahrersitz und fuhr hinaus ans Meer.

Es war noch früh am Morgen und das Wasser eiskalt. Ich kam mir etwas lächerlich vor, wie ich barfuß dastand, aber als ich gerade meine Liste in den Himmel entschweben lassen wollte, passierte das Unerwartete. Ein wirklich süßer Typ kam joggend direkt auf mich zugelaufen.

»He!«, rief er. Ich blickte mich um, ob er vielleicht jemand anderen meinte, aber ich war die Einzige am Strand.

»He!«, rief er noch einmal. Er meinte eindeutig mich. Ich konnte mein Glück kaum fassen. Ich ließ den Ballon los, während der süße Typ immer näher kam. Dann blieb er direkt vor mir stehen und keuchte atemlos.

»He«, sagte ich.

»Was machst du denn?«, fragte er. Er trug Shorts, ein zerrissenes Sweatshirt – und keinen Ehering. Ich starrte auf sein dunkles, lockiges Haar und die muskulösen Beine, und ich dachte nur: Kann es wirklich sein, dass ich den Mann meines Lebens in genau dem Moment treffe, in dem ich mich von meiner Wunschliste verabschiede? Was wäre das für eine unglaubliche Hochzeitsstory!

»Hm, ich habe gerade eine Botschaft in den Himmel geschickt«, sagte ich und wusste nicht recht, wie ich es ihm erklären sollte, ohne völlig bescheuert zu klingen.

Gemeinsam sahen wir dem davontreibenden Ballon nach. Dann sah er mich an. Seine schokoladenbraunen Augen waren wie Magnete, und mein Magen schlug regelrecht Saltos.

»Das hättest du nicht tun sollen«, sagte er. »Schlecht für die Umwelt. Ich wollte dich gerade noch davon abhalten.«

Und damit setzte er seinen Strandlauf fort.

Für den Bruchteil einer Sekunde war ich bitter enttäuscht. Blödmann. Umweltapostel. Der hat sie doch nicht mehr alle! Aber dann war ich froh, diesem Typ begegnet zu sein. Das hatte mir mal wieder gezeigt, wie sehr ich mich immer noch nach dieser Fantasie sehnte, die so wenig mit der Realität zu tun hat. Ich musste mich ändern. Das war zwar schwerer als gedacht, aber am Ende aller Mühen wert. Das wusste ich.

Ich ging noch ein bisschen am Strand spazieren und dann zurück zum Auto. Die Sonne war inzwischen aufgegangen und warf helle Strahlen auf meine Windschutzscheibe, als ich dem Parkwächter das Geld für das Parkticket in die Hand drückte. »Der Frühling kommt«, sagte er.

»In der Tat«, erwiderte ich. »Ein Neubeginn.«

TEIL V

Alles in allem

Nicht mangelnde Liebe,
sondern mangelnde Freundschaft
führt uns zu unglücklichen Ehen.

FRIEDRICH NIETZSCHE

22.

Eine Ehe, die gut genug ist

Nachdem ich nun endlich alles daransetzen wollte, meinen Mister »Gut genug« zu finden, stieß ich auf etwas, was Paul Amato, der Soziologe von der Penn State University, »the good enough marriage« (»die Ehe, die gut genug ist«) nennt. Amato erforscht Ehen, die »gut« sind, aber nicht »perfekt«. Was er herausgefunden hat, erinnerte mich an mein Verhalten bei der Partnersuche.

Bereits 1980 entwickelte er zusammen mit Kollegen eine Studie, im Rahmen derer er 2000 verheiratete Paare begleitete. Über einen Zeitraum von zwanzig Jahren kamen die Forscher alle zwei Jahre mit diesen Paaren zusammen, um herauszufinden, wie es um deren Ehen bestellt war. Viele der Paare haben sich scheiden lassen. Also stellte Amato sich die Frage, was einer Scheidung vorausgeht.

»Was wir herausgefunden haben, schien zunächst überraschend«, erzählte er. »Wir meinen immer, dass Paare, die sich scheiden lassen, eine lange und schreckliche Phase voller Zank und Streit durchmachen. Wir stellen uns vor, dass sie sich derart entfremden und zerrütten, bis sie beschließen, dass ihre Ehe nicht mehr zu retten ist.«

Das habe auf einige Paare auch zugetroffen, so sagte er, aber der Großteil folgte diesem Muster ganz und gar nicht. Vielmehr schienen sie bis zur Scheidung ganz gut miteinander auszukommen. Sie waren zwar nicht übermäßig glücklich, aber unglücklich waren sie auch nicht. Sie gingen häufig miteinander aus und gaben an, sehr wenige Eheprobleme oder Unstimmigkeiten zu haben. Auf einer Skala von 1 bis 10 werteten sie ihre Ehe mit einer 7 – nicht etwa mit einer 2 oder 3.

»Sie hatten keine ernsthaften Probleme«, sagte Amato. »Ihre Ehen waren zwar nicht perfekt, aber recht gut. Zwei Jahre später waren sie geschieden. Diese Paare waren nicht weniger glücklich als der Durchschnitt, aber sie wollten mehr als eine ›Ehe, die gut genug‹ ist.«

Als Amato die Paare nach dem Grund ihrer Scheidung fragte, kamen Antworten wie: »Wir haben uns immer mehr auseinandergelebt – es war nicht mehr so wie am Anfang unserer Ehe« oder: »Ich hatte nicht das Gefühl, dass ich mich in der Ehe weiterentwickle« oder: »Mein Ehepartner ist ein netter Mensch, aber nicht wirklich mein Seelenpartner«. Sie waren alle enttäuscht, aber nicht wütend aufeinander.

»Es war nicht etwa so, dass sie ihren Partner nicht mehr leiden konnten«, sagte Amato. »Einige sagten mir: ›Ich liebe ihn noch immer, aber wir haben einfach gemerkt, dass wir nicht zusammenpassen.‹ Oft waren sie bereits neu liiert mit jemandem, den sie für ihren Seelenpartner hielten. Auch wenn es in ihrer Ehe gar nicht so schlecht gelaufen war, glaubten sie, einen besseren Partner gefunden zu haben.«

Anders, aber nicht besser

Doch damit liegen sie schief – genau wie die vielen Single-Frauen, die mit ihrem Mister »Gut genug« Schluss machen, weil sie meinen, einen »Besseren« zu finden. Fünf Jahre später führte Amato eine Folgestudie durch und kam zu einem überraschenden Ergebnis: Die meisten dieser geschiedenen Eheleute, die erneut geheiratet hatten, gaben an, nicht glücklicher oder weniger glücklich zu sein als in ihrer ersten Ehe.

»Wir haben nicht gefragt, ob sie es bedauerten«, sagte Amato, »denn die meisten Menschen geben Fehler nicht gerne zu und wollen nicht als Dummkopf dastehen. Also fragten wir, wie zufrieden sie mit ihrem Leben sind, und verglichen die Aussagen mit den Ergebnissen fünf Jahre zuvor. Statistisch gesehen waren sie weniger glücklich.«

Warum? Auch wenn die zweite Ehe zuerst anders gewesen sein mag als die erste, mit der Zeit hat sich auch hier der nüchterne Ehealltag eingestellt. »Anders« bedeutete nicht zwangsläufig besser, wie auch die Beziehungsexpertin Diane Sollee schreibt: »Die Forschung hat gezeigt, dass jedes glückliche, erfolgreiche Paar in annähernd zehn Bereichen ›inkompatibel‹ ist. In diesen Bereichen werden sie aufgrund ihrer Uneinigkeiten nie auf einen gemeinsamen Nenner kommen. Doch erfolgreiche Paare lernen, mit diesen Uneinigkeiten umzugehen, damit zu leben und sich trotz der Meinungsverschiedenheiten zu lieben ... Wenn wir den Partner einfach austauschen, bekommen wir nur zehn neue ›inkompatible‹ Bereiche.«

Kein Wunder also, dass laut einem Bericht der Centers for Disease Control and Prevention die Scheidungsrate bei Zweit-Ehen höher liegt als bei Erst-Ehen. Eine gute Ehe zu führen, heißt nicht, dass die Ehe durchgehend gut sein muss – aber genau das ist offenbar schwer einzusehen.

Im Rahmen des National Marriage Project an der Rutgers State University von New Jersey griffen Forscher eine statistische Erhebung auf, die Ende der 1980er-Jahre landesweit durchgeführt worden und zu folgendem Ergebnis gekommen war: 86 Prozent aller Paare, die zunächst angegeben hatten, in ihrer Ehe unglücklich zu sein, diese aber trotzdem aufrechterhalten wollen, gaben in einer erneuten Befragung fünf Jahre später an, nun glücklicher zu sein. Tatsächlich bewerteten drei Fünftel der ehemals unglücklich verheirateten Paare ihre Ehen nun als »sehr glücklich« oder »ziemlich glücklich«.

Erlernte Beziehungsmuster

Im Zeitraum von 1992 bis 2000 befragten Amato und seine Kollegen insgesamt dreimal die erwachsenen Kinder von Paaren, die ihre »Ehe, die gut genug« gewesen war, hatten scheiden lassen. Wie sich herausstellte, hatten einige der Kinder ebenfalls Probleme, einen Partner zu finden, der »gut genug« war.

»Hatten die Kinder die Ehe ihrer Eltern als furchtbar erlebt, war die Scheidung für sie eine Erleichterung, die sie rasch und gut verkraftet haben. Die Kinder aus ›Ehen, die gut genug‹ waren, hingegen waren von der Scheidung oft sehr überrascht und danach ziemlich durcheinander. Sie litten an einem niedrigen Selbstwertgefühl und Depressionen und hatten eine negative Einstellung, was die Ehe betraf. Anders als die Kinder aus Konflikt-Ehen erlebten die Kinder aus ›Ehen, die gut genug‹ waren, die Scheidung ihrer Eltern nicht als Erleichterung, denn sie hatten das Ende der Ehe nicht kommen sehen. Die Ehe der Eltern war für die Kinder gut genug gewesen. Ein Kind kümmert es nicht, ob sich die Eltern in der Ehe selbst verwirklichen können oder nicht. Sie hatten ein intaktes, stabiles Familienleben, in dem beide Elternteile verfügbar waren, und waren damit sehr glücklich. Die Tatsache, dass ihre Eltern als Paar in einer existenziellen Krise steckten, spielte für sie keine Rolle.«

In ihrem jungen Erwachsenenleben jedoch wiederholten viele dieser Kinder das Muster ihrer Eltern. Sobald es in ihren eigenen Beziehungen Probleme gab, erwogen sie sofort eine Trennung oder Scheidung.

»Kaum taten sich Probleme auf, egal welcher Art, liefen sie davon«, sagte Amato. »Kinder aus intakten Familien hingegen gingen mit aufkommenden Problemen in ihrer eigenen Ehe anders um, waren bemüht, damit fertigzuwerden und dachten nicht gleich an Trennung oder Scheidung. Allerdings zeigten sich Scheidungskinder aus ›Ehen, die gut genug‹ waren sehr vorsichtig, was ihre eigenen Ehen betraf. Sie gingen eher eheähnliche Lebensgemeinschaften ein und hatten große Probleme damit, ein gesundes Vertrauensverhältnis zu ihrem Partner aufzubauen. Sich fest zu binden, war ihnen nicht geheuer. Schließlich hatten auch ihre Eltern damit glücklich gewirkt, sich aber trotzdem später getrennt.«

Insgesamt stellte Amato bei diesen erwachsenen Kindern eine ziemlich niedrige Toleranzschwelle gegenüber Beziehungsproblemen fest – ein Verhalten, das vom erlernten Beziehungsmuster aus der Kindheit beeinflusst ist: Wenn die Flamme verlöscht, heißt die Lösung für sie nicht, sie neu zu entfachen, sondern den Funken anderswo zu suchen.

Vom »Wir« zum »Ich«

Aber was treibt uns dazu, nach etwas »Besserem« zu suchen, sobald wir die vollkommene Erfüllung nicht mehr spüren?

»Nun nach meinem Dafürhalten«, sagte Amato, »sind wir sehr geprägt von den 1970er-Jahren. Damals fanden die Persönlichkeitstheorien der Psychologen Carl Rogers und Abraham Maslow weite Verbreitung. Grundgedanke war das Streben des Menschen nach Selbstverwirklichung in allen Lebensbereichen und die Entwicklung eines positiven Selbstkonzepts. In Maslows Hierarchie steht die Selbstverwirklichung über einer guten Ehe. Passen dir deine Freunde nicht mehr, dann findest du eben neue. Und so ist das überall, ob im Job oder in der Ehe. In den 1960er-Jahren befragte man Studenten in einer Studie zu den hauptsächlichen Gründen für die Ehe. Sie sagten: Ich will eine Familie gründen; ich möchte wirtschaftliche Sicherheit; ich möchte ein schönes Zuhause mit Garten; und ich möchte jemanden heiraten, den ich liebe. Aber die Liebe war nicht der Aspekt, der zuerst genannt wurde. Die Liebe kam an vierter oder fünfter Stelle.«

»Später, in den 1970er- und 1980er-Jahren«, fuhr Amato fort, »war die Liebe plötzlich Grund Nummer eins für die Ehe, hinter der alle anderen Aspekte weit zurückfielen. Der Gedanke, dass die Liebe der vorrangige Grund für eine Heirat ist, ist relativ neu. Heute verbinden wir die Ehe ausschließlich damit, die wahre und einzige Liebe zu finden. Dabei wären wir, wenn Sie mich fragen, sehr viel glücklicher, wenn wir uns kein Ehewunder erhoffen, sondern die Sache mit realistischeren Erwartungen angehen würden.«

In seinem Buch *Alone Together. How Marriage in America is Changing (Gemeinsam allein. Wie die Ehe in Amerika sich verän-*

dert) beschreiben Amato und seine Koautoren die Unterschiede zwischen heutigen Ehen, die sehr viel individualistischer sind, und Ehen in den Jahren vor 1970, die Amato als »Kameradschaftsehen« bezeichnet. In diesen Ehen ging es vor allem darum, einen passenden und verlässlichen Partner zu finden, um gemeinsame Lebensziele zu realisieren. »Eine gute Ehe definierte sich über kooperative Zusammenarbeit«, sagte er. »Heute jedoch hat sich der Fokus verschoben. Heute steht nicht mehr die eheliche, sondern die persönliche Zufriedenheit im Vordergrund. Die Folgen sind, dass das Heiratsalter heute im Schnitt höher liegt als damals, dass es eine wachsende Zahl von Singles und unverheirateten Paaren gibt, dass es immer mehr ledige, alleinerziehende Mütter gibt und dass die Scheidungszahlen ansteigen aus Gründen, die kaum etwas zu tun haben mit der Treue und Verlässlichkeit des Lebenspartners.«

Einen Partner zu wählen, der gut genug ist, sei weder eine persönliche Niederlage, noch bedeute es, sich mit weniger zu begnügen, sagt Amato. »In den meisten Fällen ist es eine vernünftige und praktische Strategie, die langfristig zu einem glücklichen Leben führt.«

Ich sprach Amato an auf das Buch von Linda Waite und Maggie Gallagher *The Case for Marriage*, in dem eine Studie angeführt wird, die besagt, dass Heiraten die beste Therapie gegen Depressionen (sowie Traurigkeit ganz allgemein) sei.

Gilt das nur für großartige Ehen oder auch für ›Ehen, die gut genug‹ sind?

»Viele Studien weisen darauf hin, dass die meisten Menschen in solchen Ehen glücklicher sind als Singles. Umfragen zeigen, dass die große Mehrheit der Singles gern heiraten möchte, und Menschen sind nun einmal am glücklichsten, wenn sie ihre Ziele erreichen. Darum werden Singles, die sich die Ehe wünschen, nach einer Heirat normalerweise glücklicher.«

Man braucht demnach keine Bilderbuchehe, um glücklicher zu werden. Lediglich eine, die gut genug ist.

Freund und Ehemann zugleich

Wie Amato mir erzählte, haben Männer wie Frauen gleichermaßen Probleme, sich mit einem Partner abzufinden, der »gut genug« ist. Allerdings habe er im Laufe seiner Arbeit die Beobachtung gemacht, dass Frauen im Allgemeinen höhere Erwartungen haben als Männer. In einer seiner Studien stellte er Frauen und Männern zwischen zwanzig und dreißig verschiedene Fragen wie »Woher wissen Sie, wenn Sie den Richtigen/die Richtige gefunden haben?«

In der Gruppe der Single-Frauen tauchte sehr häufig das Wort »Schmetterlinge« auf, in der Gruppe der Single-Männer hingegen kein einziges Mal. »Die Männer beschrieben es ungefähr so: ›Ich wusste, dass sie die Richtige war, als sie für eine Woche verreisen musste, nachdem wir uns sechs Monate kannten. Als sie weg war, habe ich gespürt, wie sehr ich sie vermisse. Ich war sehr viel glücklicher, als sie da war. Ich merkte, wie wichtig sie mir war.‹ Frauen hingegen sprachen sehr häufig von der richtigen Chemie und einem Feuerwerk.«

Bei verheirateten Paaren stellte Amato ebenfalls Unterschiede fest. »Frauen gehen mit Beziehungen kritischer um«, sagte er. »Wir befragten Ehemänner und Ehefrauen. Männer sagen:

›Manchmal gibt es Streit wegen diesem oder jenem‹, und Frauen fragen: ›Was wollen Sie zuerst hören?‹. Männer sagen: ›Gut, aber was soll's, wenn wir bei dieser einen Sache nicht einer Meinung sind? Es ist mir zwar nicht egal, macht mir aber auch nicht viel aus.‹ Frauen hingegen können eine Unstimmigkeit nicht so einfach stehen lassen. Das mag an der geschlechtsspezifischen Sozialisation in Bezug auf Beziehungen liegen. Frauen erwarten mehr von einer Freundschaft, wie zum Beispiel Mitteilungsbereitschaft und tief gehende Gespräche. Männer sind unbekümmerter, was Freundschaften und Beziehungen angeht. Sie sind auch damit zufrieden, sich schweigend einen Film zusammen anzusehen.«

Ich fragte Amato, ob er einen Zusammenhang sehe zwischen der hohen Scheidungsrate und der langen Wunschliste mit Eigenschaften, die der Wunschpartner der modernen Frau heute erfüllen soll.

»Oh ja, durchaus!«, sagte er. »Ein Grund für die gestiegene Scheidungsrate wird darin gesehen, dass unsere Kultur heute immer individualistischer wird und sich unsere Erwartungen an die Ehe verändert haben – für viele ist die Ehe heute eine therapeutische Beziehung, keine praktische. Die Ehe soll uns menschlich weiterbringen und glücklich machen. Andere sagen, der Bedeutungswandel der Ehe habe demografische Ursachen, da es heute viel mehr berufstätige Frauen gibt. Die Frau ist nicht mehr finanziell vom Mann abhängig. Meiner Meinung nach haben die Krise und der Wandel der Ehe aber mit Ersterem zu tun – mit den unrealistischen Erwartungen.«

»Viele Frauen lassen sich scheiden, weil sie sich mehr von der Ehe wünschen, was sich in aller Regel aber nicht erfüllt«, erzählte mir auch Edna Pollin, Scheidungsanwältin aus Denver. Oft sei es so, sagte sie, dass der Exmann wieder heiratet (oft eine viel jüngere Frau), während seine erste Frau, die ihn verlassen hat, allein in ihrer Einzimmerwohnung sitzt ohne eine Spur vom Traummann, und erst dann wird ihr klar, was sie an ihm hatte. Doch selbst wenn er noch Single sein sollte, hat sie irreparablen Schaden angerichtet und sich den Weg zurück zu ihm verbaut.

Scott Haltzman, Psychiater an der Brown University, erzählte mir von einer Frau, die einmal in seine Sprechstunde gekommen war. Sie sagte, sie wisse, dass ihr Mann ein guter Ehemann und Vater sei, er habe nie eine Affäre gehabt, sähe sehr gut aus, aber sie »fühle nichts mehr«. Sie könne sich vorstellen, dass sie nach einer Scheidung wieder glücklicher sei.

»Nun«, sagte Haltzman, »ich habe zu ihr gesagt: ›Stellen Sie sich doch einmal vor, Sie sind geschieden und treffen ihn am Spielfeldrand, wenn Ihre Kinder ein Fußballspiel haben. Stellen Sie sich weiter vor, er hat eine neue Freundin an seiner Seite. Und stellen Sie sich vor, wie sie ihn anhimmelt vor lauter Glück.‹ Sie sagte: ›Ja, kann ich mir gut vorstellen.‹ Ich fragte sie dann: ›Was meinen Sie, warum wohl himmelt sie ihn so an?‹ Plötzlich sprudelte es aus ihr heraus, und sie nannte mir eine ganze Reihe guter Eigenschaften ihres Mannes, die sie vorher übersehen hatte. Eine gute Methode, um den Partner wieder mit liebevollen Augen betrachten zu können. Wir meinen immer, unsere Beziehung wird perfekt werden, weil *unser Partner* sie perfekt macht – aber es gehören immer zwei dazu.«

Darum rät Amato, sich die Gründe für eine Trennung oder Scheidung zweimal zu überlegen.

»Mit ein paar simplen Fragen lässt sich ziemlich rasch herausfinden, wie viel Gefühl für den Partner noch vorhanden ist«, sagte er. »›Ich liebe ihn, aber ich bin nicht mehr verliebt ihn‹, ist etwas ganz anderes als ›Ich finde ihn abscheulich‹.« In einer seiner Studien beschäftigte Amato sich mit Paaren, die sich als »gute Freunde« betrachten. Auffallend war, so Amato, dass es diesen Paaren im Laufe ihrer Ehe gelungen war, Konflikte auf gütliche Weise zu lösen, dass sie allgemein gut miteinander auskamen, in grundsätzlichen Dingen übereinstimmten, gemeinsame Werte und Ziele hatten und dass sie sich in Erziehungsfragen einig waren.

»Ob eine Ehe langfristig hält, hängt meist an ganz pragmatischen Dingen«, sagte er. »Aber gerade die finden viele Singles nicht sonderlich spannend. Dabei sind sie so wichtig. Wer also will, dass die Ehe gelingt und hält, der sollte sich auf die Dinge besinnen, die dafür wichtig sind.«

Das bestätigt, was so viele Paare in stabilen Ehen zu wissen scheinen. Einsichten, die ich gerne gehabt hätte, als ich in jungen Jahren in mein Beziehungsleben startete. Aber alles, was ich in den vergangenen Monaten über Beziehungen gehört hatte – von Wissenschaftlern, Eheforschern, Dating-Experten und Partnervermittlern –, hatte sich bereits sehr positiv ausgewirkt, nicht nur auf mein eigenes Leben, sondern auch auf das der Frauen, mit denen ich gesprochen habe.

Einige von ihnen habe ich gebeten, ihre ganz persönlichen Geschichten zu erzählen.

23.
Alexandras Geschichte: Der Richtige vor meiner Nase

Alexandras Geschichte gefiel mir besonders gut, denn sie zeigt, dass wir das Glück, nach dem wir suchen, manchmal direkt vor der Nase haben.

Ob Sie es glauben oder nicht, mein Mann und ich haben uns über einen gemeinsamen Freund kennengelernt, mit dem ich damals zusammen war. Die beiden waren Zimmergenossen. John, mein damaliger Freund, hatte Kevin angeboten, einige Zeit bei ihm zu wohnen, während der gerade eine Scheidung durchmachte. Ich war damals 33 und bereits seit über zwei Jahren mit John liiert. Ab und zu unternahmen wir etwas zu dritt. Aber ich sah in Kevin nie mehr als Johns Mitbewohner. Er war absolut nicht mein Typ. Mein Typ waren eher die sportlich durchtrainierten Männer – und Kevin war völlig aus der Form. Damals gab es für mich nur John. John war mein absoluter Traummann. Wir schienen seelenverwandt zu sein, hatten die gleiche optimistische Lebenseinstellung, den gleichen Sinn für Humor. Ich nahm es klaglos hin, dass John nicht immer verfügbar war, wenn ich ihn brauchte.

John arbeitete viel, und so kam es immer öfter vor, dass ich Kevin am Telefon hatte, wenn ich anrief, und mehr und mehr mit ihm plauderte. Kevin entschuldigte John stets, und sosehr ich mich auch beklagte, auch ich entschuldigte sein Verhalten.

Schließlich war er mein Traummann, und so versuchte ich, jegliches Benehmen, das nicht in meine Vorstellung von diesem Traummann passte, mit Vernunft zu begründen.

Kevin hatte sein Leben bald wieder im Griff und zog in eine eigene Wohnung. Inzwischen waren wir enge Freunde geworden. Am Telefon konnten wir über alles reden, fast so wie ich es mit meinen Freundinnen tat. Auch wenn wir nicht die gleichen Interessen hatten, wir fanden immer etwas zu erzählen. Ich liebte die täglichen Plaudereien mit ihm, aber »verliebt« war ich nach wie vor in John.

John beteuerte zwar immerzu, er würde sich bessern und mehr für mich da sein, aber er war komplett unzuverlässig. Das Fass war endgültig übergelaufen, als John eines Abends mit Kevin im Schlepptau auftauchte, obwohl wir beide Zeit allein hatten verbringen wollen, und sagte, er hätte ohnehin nicht viel Zeit und müsse gleich wieder zur Arbeit. Als er weg war, platzte mir der Kragen, und Kevin ging sehr verständnisvoll auf mich ein. Diesmal entschuldigte er Johns Verhalten nicht. Ich bin sicher, dass John in Kevin nie eine Bedrohung gesehen hatte, da Kevin nicht über seinen Charme verfügte. Er war der »sichere« beste Freund. Und das war er in der Tat. Ich hatte keinerlei Absichten auf ihn. Er war ein Traumkumpel.

Wie ein Bruder

Nach jenem Abend machte ich Schluss mit John. Wir waren zu diesem Zeitpunkt drei Jahre zusammen gewesen. Ich war am Boden zerstört, aber die Beziehung führte zu nichts. John wollte nicht, dass wir uns trennten, flehte mich an, es noch einmal mit ihm zu versuchen. Das taten wir auch für ein paar Wochen, doch Johns schöne Worte waren nicht mehr als Lippenbekenntnisse. Er hätte alles gesagt, nur um die Beziehung zu retten. Aber so ging das nicht, und das sagte ich ihm, woraufhin er erneut Süßholz raspelte.

»Wenn wir älter sind, dann kann ich mir das alles vorstellen«, sagte er, war aber nicht zu einer verbindlichen Aussage bereit wie: »Ich will dich heiraten und mein Leben mit dir verbringen.« Diesmal ließ ich mich nicht wieder von ihm einwickeln. Ich war völlig fertig, aber ich wusste, dass ich die Beziehung beenden musste. Das eigentliche Verrückte dabei war, dass ich ihn noch immer für meinen Seelenpartner hielt! Ein Seelenpartner, der sich nicht für mich entscheiden wollte. Heute ist mir klar, dass mein vermeintlicher Seelenpartner einfach nicht der Richtige für mich war. Damals aber war ich todunglücklich.

Ich fühlte mich schrecklich, und Kevin und ich hielten täglich Kontakt. »He, Kleine, wie sieht's aus?« Kevin schleifte mich aus dem Haus mit seinen Freunden, um mich aufzuheitern. Wir gingen alle zusammen tanzen. Ich war damals 34, und Kevin suchte nach seiner Scheidung wieder eine Freundin. Wir registrierten uns beide gemeinsam bei eHarmony.com, klickten potenzielle Kandidaten an und beratschlagten uns.

Es machte Spaß. Wir unternahmen viel gemeinsam, und ich sah immer fürchterlich aus, wenn wir uns trafen. Es kam mir nie in den Sinn, mich für ihn zurechtzumachen oder unsere Treffen in einem romantischen Licht zu betrachten. All unsere Freunde waren der Meinung, dass wir eigentlich ein tolles Paar abgeben würden. Aber wir sahen unser Verhältnis eher wie das von Bruder und Schwester.

Auf der Jagd nach dem falschen Ideal

Eines Abends hatte er ein paar Freunde eingeladen, und nachdem alle gegangen waren, blieben wir noch auf, redeten bis in die Puppen und kuschelten uns aneinander. Ich weiß noch, dass mich das etwas wunderte und ich dachte: Fühlt sich komisch an. Aber irgendwie schön.

Wir sprachen darüber und waren uns einig, dass das keine gute Idee war, schließlich waren wir gute Freunde. Und so beschlossen wir, das Kuscheln künftig bleiben zu lassen. Gleichzeitig aber konnte ich nicht einfach wieder umschalten und ihn als Kumpel betrachten – plötzlich fühlte ich mich zu ihm hingezogen! Plötzlich lag eine enorme sexuelle Spannung zwischen uns in der Luft, was es uns zunehmend schwerer machte, uns einfach so zu treffen. Also gut, sagten wir, lassen wir es laufen!

Klingt blöd, aber so fing es an – zwei Jahre nachdem wir uns kennengelernt hatten und anfänglich gar nichts voneinander wollten. Nach all den vielen langen Abenden mit Freunden oder einfach so zu zweit als gute Freunde funkte es plötzlich. Und diesem Funken gaben wir eine Chance, weil wir wussten, dass wir im Grunde gut zusammenpassten.

Das Lustige daran ist, dass unsere Beziehung gar nicht so viel anders war als unsere Freundschaft, vom Sex mal abgesehen – der toll war! Wir öffneten uns zwar mehr für den anderen und teilten nun auch unsere zärtlichen Seiten, doch eigentlich hatten wir bereits seit zwei Jahren eine platonische Liebesbeziehung geführt, und zwar ohne es zu merken. Da wir in unserer losen Freundschaft gar nicht mehr gesehen hatten, hatten wir auch keinerlei Druck verspürt. Wir waren einfach nur wir selbst. Ich erlebte ihn mit Freundinnen. Ich fungierte als seine Modeberaterin.

Ich wusste, wann er sich unsicher fühlte, und ich kannte seine Vorlieben. Ich las in ihm wie in einem offenen Buch. Umgekehrt war es genauso. Wir gaben uns völlig unverstellt so, wie wir waren. Und dann verliebten wir uns.

Ich glaube, wenn meine erste Begegnung mit Kevin ein verabredetes Date gewesen wäre, dann wären mir viele Dinge aufgestoßen – er hat dies nicht oder jenes nicht. Nie wäre ich bis in sein innerstes Wesen vorgedrungen, bis zu dem Punkt, an dem ich mich in ihn verliebt habe. Anfänglich hätte ich ihn mir nie als meinen festen Freund vorstellen können, denn er war körperlich gar nicht mein Typ und auch nicht so fröhlich wie die Männer, mit denen ich vorher zusammen gewesen war. Er vermittelte oft einen ruppigen Eindruck, aber als ich ihn besser kennenlernte, entdeckte ich den weichen Kern hinter der rauen Schale.

Heute bin ich froh, dass die anfängliche Freundschaft es uns ermöglichte, Seiten an uns zu erleben, die wir nicht entdeckt hätten, wenn wir den anderen gleich als potenziellen Partner gesehen hätten. Ich hätte Kevin mit all seinen Vorgängern verglichen, mit Männern, von denen ich dachte, sie seien mein Typ.

Ich jagte einem Idealbild nach, bis ich begriff, dass mein vermeintliches Ideal mir absolut nicht guttat.

Das richtige Gleichgewicht

Kevin und ich haben eine Beziehung, die sehr romantisch ist, im wahrsten Sinne des Wortes. Kevin ist fürsorglich. Er bereitet das Abendessen zu, macht die Wäsche. Er verkaufte ein Auto, das finanziell nur eine Belastung war, weil er wusste, dass es mich störte. Er sagte: »Wir haben bald zweijähriges Jubiläum, und ich will dir damit eine Freude machen.« Er bedankte sich sogar bei mir, dass ich ihm half, das Auto loszuwerden, obwohl er es vermissen würde! Unsere Freundschaft hat uns gegenseitigen Respekt für die Individualität des anderen gelehrt. Und das hält unsere Beziehung interessant.

Kevin ist alles, was John nie war – der zuverlässige, »alltagstaugliche« Typ, der stets für einen da ist. Im Haushalt packt er mit an und ist nicht nur Zuschauer. Wir teilen unseren Alltag und unsere Gedanken. Wenn wir uns mal nicht einig sind, dann sprechen wir darüber, denn wir wissen, dass es nichts gibt, was wir gemeinsam nicht lösen könnten. Wenn wir uns allzu sehr in die Haare geraten, sagen wir: »Lass uns ein andermal darüber reden, wenn wir uns beide ein wenig beruhigt haben.« Kevin kann sich sehr gut in sein Gegenüber einfühlen. Er hat eine gewisse Reife, ohne bevormundend zu sein, und er ist da, ohne zu klammern. Das ist die richtige Balance.

Im Laufe unserer Ehe haben sich nach und nach viele meiner Wünsche erfüllt. Vielleicht liegt es daran, dass wir keine zu hohen Erwartungen haben und einander Anerkennung und Achtung entgegenbringen. All die Eigenschaften, die ich bei ihm eigentlich schon abgeschrieben hatte, treten nun auf erstaunliche Weise zutage. Vielleicht hatte ich einfach Glück. Aber manchmal erinnert meine Ehe mich an diese arrangierten Ehen, die als nüchterne Abmachung begannen und in wahrer Liebe endeten. Unsere Ehe ist glücklich, weil sie nicht auf unerreichbaren Fantasien vom vollkommenen Glück aufgebaut ist, sondern auf der Erkenntnis, dass Liebe geschaffen wird und nicht einfach vorhanden ist.

24.
Hilarys Geschichte: Gesucht und gefunden

Hilary brauchte keinen Dating-Coach, um zwischen ihren Wünschen und ihren Bedürfnissen unterscheiden zu lernen. Sie war klug genug, es selbst herauszufinden.

Als ich Rob kennenlernte, war ich gerade dabei, mit meinem Freund Schluss zu machen, mit dem ich seit über einem Jahr zusammen war. Mein Ex und ich machten beide Yoga und hatten auch sonst eine Menge gemeinsam. Doch die Beziehung war schrecklich. Er ging nicht besonders nett mit mir um und zog mich oft runter. Schließlich schaffte ich den Absprung.

Ich war damals 31 und hatte vor, noch einmal die Schulbank zu drücken. Ich wollte Physiotherapeutin werden. In einem der Vorbereitungskurse lernte ich Rob kennen. Ich fand ihn süß, aber das war auch alles. Er hatte Koteletten, was mir gar nicht gefiel. Das ließ ihn aussehen, als gehörte er zu irgendeiner Gruppe oder Subkultur – gar nicht meine Kreise. Ich flirtete mit anderen Jungs und genoss das Geplänkel und die Neckereien. Mit Rob ging das nicht, aber er war stets freundlich zu mir.

Eines Tages hatte ich eine Tanzvorführung und verteilte in der Klasse ein paar Flyer dazu. Rob freute sich sichtlich darüber, dass ich ihm auch einen in die Hand drückte, und ich dachte nur: »Oh, ich will ihm aber keine falschen Hoffnungen machen.« Doch von allen in meiner Klasse, die ich eingeladen hatte, war er am Ende der Einzige, der kam! Und das tat mir richtig gut. Nach all den Erfahrungen mit meinen Exfreunden, die Zusagen machten, mich aber dann doch immer wieder hängen ließen, kreuzte Rob tatsächlich auf, um mich zu sehen.

Auf der Party danach lernte ich ihn dann ein wenig näher kennen. Er war Pilot, und das fand ich richtig heiß. Am Ende des Abends erfuhr ich auch sein Alter. Er war erst 26. Er fragte nach meiner Nummer. »Jetzt sollte ich dir wahrscheinlich sagen, wie alt ich bin«, sagte ich. »Quatsch«, meinte er nur. »Das ist mir egal.«

Tags darauf rief er mich an und sagte: »Der Abend war super, gehst du heute zum Unterricht?« Ja, sagte ich, und als er eintraf, bat ich ihn, sich neben mich zu setzen.

Ein Mann für ein kurzes Abenteuer

Ich konnte mir sogar vorstellen, in den Winterferien eine kleine Affäre mit ihm anzufangen – falls er sich die Koteletten abrasierte. Je besser ich ihn kennenlernte, desto mehr war ich von ihm fasziniert. Er war äußerst nett und großzügig. Und Großzügigkeit war etwas, womit mich meine Exfreunde nicht gerade verwöhnt hatten. Als festen Freund zog ich ihn zwar noch immer nicht in Betracht, aber ich war mir sicher, dass er einem kleinen Abenteuer nicht abgeneigt wäre. Meine Freundinnen waren damals bereits alle verheiratet und hatten Kinder, und ich hatte in den Ferien nichts vor. Außerdem hatte ich absolut keine Lust, allein zu sein. Ich hatte die Single-Fahne jahrelang geschwenkt und war es leid. Ich hatte kein Problem damit, mal allein ins Kino oder in eine Bar zu gehen, aber was mir fehlte, war etwas männliche Aufmerksamkeit.

Die Ferien kamen. Wir unternahmen viel gemeinsam, mal mit Freunden, mal zu zweit, und er zog mich immer mehr in seinen Bann. Er war sehr bemüht und etwas übereifrig, und ich machte mir Sorgen, denn ich wollte keine falschen Erwartungen wecken. Ein paar Tage später war Silvester. Plötzlich meldete sich mein Exfreund wieder und wollte mich sehen. Und was machte ich? Natürlich ging ich zu ihm, obwohl ich wusste, dass es mir nicht guttun würde. Aber ich konnte nicht anders. Er hatte so viele Eigenschaften, die ich mir an einem Mann wünschte. Eigenschaften, die Rob nicht hatte.

Doch als ich Rob danach wiedersah, tat es einfach nur gut. Wir verabredeten uns zum Schlittschuhlaufen, und als wir am Kiosk anstanden, um uns eine kleine Stärkung zu holen, nahm er meine Hand. Ein wunderschönes Gefühl!

Selbstzweifel

Schmetterlinge im Bauch, Verliebtsein mit allem, was dazugehört, die kribbelnde Energie, die Gedanken, die nur um den einen kreisen – das alles hatte ich bei meinem völlig unpassenden Exfreund gespürt, aber nicht bei Rob. Schon gleich am Anfang hatte ich Rob gesagt, dass mir seine Koteletten nicht gefielen, und er hat sie abrasiert. Trotzdem. Der Funke wollte einfach nicht überspringen. Rob war nicht der coole Typ, auf den ich eigentlich stand.

Wir trafen uns weiterhin regelmäßig, weil ich wirklich gerne mit ihm zusammen war. Jedes Mal dachte ich, ich sollte die Sache beenden, da er nicht so war, wie ich mir meinen zukünftigen Ehemann vorstellte. Aber die Vorstellung, ihn nicht mehr zu sehen, schmerzte mich. Zwei Jahre lang war ich hin- und hergerissen. Ich begann, an mir selbst zu zweifeln, an meiner Intuition und an meinem Bauchgefühl, zumal meine Freunde schon immer gesagt hatten, dass mein yogabegeisterter Exfreund ein Trottel war und ich mit ihm völlig danebenlag. Was, wenn ich mit Rob wieder danebenlag?

Dass meine Freunde und Familie der Meinung waren, Rob sei nicht gut genug für mich, half mir auch nicht weiter. Meine Schwester fand ihn zu jung und irgendwie langweilig. Aber er war eben ein stiller Typ. Und meine Mutter meinte »Er wirkt irgendwie temperamentlos, und in dir steckt so viel Energie, Hilary.« Das hat mir wirklich zu denken gegeben, denn damit hatte sie bei mir genau ins Schwarze getroffen, was meine Zweifel anging. Also begann ich, ihn zu verstecken und ihn nicht zu Familienfeiern mitzunehmen. Viele meiner Freunde sagten, sie sähen mich eher an der Seite eines sehr charismatischen Mannes – ich bin von Natur aus sehr aufgeschlossen und bin immer davon ausgegangen, dass mein Partner genauso sein würde. Rob aber war ein stiller Typ, fast so, als könne er nicht bis drei zählen. Wenn wir allein waren, konnte er unterhaltsam und albern sein, aber in einer Gruppe verglich ich ihn ständig mit anderen Männern und dachte, ich sollte mir besser einen anderen suchen. Doch kaum waren wir wieder allein zu Hause, war ich glücklich mit ihm. Ich erinnerte mich immer wieder daran, dass ich schon oft mit solchen »anderen« Männern ausgegangen war, doch sie hatten in so vielen Dingen nicht mit Rob mithalten können.

Es war ein himmelweiter Unterschied zwischen dem, was ich mir vorstellte, und dem, was ich mir tatsächlich wünschte.

Gespräche über Rennwagen

Also ließ ich die Sache laufen. Im Hinterkopf dachte ich aber immer, wenn jemand Besseres kommt, werde ich Rob verlassen. Doch Rob imponierte mir mit jedem Tag mehr. Er bemühte sich um seine Freunde, er bemühte sich um meine Freunde, und er brachte das durch nette Gesten immer wieder zum Ausdruck. Seine Wertvorstellungen gefielen mir, aber als Seelenpartner habe ich ihn nie gesehen. Ich konnte ihn mir als wunderbaren Lebenspartner vorstellen, mit dem man glücklich sein und Kinder haben konnte. Er ist kompromissbereit und ein kommunikativer Mensch. Auch politisch sind wir auf ähnlicher Linie, haben in etwa den gleichen Kunstgeschmack und ähnliche Vorstellungen vom Zusammenleben. Aber wir haben komplett andere Interessen. Für Autos interessiere ich mich nicht die Bohne, während er ein großes Faible für Rennwagen hat. Ich gehe gern zum Tanzen aus, er tanzt überhaupt nicht.

Ich fühlte mich mies, weil mich seine Geschichten so gar nicht interessierten. »Hey, Liebes, wie war dein Tag?«, fragte er mich oft und schien an meiner Antwort und meinem Leben wirklich interessiert zu sein – oder falls es ihn nicht wirklich interessierte, war er zumindest ein guter Zuhörer. Ich hingegen verlor rasch das Interesse, wenn er von seinen Autos erzählte, und war schnell genervt. Das würde ich mir kein Leben lang anhören können, dachte ich. Nach knapp zwei Jahren Beziehung war ich kurz davor, Schluss zu machen. Ich machte gerade meinen Abschluss als Physiotherapeutin und bemühte mich um einen Praktikumsplatz. Rob wollte ans andere Ende des Landes, nach San Francisco, weil dort seine Familie lebte. Ich war nicht sicher, ob ich mit ihm gehen wollte – das wäre eine große Verbindlichkeit. Bei so vielen Zweifeln, so dachte ich, wäre es besser, wir trennen uns. Doch dann frühstückten wir an einem schönen Sonntagmorgen gemeinsam, und ich fühlte mich so wohl in seiner Nähe. Er brachte mich zum Lachen. Ich hatte darüber nachgedacht, Schluss zu machen, aber ich konnte mir einfach nicht mehr vorstellen, ohne ihn zu sein.

Verspätete Schmetterlinge

Ich war 34, als wir heirateten. Früher hatte in meinen Augen das Wort »Seelenpartner«, so wie ich es mein Leben lang verstanden hatte, gar nicht auf uns gepasst. Aber jetzt bin ich davon überzeugt, dass wir Seelenpartner sind, denn wir sind tief verbunden und verstehen einander blind. Früher dachte ich immer, er ist kein Künstler, aber ich stehe auf Künstler. Dann merkte ich, dass er durchaus eine kreative Ader hatte, eben nur auf eine andere Art. Ich dachte immer, mein Traummann müsse der klassische Künstler sein, doch Rob ist auf seine Art ein künstlerischer Geist.

Heute tauschen wir uns oft und gerne aus, über die Arbeit, über die Familie und den ganzen Alltagskram. Dass wir unterschiedliche Hobbys haben, ist dabei gar nicht mehr so wichtig. Wir denken nach vorn, in eine gemeinsame Zukunft, an ein Haus und Kinder.

Ich hatte ein bisschen Sorge, dass ich auf etwas verzichten musste, bevor ich mich mit Rob verlobte. Ich war sicher, dass ich ihn heiraten wollte, aber die Sache mit den Schmetterlingen musste ich neu einordnen. Ich fing gerade erst an zu begreifen, was für ein unglaublich großartiger Mann er ist, und ich hatte die leise Ahnung, dass wir erst am Anfang einer unglaublich schönen und glücklichen Reise in eine gemeinsame Zukunft stehen. Er ist sehr bodenständig, und ich wusste, dass er mir stets treu zur Seite stehen würde, komme was wolle. Ich konnte ihm vertrauen und auf ihn bauen, und das ist eindeutig besser als das »Oh mein Gott, wird er mich wieder anrufen?«-Gefühl.

Nun, da wir verheiratet sind, bin ich sehr glücklich mit Rob. Er erfüllt zwar nicht alle Punkte, die ich einmal auf meiner Wunschliste hatte, aber er bietet mir alles, was ich brauche. Ich könnte es auch treffender sagen: Meine Ehe ist nicht so, wie ich es erwartet habe, aber genau so, wie ich es immer gewollt habe. Ich musste nur erst darauf kommen!

25.

Meine Geschichte: Ein Präventionsspot

Meine eigene Geschichte kennen Sie ja bereits, aber nur beinahe. Tatsächlich war ich mit Sheldon2 zusammen – für zwei Monate. Ich weiß, das ist nicht gerade lange. Aber wenn man bedenkt, dass ich zu Beginn meiner Suche noch jeden Typen abgelehnt habe, der mich nicht sofort vom Hocker gerissen hat, war ich selbst überrascht, wie verbunden ich mich Sheldon2 binnen so kurzer Zeit fühlte, sogar mit seiner rosa getupften Fliege, die mich am Anfang so abgeschreckt hatte.

Bei unserem dritten Date trug Sheldon2 nämlich wieder eine Fliege. Im Kino! Es war nicht einmal die gleiche wie auf dem Foto seines Online-Profils. Es war eine grau-weiß karierte, und ich fragte mich sofort, wie viele Fliegen er wohl im Schrank hatte.

»Ich glaube, ich hätte mich ein wenig mehr herausputzen sollen«, witzelte ich, als ich ihm die Tür öffnete und diese Fliege sah. Er lachte und gab zu, dass er eine besondere Vorliebe dafür hatte, obwohl er natürlich wusste, wie ungewöhnlich das war. Dann erzählte er mir, wie es dazu kam.

Früher, als er ein kleiner Junge war, trug sein Großvater immer nur Fliegen. Und sein Großvater war sein bester Freund. Eines Tages sagte er zu ihm: »Wenn ich groß bin, will ich genauso sein wie du!«

»Du willst auch Schuhverkäufer werden?«, fragte der Großvater. Und Sheldon2 antwortete: »Nein, ich will eine Fliege tragen!« Und dieser kleine Satz wurde zu einem Dauerscherz. Zwanzig Jahre später starb sein Großvater, und Sheldon2 erbte seine komplette Fliegen-Sammlung – sein Großvater hatte sich also daran erinnert! Und so trug er diese Fliegen bis heute, weil sie ihn an seinen geliebten Großvater erinnerten.

Ich war so gerührt von dieser Geschichte, dass ich ihn dafür nur mehr mochte. Ich wollte gar nicht mehr daran denken, dass ich ihm um ein Haar nicht eine einzige Mail geschrieben hätte, nur weil ich dachte: Welcher Trottel trägt denn eine rosa getupfte Fliege?

Ich habe mit ihm in den zwei Monaten, in denen wir zusammen waren, natürlich nicht die tiefe Liebe erfahren, die zwei Menschen verbindet, die jahrelang zusammen sind. Aber es war weit besser als die närrische Verliebtheit, die frischverliebte Paare häufig mit wahrer Liebe verwechseln.

Was ich stattdessen fühlte, war eine tiefe Ruhe, die mich erfüllte, wann immer ich mit ihm im gleichen Raum war, auch wenn er still vor seinem Laptop saß und arbeitete und ich meine Mails durchsah. Ich freute mich darauf, ihn abends zu sehen, so wie ich mich darauf freute, mich auf mein altes, gemütliches Sofa zu lümmeln. Und das meine ich im romantischsten Sinne. Sheldon2 strahlte eine wunderbare Ruhe aus.

Ich musste mich nicht ständig fragen, ruft er an oder nicht. Mag er mich oder nicht. Und ich musste mich nicht verbiegen. Eines Abends erschien ich in einem sexy schwarzen Kleid, als er mich eingeladen hatte, ihn zu einem Essen mit wichtigen Kunden zu begleiten. Allerdings hatte ich nicht bemerkt, dass mein kleiner Sohn mir seine seifigen Hände auf den Rücken gedrückt hatte, bevor ich aus dem Haus ging. Sheldon2 fand es umwerfend komisch und sagte mir später, er habe sich köstlich amüsiert darüber. So ein kleiner Fratz sei eben immer für Überraschungen gut, meinte er.

Je mehr Zeit wir miteinander verbrachten, desto mehr knisterte es zwischen uns, desto besser wurde unser »gegenseitiges Verständnis« – wie es der Eheforscher Gian Gonzaga formuliert hatte. Wir teilten zwar nicht alle Interessen des anderen, aber wir hatten den gleichen Sinn für Humor und brachten einander zum Lachen. Wir hatten die gleichen Wertvorstellungen, und wir verstanden uns so gut wie ohne Worte, was fast schon unheimlich war. Die körperliche Chemie stimmte, auch wenn wir körperlich nicht unsere »Idealtypen« waren. Wenn ich mit Freundinnen über meine aufkeimende Beziehung sprach, gebrauchte ich häufig das Wort »sanft« oder den Sofa-Vergleich. Und während meine jüngeren Single-Freundinnen Mühe hatten zu verstehen, warum mich das so glücklich machte (»Du wirst ihn doch nicht mit einem alten Sofa vergleichen!?«), waren meine älteren, verheirateten Freundinnen hocherfreut. Sie wussten, dass daraus etwas werden könnte.

Aber die Realität setzte der Beziehung ein Ende; die Realität von Partnersuchenden mit vielen Verpflichtungen, die jede Menge logistische Komplikationen mit sich bringen. Da wir beide Kinder hatten, aber keinen Exmann und keine Exfrau, die sie mal übernahmen, fühlten wir uns jedes Mal unwohl, wenn wir sie mit dem Babysitter alleine ließen, nur damit wir uns sehen konnten. Außerdem wollten wir Zeit mit unseren Kindern verbringen *und* zusammen sein.

Der nächste Schritt wäre also gewesen, die Kinder miteinander bekannt zu machen, aber je mehr wir darüber sprachen, wie das funktionieren könnte, desto mehr kam Sheldon 2 zu der Ansicht, dass sein Sohn noch nicht so weit war. Sein Sohn war acht und hatte seine Mutter ein Jahr zuvor verloren. Die Freunde von Sheldon 2 hatten ihn irgendwann ermutigt, wieder unter die Leute zu gehen. Doch Sheldon 2 hätte nie damit gerechnet, dass sich so schnell wieder etwas Ernstes ergeben würde. Was das Ganze zusätzlich verkomplizierte, waren seine Eltern, die Sheldon 2 drängten, wieder nach Hause, nach Chicago, zu kommen, damit sie ihren Enkel öfter sehen und ihm helfen könnten. In Los Angeles hatte er keine Familie, in Chicago hingegen gab es Eltern, Geschwister, Neffen und Nichten – Sheldon 2 wusste, dass es für seinen Sohn das Beste wäre, nach Chicago zu ziehen.

Und das tat er. Er zog dreitausend Kilometer weit weg.

Ich behaupte nicht, dass mir das nichts ausgemacht hätte. Das hatte es. Ich hatte mir gewünscht, dass meine Partnersuche vorbei wäre. Aber ich bin froh, dass die Erfahrung mit Sheldon 2 mir gezeigt hat, dass ich heute durchaus mit einem Mann glücklich werden kann, den ich früher übersehen hätte. Sheldon 2 war nicht der Traumkandidat von meiner Wunschliste, aber er hat meine »drei Grundbedürfnisse« erfüllt und viele meiner Wünsche. So viele, dass die wenigen unerfüllten gar keine Rolle mehr spielten. Am Ende hatte ich einen ganz wichtigen, aber simplen »Wunsch«: Ich wollte mit ihm zusammen sein.

Sogar seine Fliegen fehlten mir.

Wendys neue Kandidaten

Sechs Monate nachdem Wendy, die Partnervermittlerin, die halbe Stadt durchstreift hatte, um einen Mann für mich zu finden, meldete sie sich bei mir mit ein paar potenziellen Kandidaten. Sie schickte mir eine aufmunternde Mail, in der sie mir mitteilte, dass sie zwei der Männer bereits kurz persönlich kennengelernt hatte. Ende der Woche würde sie sie noch einmal zu einem ausführlicheren Gespräch treffen. Einer, so sagte sie, sei 43 und bisher noch nie verheiratet, aber in verschiedenen festen Beziehungen gewesen. Er wolle heiraten und wäre bereit, sich auch mit 41-Jährigen zu verabreden. Gut aussehend und gebildet sei er ebenfalls. Der andere sei 47, geschieden, engagierter Vater, beruflich erfolgreich, hätte aber nicht unbedingt das »intellektuelle Niveau« des Ersten.

»Gut, bleiben Sie dran«, sagte ich. »Ich bin offen für beide.« Und das meinte ich diesmal wirklich so. Ich fragte nicht nach weiteren Einzelheiten, um sie zu analysieren. Ein Date konnte schließlich nie schaden. Wenige Tage später meldete sich Wendy erneut. Wie sich herausgestellt hatte, war der 43-Jährige etwas zwiespältig, was Kinder betraf (was erklärte, warum er sich mit 41-Jährigen treffen wollte. Was hatte Evan gesagt? Wenn ein Mann unbedingt Kinder haben will, dann im Allgemeinen mit einer Frau unter vierzig.); und der geschiedene Vater schien, wie es Wendy ausdrückte, »nicht den sprühenden Geist zu haben, den ich in diesem Fall für wichtig halte«.

Immerhin war diesmal nicht ich diejenige, die wählerisch war. Oder auch Wendy. Sie war nur realistisch. Einen Mann, der nicht gebildet ist, aber intellektuell neugierig, könnte ich mir sehr gut vorstellen. So wie Sheldon2. Doch ebenso wie der geschiedene

Vater nicht das war, was ich mir vorstellte, war umgekehrt auch ich nicht das, was er sich vorstellte. Soweit Wendy herausgefunden hatte, stand er nicht auf intellektuelle Frauen. Also, auf ein Neues!

Das, meine Lieben, ist der aktuelle Stand der Dinge bei meiner Partnersuche.

Partnersuche mit Promille

Ich weiß, das ist enttäuschend zu hören. Jeder wartet auf ein Happy End, nicht wahr? Jeder will versichert sein, dass man am Ende doch noch den besten Traummann aller Zeiten findet, egal wie alt man ist. Die Wahrheit ist: Ein Happy End ist immer möglich. Aber für mich ist ein Happy End unwahrscheinlicher – und wird ganz anders aussehen als ein Happy End für jemanden, der zehn Jahre jünger ist. Je älter man wird, desto komplizierter wird die ganze Geschichte; und keine noch so große Änderung in der persönlichen Einstellung kann die Uhr zurückdrehen oder an dieser Realität etwas ändern.

Ich möchte niemanden entmutigen oder vor den Kopf stoßen. Ich versuche nur zu helfen. Es ist ein bisschen so wie in diesen überaus anschaulichen Werbespots gegen Alkohol am Steuer, in denen man sieht, wie Leute in die Pfosten krachen und dann tot sind. Würde man nur gesagt bekommen »kein Alkohol am Steuer«, dann könnte man denken »Klar, natürlich, aber ein paar Gläser sind schon okay, oder nicht?« Die gewünschte Wirkung entfalten solche Mahnungen erst, wenn man die Leute halb tot an piepsenden Geräten im Krankenhaus liegen sieht.

So ist es auch hier: Wenn man nicht deutlich sieht, wie leicht man zum Dauer-Single werden kann, nur weil man die gleichen Fehler macht, die ich gemacht habe, dann wird man es nicht kapieren. Ich verhielt mich wie eine blutige Fahranfängerin, die meint, sie sei immun gegen Verkehrsunfälle unter Alkoholeinfluss – die sind nur pure Theorie, die passieren nur anderen Menschen, aber mir niemals. Es kam mir nie in den Sinn, dass auch ich einmal zu den Dating-Opfern gehören könnte. Ich habe meine eigenen Dating-Unfälle so detailliert geschildert, damit Sie heute eine Wahl treffen können, die Sie später nicht bereuen müssen.

Verstehen Sie dieses Buch als einen Präventionsspot: Wenn Sie sich darin wiedererkannt haben, dann betrachten Sie mich als Ihre gute Fee, die Ihnen sagen möchte, was passieren kann, wenn Sie weiterhin zu sehr an Idealvorstellungen von Ihrem Traummann kleben bleiben. Ich meine es nur gut, denn im Grunde habe ich eine sehr optimistische Botschaft: Wenn Sie schon ein bisschen älter sind, so wie ich, dann ist die Suche zwar schwieriger, aber dafür stehen die Chancen sehr viel besser, einen wunderbaren Mann zu finden, wenn man weiß, wie man es anstellen muss. Und wenn Sie noch jünger sind, irgendwo zwischen zwanzig und vierzig, dann wissen Sie jetzt nicht nur, warum die Suche so schwierig ist, sondern auch, was Sie künftig tun sollten, um Ihre Chancen auf eine glückliche, dauerhafte Beziehung zu steigern.

Die neue Selbstbestimmung

Als ich meine Single-Freundin Erica, 31, bat, dieses Buch zu lesen, war sie skeptisch. Sie hatte gerade eine Trennung hinter sich und dachte, ich wolle sie dazu drängen, sich mit weniger zufriedenzugeben. Aber das lag mir mehr als fern. Vielmehr ging es mir darum, ihr zu zeigen, wie sie wieder glücklich werden kann. Es gehe darum, so sagte ich ihr, zu lernen, wie man Kompromisse schließt und welche Werte am Ende wirklich wertvoll sind.

Sie blieb skeptisch. Doch nachdem sie das Buch gelesen hatte, hatte sie neuen Mut gefasst. »Ich habe jetzt das Gefühl, den Richtigen wirklich finden zu können, weil ich jetzt weiß, dass es halb so wild ist, wenn er nicht all meine Kriterien zu hundert Prozent erfüllt«, sagte sie. »Er muss nicht exakt in das Wunschprofil passen, das mir vorschwebt. Diese Auffassung von Selbstbestimmung gefällt mir. Dass ich glücklich sein und meine Liebe finden kann, einfach indem ich meine Einstellung ein bisschen ändere. So muss ich nicht mehr nur darauf hoffen, zur richtigen Zeit am richtigen Ort zu sein, um das Glück nicht zu verpassen. Eine schreckliche Vorstellung, die einen ganz panisch macht.«

Wie Erica, so empfand auch ich diese realistischere Herangehensweise an die Partnersuche als befreiend. Es ist ungemein tröstlich zu wissen, dass es nicht nur ein Spiel des Zufalls ist, den Richtigen zu finden, sondern weitgehend von unseren *eigenen* Entscheidungen und Handlungen abhängt. Der Witz bei der Sache ist, dass die meisten von uns nicht Single sind, weil sie so oder so aussehen, so oder so viel wiegen; es liegt auch nicht am Bildungsgrad oder am Job oder daran, ob wir drei Tage gewartet haben, um ihn zurückzurufen. Nein, wir sind Single, weil wir unterschwellig glauben, dass wir in völligem Gleichklang mit unserem Partner schwingen müssten, und wenn wir das nicht tun, dann ist er nicht der Richtige, dann müssen wir eben weitersuchen.

Genau das macht es so schwierig, *überhaupt* jemanden zu finden.

Meine verheiratete Freundin Lynn drückte es so aus: »Die Perspektive neu auszurichten, macht die ›Jagd‹ interessanter, überschaubarer, unterhaltsamer und weniger enttäuschend. Wenn man seine Standards anpasst – was nicht bedeutet, dass man einem Typen eine ›Chance geben‹ soll, der einen komplett abstößt –, dann haben viel mehr Typen eine Chance. Man lernt viel mehr Leute kennen, und man lässt es zu, unterhalten und überrascht zu werden.«

Auch für mich selbst sehe ich einen Silberstreif am Horizont: Ich hätte es mir zwar nicht unbedingt ausgesucht, mit 41 Single zu sein, aber dieser Umstand bringt mich dazu, mich auf die wichtigen Dinge zu konzentrieren. Falls ich also jemanden kennenlerne, dann werde ich heute wahrscheinlich eine sehr viel bessere Beziehung führen als je zuvor.

He Sie, in dem rosa T-Shirt!

Ja, genau Sie! Gestern war ich im Kino in dem Film *Er steht einfach nicht auf Dich!*, und ich staunte nicht schlecht, als die jüngeren Zuschauerinnen im ausverkauften Kino klatschten, jubelten, schrien und es sie förmlich aus ihren Sitzen riss, als der Mann auf der Leinwand, der seit sieben Jahren beteuert, er hätte mit Heiraten nichts am Hut, der Hauptfigur (gespielt von Jennifer Aniston) einen Antrag macht. Oder als der aalglatte Typ (gespielt von Justin Long), der den ganzen Film über sagt, dass er nicht auf die süße Ginnifer Goodwin steht, ihr am Ende seine Liebe erklärt.

In einer romantischen Rede sagt er ihr, sie sei die große Ausnahme von der Regel – wenn ein Mann sich uninteressiert gibt, ist er es meistens auch –, nur in ihrem Fall trifft die Regel nicht zu. Ich schätze mal, dass die Frauen im Publikum auf diesen zwar glücklichen, aber völlig unwahrscheinlichen Ausgang der Geschichte deshalb so abfuhren, weil sie sich genauso fühlten: als eine Ausnahme von allen Regeln. Auch ich habe mich einmal so gefühlt, obwohl ich genau wusste, dass es statistisch gesehen völlig unwahrscheinlich ist. Ich war nicht die große Ausnahme. Sie sind es sehr wahrscheinlich ebenfalls nicht.

Was ich sagen will, ist Folgendes: He Sie, ja genau *Sie*. Sie, in dem rosa T-Shirt. Ich sage das nicht, damit Sie sich schlecht fühlen. Ich will Ihnen nur die Augen öffnen. Zu wissen, dass man *nicht* die große Ausnahme ist, gibt einem Selbstbewusstsein, und Selbstbewusstsein führt zu besseren Entscheidungen. Es verschafft einem eine bessere Ausgangsposition, um das zu bekommen, was man möchte. Hält man sich jedoch für die große Ausnahme, wird man bei der Partnersuche so weitermachen wie bisher, mit demselben unbefriedigenden Ergebnis.

Die gute Nachricht ist: Wenn Sie etwas anderes wollen, können Sie das haben. Sie müssen nur zugreifen. Es mag eine Weile dauern, bis Sie Ihr Partnerverhalten verändert haben, aber das ist völlig in Ordnung, wenn man bedenkt, wie viele Jahre es gedauert hat, um diese sabotierende Einstellung überhaupt zu entwickeln. Mir hat vor zehn Jahren keiner von all den Dingen erzählt, die ich jetzt beim Schreiben dieses Buches erfahren habe – oder falls es jemand getan hat, habe ich nicht zugehört. Mann kann niemandem vorwerfen, dass er einem nichts davon erzählt hat. Aber man kann es sich selbst vorwerfen, wenn man nicht zugehört hat.

Zugegeben, es ist eine schöne romantische Vorstellung, dass der Traummann morgen an der Haustür klingelt. Eine sehr schöne. Aber wie wäre es, die Sache ein bisschen vernünftiger anzugehen? Dem Glück wird das bestimmt auf die Sprünge helfen. Auch eine schöne Vorstellung, finden Sie nicht?

Die Entscheidung liegt ganz bei Ihnen.

Epilog
Was macht eigentlich …?

Julia, die mit Greg Schluss gemacht hatte, weil er ihr nicht »inspirierend genug« war, machte später auch mit Adam Schluss, dem charmanten Chirurgen, weil er ihr nicht »unterstützend genug« war. Doch sie hatte Adam gebraucht, um zu erkennen, dass Greg eigentlich doch inspirierend war, und zwar auf eine viel bedeutsamere Weise. Heute sind die beiden verlobt.

»Bitte verwende für dein Buch nicht unsere richtige Namen«, sagte Julia. »Ich will nicht, dass alle wissen, wie dämlich ich war!«

Jessica, die bereute, dass sie Daves Heiratsantrag ausgeschlagen hatte, weil sie sich zu jung zum Heiraten fühlte, hat inzwischen aufgehört, jeden anderen Mann, auf den sie sich einlässt, mit Dave zu vergleichen. Sie verbringt abends auch immer weniger Zeit vor dem Computer, um ihn zu googlen.

»Dave ist verheiratet, und wenn Dave eine so enge Bindung, wie wir sie hatten, mit jemand anderem haben kann, dann kann ich das auch«, sagte sie. »Ich wünschte nur, er würde keine Fotos von seinem Baby bei Facebook ins Netz stellen. Das ist das Einzige, woran ich noch zu knabbern habe.« Vor Kurzem hat sie sich bei Match.com angemeldet.

Brooke, die Doktorandin aus Boston, zog aus der Wohnung ihres Freundes aus und ist jetzt neu liiert mit dem Sohn einer befreundeten Familie.

»In Sachen Partnerschaft habe ich das Wort ›Emanzipation‹ aus meinem Vokabular gestrichen«, erzählte sie mir. »Bei meinem neuen Freund heißt das wichtige Wort ›Bindung‹.

Kathy Moore, die Partnervermittlerin von *Make Me A Match*, die mir geraten hatte, »mein Geld zu sparen« für mein Liebesleben, rief mich acht Monate nach unserem ersten Telefonat an und erzählte mir, sie würden infolge der wirtschaftlichen Rezession im Moment alle möglichen »Sonderpreise« anbieten.

Zufälligerweise hatte ich gerade ein Blind Date gehabt mit einem Mann, der sich vor Monaten bei Make Me A Match angemeldet hatte. Er erzählte mir, sie hätten ihm 450 Dollar für sechs Dates abgeknöpft; das war ungefähr zur gleichen Zeit, als Moore mir eröffnet hatte, dass sich *1000 Dollar für drei Dates* für sie nicht lohnen würden. Anscheinend *lohnt* sich ein 54-jähriger, geschiedener Mann und Vater von Teenagern mehr, als eine 41-jährige Single-Frau mit einem zweijährigen Kleinkind.

Jetzt bot Moore mir an, den Preis von 3500 Dollar auf 2500 Dollar zu senken. »Das ist ein tolles Angebot«, sagte sie. Ich schlug es aus.

Lisa kam vor Kurzem wieder mit Ryan zusammen, den sie zwei Jahre zuvor verlassen hatte, weil sie fand, er würde sie nicht genug anhimmeln. Sie liefen sich auf der Party eines gemeinsamen Freundes zufällig über den Weg, und obwohl sie beide in der Zwischenzeit andere Beziehungen gehabt hatten, waren sie beide wieder Single.

»Wie er mir sagte, hat er keine gefunden, die er so sehr liebt wie mich«, sagte Lisa.

Die Frau, die beleidigt war, weil ich sie mit einem Mann verkuppeln wollte, der ihr nach meinem Empfinden recht ähnlich war, ist noch Single.

»Es ist frustrierend«, erzählte sie mir, »weil es so schwierig ist, überhaupt jemanden kennenzulernen. Ich wache morgens auf, gehe zur Arbeit, gehe ins Fitnessstudio, besorge mir etwas zum Abendessen und gehe nach Hause. Klar gibt es Online-Dating, aber am besten lernt man Leute über Freunde kennen, die einen vorstellen. Früher haben Freunde mich oft mit Männern bekannt gemacht. Jetzt so gut wie gar nicht mehr.«

Hm, warum wohl?

Annie, die mir erzählte, dass sie in ihrer ersten Ehe gelernt habe, worauf es wirklich ankam, aber Probleme hatte, die Dinge in die Praxis umzusetzen, ging nie mit dem Firmenanwalt aus, dessen Profil bei Facebook sie langweilig fand. Stattdessen wurde sie versehentlich von ihrem Freund schwanger, der weder »Anwalt« noch »langweilig« war, dafür aber ein ausgemachter Faulpelz. Er hat sie prompt sitzen lassen. Heute ist sie 35 und alleinerziehende Mutter.

Lauren war gerührt, als ihr Exfreund vorbeikam, um sie zu trösten, als er erfuhr, dass die Krebserkrankung ihrer Mutter schlimmer geworden war. Doch als er mit einer Duftkerze mit schwarzgebranntem Docht ankam, war Laurens Interesse rasch wieder dahin.

»Eine gebrauchte Kerze ist wohl das Allerletzte, was man weiterschenken kann«, sagte sie. »Das fällt doch jedem auf. Aber es ist komisch, er kann solche Dinge tun und mir danach eine SMS schreiben, um mich daran zu erinnern, dass ich gut auf mich achtgeben und lange Spaziergänge machen soll. Er zeigt ein ehrliches Interesse. Nur die grundlegenden Dinge des Beziehungslebens, die kriegt er einfach nicht auf die Reihe. Da ist er ein echter Idiot.«

Aber sie fragt sich bis heute, ob das überhaupt eine Rolle spielt.

Dank

Für die Partnersuche braucht man eine Menge Hilfe und moralische Unterstützung, und das gilt auch für das Schreiben eines Buches über die Partnersuche. Meine Agentin, Liv Blumer, machte mich mit Trena Keating von Dutton bekannt, die von dem Augenblick, in dem sie meinen Artikel gelesen hatte, an dieses Projekt glaubte. Trena ist ebenso so klug wie geduldig und hat sich stundenlang am Telefon für mich Zeit genommen, wann immer ich eine Frage hatte. Wie das Glück es wollte, wurde Carrie Thornton meine neue Lektorin. Mit der Präzision einer Chirurgin und der Einfühlsamkeit einer guten alten Freundin las sich Carrie durch den irrwitzigen Haufen von ungeordneten Seiten, die ich getippt hatte, und brachte mich dazu, sie innerhalb von drei Wochen zu einem ersten Entwurf zusammenzustellen.

Das ganze Team bei Dutton war wunderbar. Brian Tart hat mich auf bestmögliche Weise unterstützt. Monica Benalcazer aus der Grafikabteilung hat ein rundum gelungenes Buchcover entworfen, und Lily Kosner hat hinter den Kulissen unzählige wichtige Aufgaben gemeistert, mit vielen Bällen gleichzeitig jongliert und nie auch nur einen fallen lassen. Amanda Walker und Liza Cassity verfassten einen Werbetext, der mich heute noch zum Lachen bringt.

Während ich unterwegs war, um mit Menschen über die Partnersuche zu sprechen, auf Dates zu gehen oder Dating-Seiten zu durchforsten, transkribierte Aaron Kaczander sorgfältig meine Interviews, während Susanna Stossel und Hilary McClellen mir eine erstklassige Recherchehilfe waren. Andrea Siegel ist ein wandelndes Lexikon, und ihre Analysen der Massenmedien waren sehr eindrucksvoll und hilfreich.

Die folgenden Menschen waren so nett, mein Manuskript zu lesen und mir Feedback zu geben: Daisy Beatty, Kathy Crutcher, Rachel Greenwald, Lynn Harris, Sarah Haufrecht, Rebekka Helford, Justine Isola, Hilary Liftin, Claire Lundberg, Eve Maremont, Wendy Miller, Scott Stossel, Kyle Smith. Für ihr Verständnis, ihren Humor und ihre engagierte Anteilnahme kann ich ihnen gar nicht genug danken.

Anat Baron ermunterte mich, aus ehrlichem Herzen zu schreiben, egal wie unschmeichelhaft das wirken könnte; Hoffnung, so sagte sie, verkaufe sich immer gut, die Wahrheit aber kann ein Leben verändern.

Meinen Freunden und Bekannten, Männern wie Frauen, Verheirateten wie Singles, bin ich unendlich dankbar dafür, dass sie mir gestattet haben, sie in diesem Buch zu zitieren. Sie haben ihre Erfahrungen in rührender Ehrlichkeit preisgegeben, auch wenn sie noch so peinlich oder persönlich waren. Ebenso danke ich all den Menschen, die ich für Interviews besucht habe und die eine große Portion Vertrauen in mich, eine wildfremde Person, gesetzt haben. Danke für die Offenheit und das Vertrauen.

Es war sicher nicht leicht für meine Mutter und ihre Freundinnen, sich bei laufendem Aufnahmegerät mit mir über ihre Ehen zu unterhalten. Ich bin sehr froh, dass ich ihre Gedanken und Geschichten in dieses Buch aufnehmen konnte.

Evan Marc Katz bin ich zu ganz besonderem Dank verpflichtet. Er hat die Dinge beim Namen genannt, auch wenn ich sie zuerst nicht hören wollte.

Viele Experten aus verschiedenen Bereichen haben mir eine

Menge ihrer Zeit und Weisheit geschenkt: Paul Amato, Dan Ariely, Myles Berkowitz, Michael Broder, Lisa Clampitt, John Curtis, Paul Eastwick, Julie Ferman, Eli Finkel, Helen Fisher, Lina Fruzzetti, Gian Gonzaga, Rachel Greenwald, Scott Haltzman, Martie Haselton, Diane Holmberg, Ben Karney, Jayamala Madathil, Howard Markman, Steven Martin, Susan Page, Jody Podolsky, Edna Pollin, Helena Rosenberg, Barry Schwartz, Jeff Simpson, Marion Solomon, Rabbi David Wolpe. Ich hoffe, ich konnte ihnen allen in diesem Buch gerecht werden.

Bob Gumer half mir, mich zu entscheiden zwischen den zahlreichen Bewerbern für die Filmrechte, die alle sehr viel besser als »gut genug« waren, indem er mich in die kompetenten Hände von Tobey Maguire und Polly Johnson bei *Warner Brothers* lotste.

Etliche Leute bei *Atlantic* waren und sind bis heute eine ungeheure Unterstützung: insbesondere Toby Lester, Scott Stossel, Elizabeth Shelburne und Kathy Crutcher. Sage Stossel war so freundlich, den Cartoon für Teil eins in diesem Buch beizutragen, und mein besonderer Dank gilt Ben Schwartz, der mutig genug war, mich mit dem Artikel zu beauftragen, auf dem dieses Buch basiert.

Danken möchte ich auch den Freunden, die nach der Lektüre dieses Buches immer noch Lust haben, mich als Date zu vermitteln. Ich schwöre, ich habe mich geändert.

Mein allerwichtigster Dank aber gebührt meinem Sohn Zachary Julian. Er ist die größte Freude meines Lebens. Er hat mich mehr als jeder Experte gelehrt, was Liebe wirklich bedeutet.

Literatur

Albert, Elisa: »The *New York Times* Divorce Announcement«. In: Ruth Andrew Ellenson (Hrsg.): *The Modern Jewish Girl's Guide to Guilt.* Dutton 2005.

Amato, Paul, u. a.: *Alone Together. How Marriage in America is Changing.* Harvard University Press 2007.

Ariely, Dan: *Denken hilft zwar, nützt aber nichts. Warum wir immer wieder unvernünftige Entscheidungen treffen.* München 2008.

Beecher, Marguerite u. Willard: *Beyond Success and Failure. Ways to Self-Reliance and Maturity.* Julian Press 1966.

Coontz, Stephanie: *In schlechten wie in guten Tagen. Die Ehe – eine Liebesgeschichte.* Lübbe 2006.

Curtis, John: *The Business of Love. 9 Best Practices for Improviong the Bottom Line of Your Relationship.* Iod Press 2005.

Edwards, Tamala M.: »Who Needs a Husband?«. In: *Time Magazine,* Juli 2007. (www.time.com/time/magazine/article/0,9171,997804,00.html)

Gimein, Mark: »The Eligible-Bachelor Paradox«. In: *Slate Magazine,* April 2008. (http://www.slate.com/id/2188684)

Gottlieb, Lori: »The XY Files«. In: *Atlantic Magazine,* September 2005. (http://www.theatlantic.com/doc/200509/gottlieb)

Gottlieb, Lori: »Marry Him!« In: *Atlantic Magazine,* März 2008. (http://www.theatlantic.com/doc/200803/single-marry); (dt.: »Zum Heiraten gut genug«. In: *NZZ am Sonntag,* März 2008. (www.nzz.ch/nachrichten/panorama/zum_heiraten_gut_genug_1.693575. html)

Gottman, John: *Die 7 Geheimnisse der glückliche Ehe.* Marion von Schröder 2000.

Greenwald, Rachel: *Fang den Mann! Das perfekte Programm für Frauen ab 35.* Mosaik bei Goldmann 2006.

Haltzman, Scott: *The Secrets of Happily Married Women. How to Get More Out of Your Relationship by Doing Less.* Jossey-Bass 2008.

Holmberg, Diane: *Thrice Told Tales. Married Couples Tell Their Stories.* Lawrence Erlbaum Associates 2004.

Page, Susan: *Ich finde mich toll, warum bin ich noch Single? 10 Strategien, die Ihr Solo-Dasein dauerhaft beenden.* Pabel-Moewig 1989.

Schwartz, Barry: *Anleitung zur Unzufriedenheit. Warum weniger glücklicher macht.* Econ 2006.

Seth, Reva: *First Comes Marriage. Modern Relationship Advice from the Wisdom of Arranged Marriages.* Fireside 2008.

Sills, Judith: *How to Stop Looking for Someone Perfect and Find Someone to Love.* St. Martin's Press 1984.

Tierney, John: »The Happiest Wifes«. In: *The New York Times,* Februar 2006. (http://select.nytimes.com/2006/02/28/opinion/28tierney.html?_r=1)

Waite, Linda J., und Maggie Gallagher: *The Case for Marriage. Why Married People are Happier, Healthier and Better off Financially.* Broadway 2001.

Weston, Liz Pulliam: »Get Real. Marriage Is a Business«. In: *MSN Money.com,* Juni 2009. (http://articles.moneycentral.msn.com/CollegeAndFamily/LoveAndMoney/GetRealMarriageIsABusiness.aspx)

Zama, Farahad: »First Comes Marriage«. In: *The New York Times,* Juni 2009 (http://www.nytimes.com/2009/06/07/fashion/07love.html)

Register

Wie Frauen richtig fischen und jagen

224 Seiten
ISBN 978-3-442-39127-1

400 Seiten
ISBN 978-3-442-17011-1

208 Seiten
ISBN 978-3-442-16898-9

272 Seiten
ISBN 978-3-442-16413-4

Überall, wo es Bücher gibt und **Mosaik bei GOLDMANN** unter www.mosaik-goldmann.de